EXECUÇÃO DIFERIDA NOS CONTRATOS DE M&A

EXECUÇÃO DIFERIDA NOS CONTRATOS DE M&A

2022

Fernanda Mynarski Martins-Costa

EXECUÇÃO DIFERIDA NOS CONTRATOS DE M&A
© Almedina, 2022
AUTOR: Fernanda Mynarski Martins Costa

DIRETOR ALMEDINA BRASIL: Rodrigo Mentz
EDITORA JURÍDICA: Manuella Santos de Castro
EDITOR DE DESENVOLVIMENTO: Aurélio Cesar Nogueira
ASSISTENTES EDITORIAIS: Isabela Leite e Larissa Nogueira
ESTAGIÁRIA DE PRODUÇÃO: Laura Roberti

DIAGRAMAÇÃO: Almedina
DESIGN DE CAPA: Roberta Bassanetto

ISBN: 9786556276618
Outubro, 2022

Dados Internacionais de Catalogação na Publicação (CIP)
(Câmara Brasileira do Livro, SP, Brasil)

Costa, Fernanda Mynarski Martins
Execução diferida nos contratos de M&A /
Fernanda Mynarski Martins Costa. -- São Paulo :
Almedina, 2022.

Bibliografia.
ISBN 978-65-5627-661-8

1. Contratos (Direito civil) 2. Empresas - Fusão eincorporação 3. Obrigações (Direito) 4. Sociedades comerciais I. Título.

22-117791   CDU-347.44

Índices para catálogo sistemático:

1. Contratos : Direito comercial : Direito civil 347.44

Cibele Maria Dias - Bibliotecária - CRB-8/9427

Coleção IDiP
Coordenador Científico: Francisco Paulo De Crescenzo Marino

Este livro segue as regras do novo Acordo Ortográfico da Língua Portuguesa (1990).

Todos os direitos reservados. Nenhuma parte deste livro, protegido por copyright, pode ser reproduzida, armazenada ou transmitida de alguma forma ou por algum meio, seja eletrônico ou mecânico, inclusive fotocópia, gravação ou qualquer sistema de armazenagem de informações, sem a permissão expressa e por escrito da editora.

EDITORA: Almedina Brasil
Rua José Maria Lisboa, 860, Conj.131 e 132, Jardim Paulista | 01423-001 São Paulo | Brasil
www.almedina.com.br

À tia Ju e ao tio Mig

AGRADECIMENTOS

Conquanto um trabalho acadêmico seja, essencialmente, uma tarefa solitária, remontando-nos ao cenário de um pesquisador sozinho, circundado somente de livros e de um copo de café (extremamente forte), imagem de solidão ainda mais acentuada pela pandemia da COVID-19, tive a sorte de sempre ter sentindo-me acompanhada durante a trajetória de elaboração desta tese.

Durante todo este percurso sempre tive o especial apoio do meu orientador, Professor Erasmo Valladão Azevedo e Novaes França, cujas lições transmitidas nas disciplinas Teoria Geral de Direito Societário I e II foram essenciais para a elaboração do presente trabalho. Agradeço ao Professor não só pela inestimável orientação e revisão deste trabalho, mas igualmente pela convivência inspiradora durante todos estes anos.

Foram figuras centrais durante a elaboração desta tese os meus queridos tios, Judith Martins-Costa e Miguel Reale Júnior, aos quais reservo especial e caloroso agradecimento. Desde os tempos da minha graduação em Direito, incentivaram-me a tentar superar os meus limites, e a nunca me contentar com respostas simples. Além de exemplos de dedicação e integridade profissional, sempre dispostos a me auxiliar nos mais variados questionamentos jurídicos, foram os meus grandes companheiros de quarentena: encheram meus dias de carinho, amor, assuntos interessantes e – não posso deixar de mencionar – foram muito tolerantes com a bagunça do "quarto da tese".

O trajeto de elaboração desta tese foi fortemente marcado pelas valiosas sugestões e críticas proferidas pelos membros da banca de qualificação, Professores Marcelo Vieira von Adamek (que também esteve presente na banca de defesa) e Thiago Saad Tannous, e da banca de defesa, Professores Mariana Pargendler, Gisela Sampaio da Cruz, Juliana Krüger Pela e Gerson Branco. E ainda pelas inestimáveis lições do advogado José Emilio Nunes Pinto, o qual contribuiu generosamente com sua inexcedível experiência como árbitro em intricadas operações de fusões e aquisições.

Também merecem meus intensos agradecimentos os queridos colegas, Gustavo Haical, Giovana Benetti, Rafael Xavier e Pietro Webber pelas estimulantes trocas de ideias, revisão do texto e indicação de relevantes obras. E, também, um especial agradecimento à Giovana Etcheverry e Ana Julia Schenkel pela atenta revisão do trabalho.

Destacaram-se igualmente no meu período de estudos em Canela, os queridos amigos, Jorge Ribeiro de Castro, Ivete Bonatto e Nilda Ribeiro de Castro, que contribuíram muito para um ambiente perfeito e leve de estudos.

Também agradeço ao Professor Francisco Paulo de Crescenzo Marino e à Editora Almedina, pelo apoio e auxílio para a publicação deste trabalho.

Por fim, agradeço a todos os meus familiares e amigos, especialmente meus pais Márcia e Sérgio, minha irmã Gabriela, meus tios, João Carlos Papaléo Mynarski e Denise Prehn, minha prima, Clarissa Martins-Costa Loureiro Chaves, e Carolina Ferraz, Daniela Mello, e Andres Mello. Obrigada por sempre me apoiarem com carinho e terem sido tolerantes com minha ausência neste período de intensa dedicação.

APRESENTAÇÃO

Em 2017, tive ocasião de escrever a Apresentação do livro *Condição Suspensiva – Função, Estrutura e Regime Jurídico* de uma então estreante nas letras jurídicas, Fernanda Mynarski Martins Costa, que ali oferecia ao público leitor o resultado de sua dissertação de Mestrado na Universidade do Estado do Rio de Janeiro[1]. Já então eu referia a "fina análise" procedida acerca da proteção dos figurantes de um negócio jurídico durante a pendência de condição suspensiva, sublinhando ter o livro nascido da dificílima tarefa de pensar com a própria cabeça, mas *fundamentadamente*, isto é: com amparo na pesquisa árdua, na reflexão sobre o que já fora escrito, na ponderação da compatibilidade entre novas ideias e a arquitetura do sistema no qual inserida a figura estudada.

Cinco anos mais tarde, os traços que eu então apontava na jovem autora vêm a se revelar com integral maturidade neste novo livro, fruto de sua tese doutoral apresentada à Faculdade de Direito da Universidade de São Paulo sob a sempre segura orientação do Professor Erasmo Valladão Azevedo e Novaes França. Nas páginas que a esta seguem, encontrarão os estudiosos uma equilibrada dialética entre a *dimensão conceitual*, própria do lavor civilista de burilar, com a acuidade possível, os instrumentos de análise e categorização jurídica e a *dimensão econômica*, própria da pragmática do Direito Empresarial.

Ancorada nessas duas dimensões, cuja refinada conjugação caracteriza o cerne de seu trabalho, Fernanda Martins-Costa realiza um utilíssimo trabalho de comparação e de qualificação jurídica, inserindo nas

---

[1] Martins-Costa, Fernanda Mynarski. Condição Suspensiva – *Função, Estrutura e Regime Jurídico*. São Paulo: Almedina, 2017.

categorias do nosso sistema as figuras criadas, especialmente no espaço jurídico norte-americano, pela prática dos contratos de M&A, as quais estão a ser continuamente transplantadas para o solo jurídico brasileiro.

Digo ser *utilíssimo* o trabalho porque a qualificação de conceitos e institutos, permitindo a sua inserção nas categorias do sistema, é atividade imprescindível para a *operação jurídica*; pode-se mesmo afirmar que, pela adequada qualificação, dispara-se o motor pelo qual se compreende e se percebe o movimento o *maquinário* do qual decorrem os efeitos jurídicos que, pela incidência das regras de Direito, provocam a alteração no mundo dos fatos econômicos: o criar direitos e obrigações, o determinar a interpretação (isto é, a significação e o alcance) de palavras e de comportamentos relacionados aos negócios jurídicos.

No caso, dentre esses negócios, avulta em importância o contrato de compra e venda de participações acionárias com fechamento diferido, tema de eleição da Autora.

O contrato é a figura por excelência na qual se conjugam as acima lembradas dimensões fundamentais da experiência jurídica privatista, a conceitual e a econômica. E se assim é em todos os setores nos quais se manifesta o fenômeno contratual, com muito mais razão o será no campo dos contratos empresariais. No entanto, por vezes se observa entre os práticos, e mesmo entre os estudiosos, uma incompreensível cisão. De um lado, estariam os civilistas enredados no rigor necessário a operar seus conceitos e deles deduzir a respectiva disciplina; de outro, estariam os comercialistas apenas ocupados em encontrar soluções compatíveis com os sempre mutantes fenômenos econômicos. Essa cisão é, porém, falsa e perigosa. Falsa, porque fruto de mútuos preconceitos. Perigosa, porque, como consequência, o exame dos contratos no âmbito e operações de M&A é incompleto: ou se limita à arquitetura conceitual ou resta preso à facticidade, incapaz de ser reconduzida ao sistema.

Mas como já advertira Jose Luiz Bulhões Pedreira, jurista notável, é necessária a conjugação entre *lex specialis* e *lex generalis*, por conter o Código Civil "disposições gerais sobre diversos institutos que se aplicam à companhia e integram, portanto, o *sistema jurídico da companhia concreta*"[2]. E esse é, exatamente, o grande mérito e a grande utilidade

---

[2] Bulhões Pedreira, José Luiz. Sistema Jurídico da Companhia. In: Lamy Filho, Alfredo; Bulhões Pedreira, José Luiz (Coords.). *Direito das Companhias*. Vol. I. Rio de Janeiro: Forense, 2009, § 45, p. 173. Destaques meus.

deste: conjugar a ambas, reconduzindo com habilidade as figuras do fenômeno econômico-societário à sua dimensão jurídico-sistemática.

A par das qualidades já excelentemente destacadas pelo Professor Doutor Erasmo Valladão Azevedo e Novaes França no Prefácio que antecede essas notas (o qual endosso linha por linha), estou segura que, do esforço, dedicação e inteligência de Fernanda Mynarski Martins Costa no *pensar a tese* (de cuja elaboração árdua e sofrida fui testemunha) originária deste livro resultou um precioso guia a ser utilizado por todos os que, em nosso sistema, se defrontam com operações de M&A.

Canela, julho de 2022.

PREFÁCIO

A doutora Fernanda Mynarski Martins-Costa, que já havia nos brindado com um excelente livro sobre condição suspensiva[3], traz à lume agora tema correlato, que se acha, porém, na ordem do dia das preocupações dos societaristas: *Execução Diferida nos Contratos de M&A*.

Trata-se de sua tese de doutorado, defendida perante banca composta pelo signatário, na condição de orientador e presidente (sem voto), e por eminentes comercialistas e civilistas (em ordem alfabética): Gerson Luiz Carlos Branco, Gisela Sampaio da Cruz Guedes, Juliana Krueger Pela, Mariana Souza Pargendler e Marcelo Vieira von Adamek. A candidata foi aprovada com distinção e louvor e expressa recomendação de publicação do trabalho.

Logo na introdução, a autora já delimita, com notável precisão, os percalços com que se defrontará na tese: "*Tempo, incerteza e riscos*. Essas três palavras parecem introduzir o exame das operações societárias com fechamento diferido".

Trata-se de negócios jurídicos altamente complexos, que dependem de uma série de fatores que muitas vezes escapam ao controle dos contratantes (e.g., aprovação prévia do CADE, de assembleias gerais das partes envolvidas etc).

Daí a opção pela *execução diferida* do contrato, em que ocorre uma cisão temporal entre o momento de sua celebração e o do seu adimplemento, durante a qual pode haver o agravamento de uma série de riscos.

---

[3] *Condição Suspensiva: Função, Estrutura e Regime Jurídico*, SP: Almedina, 2017.

Embora a execução diferida do contrato, obviamente, não seja estranha ao nosso direito, a sua aplicação às operações de fusões e aquisições de sociedades anônimas traz uma miríade de particularidades que foram e são enfrentadas sobretudo na prática norte-americana.

Daí o principal problema: como transplantar para o nosso direito, de linhagem romano-germânica, algo que foi elaborado no sistema do *common law*?

A nosso ver, essa é a grande contribuição do denso, penetrante e conciso trabalho da autora – qualidades que, numa época rasa, de "copia" e "cola", merecem destacado louvor.

Em primeiro lugar, esse transplante não é realizado acriticamente, sem um exame aprofundado dos institutos das respectivas linhagens jurídicas.

O objeto central da tese é a análise dos fenômenos jurídicos que sucedem no chamado período interino (*interim period*), que se desenrola entre a assinatura do contrato (*signing*) e o adimplemento da obrigação (*closing*).

A questão é estudada primeiramente nos contratos de aquisição de participação acionária sobretudo à vista do direito norte-americano, onde adquiriram maior desenvolvimento em face da pujança econômica dos Estados Unidos da América.

Ali, os contratos de fusões e aquisições são realizados de forma a assegurar os interesses das partes (vendedor e comprador) mediante interações entre as seções de cláusulas e condições (*conditions*), obrigações de fazer e não fazer (*covenants*), declarações e garantias (*representations* e *warranties*) e indenização (*indemnification*).

Esses mecanismos de diferimento temporal são analisados a seguir à luz do direito brasileiro, tanto em relação à sua *função* como à sua *estrutura*, tendo em conta, primeiramente, os aspectos *contratuais* e, a seguir, os aspectos *societários*.

Nas conclusões a que chega em sua tese, a autora indica que a *função* dos mencionados contratos (i.e., *para que serve* toda a sua estrutura), em virtude das incertezas que provocam no tocante ao resultado prático visado pelas partes, é realizada, no direito brasileiro, por via da *condição suspensiva*, quando a incerteza for *objetiva*, ou por meio da *opção*, quando a incerteza for *subjetiva*.

Tanto os societaristas como os civilistas certamente terão muito a aprender com este livro, cuja leitura recomendamos vivamente.

À Fernanda, só desejo que continue a nos presentear com trabalhos acadêmicos dessa envergadura, que enriquecem em muito o nosso direito.

São Paulo, 8 de julho de 2022.

Erasmo Valladão Azevedo e Novaes França
Professor Associado do Departamento de Direito Comercial da Faculdade de Direito da Universidade de São Paulo

SUMÁRIO

INTRODUÇÃO	21
PARTE I – A TÉCNICA DE DIFERIMENTO TEMPORAL NOS CONTRATOS DE FUSÕES E AQUISIÇÕES	41
CAPÍTULO 1. A FIGURA JURÍDICA NO SEU *HABITAT* ORIGINAL	43
Premissa: iter contratual no *common law*	43
1. Contextualização estrutural	52
2. Condições precedentes ("conditions precedents")	53
2.1. Classificação das condições	54
2.1.1. Condições de entrada ("gating conditions")	54
2.1.2. Condições de manutenção ("maintaining-the-bargaing conditions"): "bring-down condition", "compliance with covenants conditions" e "material adverse clause"	57
2.1.3. Condições transacionais ("transactional conditions")	68
2.2. A dispensa do cumprimento da condição ("waiver")	68
2.3. Parâmetro para valoração do incumprimento de condições	69
3. Obrigações antecedentes ao fechamento ("covenants prior to closing")	73
3.1. Classificação	73
3.1.1. Obrigações de manutenção	73
3.1.2. Obrigações de gerenciamento	75
3.1.3. Obrigações de investigação e compartilhamento de informações	76
3.2. Parâmetro para valoração do incumprimento de obrigações	77

CAPÍTULO 2. A QUALIFICAÇÃO NO SISTEMA JURÍDICO BRASILEIRO 81

Premissas: iter contratual brasileiro 81
1. Função 90
2. Estrutura 93
   2.1. Mecanismos de diferimento temporal 94
      2.1.1. Condição suspensiva 94
      2.1.2. Opções 102
      2.1.3. Obrigação-veículo ao evento condicional 103
   2.2. Normativa convencional do período de diferimento temporal 105

PARTE II – A ACLIMATAÇÃO DA TÉCNICA 107

CAPÍTULO 1. ASPECTOS PREPONDERANTEMENTE CONTRATUAIS 109

Premissas: execução diferida do contrato 109
1. Regime jurídico da pendência 113
   1.1. Distribuição de riscos exógenos e endógenos 115
      1.1.1. Relações entre regime legal e regime convencional 115
         1.1.1.1. Regime convencional 118
            1.1.1.1.1. Cláusula de evento e/ou mudanças depreciativas ("material adverse change or event") 119
            1.1.1.1.2. Cláusula de ratificação das declarações e garantias ("bring-down provision") 124
            1.1.1.1.3. Cláusula de cumprimento de obrigações antecedentes ao fechamento ("compliance with covenant provision") 128
   1.2. Direcionamento de condutas 131
      1.2.1. Regime legal 133
         1.2.1.1. Vicissitude fictícia da condição (artigo 129 do Código Civil) 133
         1.2.1.2. Deveres oriundos do princípio da boa-fé objetiva (artigo 422 do Código Civil) 139
         1.2.1.3. Medidas conservativas (artigo 130 do Código Civil) 144

1.2.2. Regime convencional 147
    1.2.2.1. Obrigações antecedentes ao fechamento 147
      1.2.2.1.1. Obrigação de manter o curso regular
        dos negócios 147
      1.2.2.1.2. Outras obrigações 153
2. Regime jurídico do fechamento 157
  2.1. Delimitação do fechamento 157
  2.2. Análise ampla e conjuntiva da satisfação e cumprimento
    das *exigências* ao *fechamento* 159
  2.3. Operatividade dos mecanismos de diferimento temporal 162
    2.3.1. Condições suspensivas 162
      2.3.1.1. Satisfação da condição: (i)retroatividade
        dos efeitos 163
      2.3.1.2. Não implemento: o caso da renúncia
        e da multa por desistência motivada
        ("break up fee") 164
    2.3.2. Opções 170
      2.3.2.1. Exercício do direito formativo gerador 172
      2.3.3.2. Não exercício do direito formativo 173
    2.3.3. Obrigação-veículo 173
  2.4. Operatividade das demais exigências ao fechamento 177
    2.4.1. Cláusula de evento e/ou mudanças adversas 178
    2.4.2. Cláusula de ratificação de declarações e garantias 178
    2.4.3. Cláusula de cumprimento de obrigações antecedentes
      ao fechamento 179

CAPÍTULO 2. ASPECTOS PREPONDERAMEMENTE
    SOCIETÁRIOS 183

Premissas: Fim social 183

1. Direito de voto 186
  1.1. Influência do adquirente-expectante na sociedade-alvo 194
  1.2. Adquirente-expectante como autor da ação de anulação
    da deliberação assemblear 197
2. Titularidade ao recebimento da distribuição de resultados
  da sociedade 198
3. Deveres dos administradores 200
  3.1. Cláusula de gestão ordinária 200

3.2. Auditoria, informações sigilosas e administração
      da sociedade-alvo   201

CONCLUSÕES   211

REFERÊNCIAS   217

JURISPRUDÊNCIA JUDICIAL   239

JURISPRUDÊNCIA ADMINISTRATIVA   241

INTRODUÇÃO

> *"As coisas mudam no devagar depressa dos tempos".* (Guimarães Rosa)

Tempo, incerteza e riscos. Essas três palavras parecem introduzir o exame das operações societárias com fechamento diferido. Operações societárias serão entendidas, ao longo deste trabalho, como aquelas denominadas *fusões & aquisições* (F&A), originadas da expressão anglo-saxã *merger & acquisitions* (M&A)[4], compreendendo "qualquer modalidade de negócios jurídico ou reorganização societária que vise à alienação de participação societária (majoritária ou minoritária), direitos atinentes a tais participações, títulos ou valores mobiliários conversíveis ou ainda ativos relevantes"[5]. Engloba, pois, diversos modelos

---

[4] No Direito estadunidense afirma-se que *"M&A law refers to a particular kind of business activity whereby one business decides to take control of – that is, to purchase, to acquire – the income-producing operations of some other business entity. Hence, M&A is largely about combining previously independent, freestanding businesses into one business organization"*. (MAYNARD, Therese H (Coord.). **Mergers and acquisitions cases, materials and problems.** 4ª ed. Nova Iorque: Wolters Kluwer, Aspen casebook, 2017, p. 1, edição Kindle).

[5] CARMO, Lie Uema de. Responsabilidade civil e "termination fee". *In*: GUERRA, Alexandre; MORATO, Antonio Carlos; MARTINS, Fernando Rodrigues; ROSENVLAD, Nelson (Coords.). **Da estrutura à função da responsabilidade civil:** uma homenagem do Instituto Brasileiro de Estudos de Responsabilidade Civil (IBERC) ao Professor Renan Lotufo. Indaiatuba: Foco, 2021, p. 443.

jurídicos[6], figuras e categorias jurídicas – *e.g.*, alienação do controle societário pela venda de ações; trespasse; fusão; incorporação; cisão; incorporação de ações[7] – todos interligados pela finalidade de servir como instrumento para a implementação da estratégia de combinação de negócios, ativos ou empresas.

Sabe-se que do ponto de vista comercial, estas operações são consideravelmente complexas[8], dependendo sua consumação não só de um ato volitivo das partes; mas, igualmente, da ocorrência de diversos fatos e atos que podem demandar meses ou anos para serem implementados[9]. Não se amoldam, pois, com facilidade, no esquema de uma compra e

---

[6] Modelos jurídicos traduzem as "estruturas normativas que, com caráter obrigatório, disciplinam as distintas modalidades de relações sociais" (REALE, Miguel. **Lições preliminares**. 24ª ed. São Paulo: Saraiva, 1999, p. 176), tendo "aptidão para incorporar constante e progressivamente os dados da experiência jurídica" (MARTINS-COSTA, Judith. **A boa-fé no Direito Privado:** critérios para a sua aplicação. 2ª ed. São Paulo: Saraiva, 2018, p. 284), não sendo, portanto, as figuras jurídicas criadas "na fantasia dos juristas, ou do assim chamado legislador, mas sim da capacidade inventiva da prática dos próprios interessados, recebendo geralmente uma disciplina costumeira, antes que a legislação delas se apodere". (MESSINEO, Francesco. **Enciclopedia del Diritto.** V. 10. Varese: Giuffrè, 1962, p. 100).

[7] REBELO, Nikolai Sosa. **Os deveres fiduciários dos administradores de S.A. em operações de fusões e aquisições.** Porto Alegre: Livraria do Advogado, 2015, p. 2028, edição Kindle (paginação irregular).

[8] Complexidade contratual é, nas palavras de Eric Posner, Karen Eggleston e Richard Zeckhauser, um conceito multidimensional, abarcando três perspectivas: (*i*) o número de disposições contratuais sobre contingências relevantes de probabilidade média e alta; (*ii*) a variabilidade das contrapartidas ou resultados possíveis para as partes diante da ocorrência de contingências; e (*iii*) o nível de demanda cognitiva exigido pelo contratado (The design and interpretation of contracts: why complexity matters. **Northwestern University Law Review**, v. 95, n. 1, 2000, p. 97. Disponível em: <https://chicagounbound.uchicago.edu/cgi/viewcontent.cgi?article=2763&context=journal_articles>).
No Direito brasileiro, Lie Uema do Carmo trata da complexidade contratual com precisão. Explica a autora que alguns elementos ou características da operação podem ser fatores de adição de complexidade contratual, como objeto, prestações, prazo de execução, interrelação entre cláusulas e entre contratos e incorporação de documentos ao contrato. Exemplifica, então, a autora, justamente com o contrato de compra e venda de ações, o qual tanto é estruturado tendo por premissa a verificação de diversas situações, *status* e condições, quanto é composto por um vasto número de anexos, os quais passam a integrar o conteúdo das disposições do contrato (CARMO, Lie Uema do. **Contratos de Construção de Grandes Obras.** São Paulo: Almedina, 2019, p. 5313, edição Kindle (paginação irregular)).

[9] No âmbito das operações de fusões & aquisições norte-americanas, já se disse ser de 90 dias o lapso temporal mínimo para o transcurso entre a assinatura e o fechamento (ELKEN, Andrew C. Rethinking the material adverse change clause in merger and acquisition

INTRODUÇÃO

venda tradicional, de um contrato que, na relação com o tempo, tem seu ciclo de formação, execução e adimplemento configurado de modo mais ou menos instantâneo.

A insuscetibilidade (ou pouca suscetibilidade) de consumação rápida desses modelos jurídicos negociais decorre de necessidades práticas e jurídicas. Situações há em que a validade ou eficácia do contrato está sujeita a requisitos legais, como, *e.g.*, no caso de controle prévio do Conselho Administrativo de Defesa Econômica[10] ou no da exigência de aprovação prévia das assembleias gerais das sociedades envolvidas[11]. Outras em que há uma impractibilidade manifesta de uma das partes quando, *e.g.*, ao adquirente é necessário financiamento para obter o capital necessário para o pagamento da aquisição da sociedade-alvo. É possível, ainda, que haja a necessidade de confirmações ou modulações de alguma situação jurídica e/ou financeira do bem a ser alienado, como, *e.g.*, quando é preciso renegociar um contrato da sociedade-alvo com terceiro que tenha uma *cláusula de mudança de controle* ("change in

---

agreements: should United States consider the british model? **California Law Review**, 2009, p. 292, em nota de rodapé n. 8).

[10] Lei n. 12.529/2011, artigo 88: "Serão submetidos ao Cade pelas partes envolvidas na operação os atos de concentração econômica em que, cumulativamente: I – pelo menos um dos grupos envolvidos na operação tenha registrado, no último balanço, faturamento bruto anual ou volume de negócios total no País, no ano anterior à operação, equivalente ou superior a R$ 400.000.000,00 (quatrocentos milhões de reais); e II – pelo menos um outro grupo envolvido na operação tenha registrado, no último balanço, faturamento bruto anual ou volume de negócios total no País, no ano anterior à operação, equivalente ou superior a R$ 30.000.000,00 (trinta milhões de reais). § 1º Os valores mencionados nos incisos I e II do caput deste artigo poderão ser adequados, simultânea ou independentemente, por indicação do Plenário do Cade, por portaria interministerial dos Ministros de Estado da Fazenda e da Justiça. (...) § 3º Os atos que se subsumirem ao disposto no caput deste artigo não podem ser consumados antes de apreciados, nos termos deste artigo e do procedimento previsto no Capítulo II do Título VI desta Lei, sob pena de nulidade, sendo ainda imposta multa pecuniária, de valor não inferior a R$ 60.000,00 (sessenta mil reais) nem superior a R$ 60.000.000,00 (sessenta milhões de reais), a ser aplicada nos termos da regulamentação, sem prejuízo da abertura de processo administrativo, nos termos do art. 69 desta Lei. § 4º Até a decisão final sobre a operação, deverão ser preservadas as condições de concorrência entre as empresas envolvidas, sob pena de aplicação das sanções previstas no § 3º deste artigo".

[11] Como ocorre, *e.g.*, nas operações de incorporação, fusão e cisão que, conforme determina o artigo 225 da Lei n. 6.404/76, devem ser submetidas "à deliberação da assembleia-geral das companhias interessadas mediante justificação".

control provision"), a fim de assegurar a inclusão de determinado ativo chave na contratação.

Diante das circunstâncias deste negócio complexo, marcado sobretudo pela dependência de atos de terceiros e pela falta de nitidez da situação da sociedade-alvo[12], um dilema prático emerge: as partes necessitam de *tempo* em virtude das atuais incertezas sobre dados decisivos

[12] Com efeito, na maioria das *fusões & aquisições*, o objeto da prestação do contrato será as participações societárias, as quais são, a rigor, bens de segundo grau, uma vez que refletem sempre o valor do patrimônio social: *"La materializzazione di questa posizione nelle azioni, a loro volta concepite come cose (data la loro qualità di titoli di credito e forse più esattamente potrebbe dirsi (titoli valore) porta perciò alla costituzione di beni che ho chiamato, di secondo grado, appunto perché le azione sono alla fine rappresentative di diritti relativi a beni che pur sempre economicamente appartengono, attraverso la collettività di cui è parte, al titolare delle azioni stesse. Questa duplicazione corrisponde appunto alla contrapposizione tra la collettività e la posizione del socio come membro di questa e perciò al fine alla distinzione tra diritto e poteri della collettività e diritto e poteri del singolo, ma pur sempre nei riguardi degli stessi beni".* (ASCARELLI, Tullio. Riflessioni in tema di titoli azionari e società tra società. *In*: **Saggi di Diritto Commerciale**. Milão: Giuffrè, 1955, p. 239-240). Relacionam-se, pois, com um *organismo vivo*, a saber, a sociedade-alvo, criadora de uma verdadeira unidade de organização social, eminentemente *dinâmica*. Mediante o exercício de sua atividade – i.e., *"serie coordinata e unificata di atti in funzione di un fine econômico unitário"*. (FERRI, Giuseppe. **Enciclopedia del diritto**. V. 12, Varese: Dott. A. Giuffrè, 1964, p. 925) –, não só é gerado um considerável volume informacional; mas a própria compreensão de seu conteúdo e consequência é essencial para a apuração do estado efetivo desta organização – e, por conseguinte, do valor das participações societárias a serem alienadas – e dos riscos inerentes à contratação.
Com efeito, a avaliação de conveniência econômica da operação caracteriza-se por ser procedimento dificultoso (exames de balanço, análise de passivos da sociedade), sobretudo em razão da natural reserva das suas informações internas da sociedade-alvo (DE NOVA, Giorgio. **Il sale and purchase agreement:** un contrato commentato. 2ª ed. Torino: G. Giappichelli Editore, 2017, p. 37-78). Esta confidencialidade, embora vital ao sucesso da atividade empresarial, implica natural assimetria informacional entre os figurantes, motivando a busca pelo adquirente de mecanismos complementares para averiguação das informações, como processos de auditoria legal e contábil (*"due diligence"*), assim como a inclusão no contrato de diversas declarações do vendedor sobre fatos ou circunstâncias relativas à sociedade-alvo, às quais se associa uma responsabilidade para o caso de falsidade e incorreção. Quanto maior for a assimetria entre as partes, maior será a complexidade do contrato. Nessa linha, Jávier García de Enterría Lorenzo-Velázquez refere que tendem a ser mais simples os contratos em que as partes compartilham substancialmente de um mesmo nível de informação acerca da sociedade emissora. É o que ocorre quando os figurantes já são sócios relevantes da sociedade-alvo (LORENZO-VELÁZQUEZ, Jávier García de Enterría. Aspectos generales de las operaciones de adquisición de empresas. **Manual de fusiones y adquisiciones de empresas**. Madrid: Kluwer Espanha, 2016, p. 52). A informação, portanto, exerce um papel de relevo na arquitetura dos contratos de operação societária.

para alcançar o resultado prático desejado, mas temem certos *riscos*. Há receio de que, se não constituída alguma vinculação jurídica, as partes possam perder uma "boa oportunidade de negócio", uma vez que estarão livres para contratar com terceiros. Interessa, então, às partes que, ao se solidificar o processo de negociação, se constitua um vínculo obrigacional mais intenso do que aquele gerado pelas meras tratativas, mas que ainda não adentre instantaneamente na execução da *obrigação típica* do contrato.

Intuitivo perceber que optem as partes por técnicas de *execução diferida* de contrato[13], em que se promove um divórcio temporal entre o momento da celebração do contrato (*assinatura*) e o do seu adimplemento (*fechamento*[14]). Essa cisão temporal, somada ao caráter dinâmico da sociedade-alvo, implica, por sua vez, o agravamento de uma outra ordem de *riscos*: os riscos de a prestação ser perturbada, sobretudo o de que o bem objeto da contratação – as participações societárias – na data do *fechamento* do contrato, não apresente as qualidades demonstradas na data da *assinatura*.

Conquanto o sistema jurídico brasileiro ofereça um cardápio valioso de normas destinadas tanto para promoção da execução diferida do contrato, quanto para regulação das perturbações da prestação no período

---

[13] Negócios com efeitos diferidos serão entendidos, neste trabalho, como aqueles em que "a entrada em vigor do convencionado acerto de interesses é diferida para uma data subsequente àquela em que o negócio é considerado perfeito". (BETTI, Emílio. **Teoria geral do negócio jurídico.** Tomo II. Traduzido por Fernando de Miranda. Coimbra: Coimbra, 1969, p. 61).

[14] Muito embora na prática jurídica, os profissionais do Direito muitas vezes empreguem a expressão "closing" ou a tradução literal para "fechamento", Judith Martins-Costa adverte: "releva não confundir o 'closing' com o chamado 'fechamento do contrato' quando essa palavra estiver sendo empregada, atecnicamente, como sinônimo de 'conclusão contratual' (ver § 44, adiante). Isto porque, no caso de compra e venda de participação societária em etapas diferidas, o contrato em si mesmo já existe, e a conclusão contratual tendo sido operada com o encontro entre proposta e aceitação. Apenas parcelas de sua eficácia é que estão diferidas para um período posterior ao da 'colagem' entre proposta e aceitação". (**A boa-fé no Direito Privado.** 2ª ed. São Paulo: Saraiva, 2018, p. 432). Semelhantes advertências semânticas são observadas em outros sistemas jurídicos, *e.g.*, Direito espanhol (ARJONA, José María Álvarez. La Estrategia del cierre. *In:* ARJONA, José María Álvarez; PEREIRA, Angel C. **Adquisiciones de empresas.** 5ª ed. Navarra: Azardi, 2019, p. 74-75), Direito belga (LECLERCQ, Didier. **Les conventions de cession d'actions:** analyse juridique et conseils pratiques de rédaction. 2ª ed. Bruxelas: Larcier, 2017, p. 17; 380-381).

do diferimento, é *praxe* no âmbito dos contratos de *fusões & aquisições* o mimetismo de uma normativa convencional[15], originária sobretudo do Direito norte-americano, mas que, em certa medida, consiste num amálgama de influência de diversas tradições jurídicas[16]. Essa prática apresenta sutis interações entre as cláusulas de *obrigações antecedentes ao fechamento* ("covenants prior to the closing date")[17], *condições precedentes* ("conditions precedents")[18] e *declarações & garantias* ("representations & warranties").

---

[15] Os contratos de *fusões & aquisições*, embora não sejam "contratos de adesão", são constituídos de várias cláusulas-padrão (*boilerplate clauses*) exibindo uma variação constrita, de modo que só um número pequeno de termos é realmente específico do negócio concreto (COATES IV, John. M&A contracts: purpose, types, regulation, and patterns of practice. *In*: HILL, Claire A; SOLOMON, Steven Davidoff. **Research handbook on mergers and acquisitions.** Northampton: Edward Elgar Publishing, 2016, p. 35). Isto não significa que a realidade econômica dessas operações seja estanque; pelo contrário, as operações de aquisição de participação societária e de empresas engloba uma realidade econômica extremamente variada e dúctil (LORENZO-VELÁZQUEZ, Jávier García de Enterría. Aspectos generales de las operaciones de adquisición de empresas. *In*: **Manual de fusiones y adquisiciones de empresas.** Madrid: Kluwer Espanha, 2016, p. 50), de modo que as questões jurídicas suscitadas em cada negócio concreto dependerão das várias circunstâncias – *e.g.*, o caráter da participação adquirida (se incorpora uma situação de controle, ou não), o tipo da sociedade emissora, o contexto no qual opera a sociedade emissora (setor regulado, ou não). Tratando das particularidades de cada operação, Javier Tortuero Ortiz refere que *"partiendo de una estructura común (si comparásemos varios contratos de compraventa podríamos fácilmente identificar numerosas semejanzas en cuanto a su estructura y funcionamiento), las particularidades se presentarán en relación con el objeto, el precio y su forma de pago, las condiciones a las que se pueda someter la operación y el régimen de responsabilidad del vendedor, que son los aspectos sobre los que versarán la mayoría de las negociaciones"*. (ORTIZ, Javier Tortuero. El contrato de compraventa de acciones. *In*: QUETGLAS, Rafael Sebastián; LUNA, Martín Jordano. **Manual de fusiones y adquisiciones de empresas.** Madrid: Kluwer Espanha, 2016, p. 347). Também no Brasil é comum a advertência quanto às especificidades de cada contrato: HALEMBECK, Luiz Fernando Amaral. Compra e venda de sociedades fechadas. *In*: ROVAI, Armando Luiz; MURRAY NETO, Alberto. **As sociedades por ações:** na visão prática do advogado. Rio de Janeiro: Elsevier, 2010, p. 147.

[16] PARGENDLER, Mariana; GOUVÊA, Carlos Portugal. As diferenças entre declarações e garantias e os efeitos do conhecimento. *In*: CASTRO, Rodrigo Rocha Monteiro; AZEVEDO, Luís Andrade; HENRIQUES, Marcus de Freitas (Coords.). **Direito societário, mercado de capitais, arbitragem e outros temas:** homenagem a Nelson Eizirik, São Paulo: Quartier Latin, 2020, p. 152.

[17] *Covenants* serão analisados no capítulo 1 da parte I deste trabalho.

[18] *Condition* é uma palavra polissêmica no Direito anglo-saxão, sendo abordada tanto nas premissas quanto no primeiro item do capítulo 1 deste trabalho.

De modo geral, as primeiras referem-se às obrigações que as partes se comprometem a fazer, ou a não fazer, durante o período entre *assinatura* e *fechamento*, exercendo particular função na regulação da operação da sociedade-alvo. As segundas dizem respeito às diversas exigências necessárias para a plena eficácia dos deveres assumidos, e cuja não satisfação até a *data do fechamento*, em princípio, libera as partes da execução de suas obrigações outrora assumidas. As terceiras correspondem à descrição da situação jurídica e financeira da sociedade cujas participações societárias serão transferidas e à assunção de responsabilidades.

É comum que as partes convencionem como *condições* a serem verificadas até a data do *fechamento*: aprovação prévia da operação por entes governamentais; a veracidade, correção e precisão das *declarações e garantias* tanto no momento da *assinatura*, quanto no do *fechamento* ("bringdown clause")[19]; cumprimento de todas as obrigações antecedentes ao fechamento assumidas pelas partes ("compliance with covenants conditions"); inocorrência de mudança ou evento ou alteração depreciativos ("material adverse change or event"); obtenção de financiamento necessário para proceder à aquisição da participação social. Como *obrigações antecedentes ao fechamento* a serem realizados até a data do fechamento é comum convencionar, exemplificativamente, a obrigação de o vendedor despender seus melhores esforços para obter os consentimentos necessários para aprovação da operação; obrigação do vendedor de não praticar atos extraordinários – *i.e.*, aptos a alterar significativamente a situação da sociedade-alvo emissora – sem a prévia anuência expressa do comprador; a outorga ao comprador de direito de acesso pleno aos livros e documentos da sociedade-alvo para fins de inspeção e avaliação.

Os modelos jurídicos são influenciados pelo contato com sistemas jurídicos estrangeiros[20], o que resta cada vez mais acentuado pela inter-

---

[19] Note-se que é comum, após a *assinatura* e antes do *fechamento*, um aprofundamento do procedimento de auditoria – *due diligence*.

[20] A constituição de um sistema jurídico uniforme contratual de abrangência internacional é um fenômeno comum ao Direito Comercial, o qual é chamado de "direito vanguardeiro" em razão de um "universalismo jurídico conatural às formas e ao objeto de sua normatividade". (REALE, Miguel. **Lições preliminares de direito**. São Paulo: Saraiva, 1998, p. 310). Tullio Ascarelli já advertia, em 1940, que "não são raros os institutos, especialmente no direito comercial, que, ignorados, ou quase, pela legislação, têm sua disciplina com frequência internacionalmente uniforme, na prática contratual". (Direito comparado. *In*: **Problemas das sociedades anônimas e direito comparado**. São Paulo: Saraiva, 1945, p. 10).

dependência econômica e jurídica inerente ao processo de globalização[21]. Atualmente é consideravelmente raro se verificar uma operação

Com efeito, a aquisição de participação societária é um dos exemplos mais significativos desse fenômeno de uniformização contratual transcendente de fronteiras, sobretudo em razão da sua relevância econômica (LORENZO-VELÁZQUEZ, Javier Garcia de Enterría. Aspectos generales de las operaciones de adquisisción de empresas. *In:* QUETGLAS, Rafael Sebastián; LUNA, Martín Jordano. **Manual de fusiones y adquisiciones de empresas**. Madrid: Kluwer Espanha, 2016, p. 51), desenvolvendo-se, assim, por meio de uma certa repetição de usos e costumes exportados do direito estrangeiro, formadores de padrões de *modelos jurídicos*. Estes usos são aptos a desempenhar diversas funções jurídicas, como a formação de tipos contratuais padronizados, a interpretação e a integração de contratos, assim como a formação de vínculos contratuais (COMIRAN, Giovana Cunha. **Os usos comerciais:** da formação dos tipos à interpretação e integração dos contratos empresariais. São Paulo: Quartier Latin, 2019, p. 141 e ss). Como explica Mariana Pargendler, a importação desses modelos e cláusulas contratuais causam perplexidades, pois "em face da ausência de sincronia entre a prática e a academia, a doutrina tradicional costuma ignorar ou hostilizar esses arranjos, deixando de oferecer soluções adequadas". (PARGENDLER, Mariana. Prefácio. *In:* COSTA, Márcio Henrique da. **Cláusula de melhores esforços best efforts:** da sua incidência e efetividade nos contratos. Curitiba: Juruá, 2016, p. 09).

[21] Globalização pode ser entendida, de forma geral, como uma efetiva transformação do espaço e do tempo que implica mistura de processos frequentemente contraditórios (GOMES, José Maria. Globalização da política. *In:* GENTILI. Pablo (Org.). **Globalização excludente.** 2ª ed. Petrópolis: Vozes, 2000, p. 139) e relativiza escalas nacionais ao mesmo tempo que amplia e intensifica as relações econômicas, sociais e políticas (FARIA, José Eduardo. **Direito e conjuntura.** 2ª ed. São Paulo: Saraiva, 2010, p. 6), sendo marcada, atualmente, pelo *"primado de la dimensión económica como resultado gravoso del capitalismo maduro que estamos viviendo, una primacía que da las fuerzas económicas una virulencia inusitada y una imparable tendencia expansiva"*. (GROSSI, Paolo. **De la codificación a la globalización del derecho.** Traduzido por Rafael D. García Pérez. Navarra: Thomson Reuters, 2010, p. 383).
Segundo explica Paolo Grossi, o protagonista da globalização é simplesmente o *homo economicus,* que atua e dirige o mercado mundial, determinando a realidade econômica global. Atua sobretudo mediante grandes empresas multinacionais, muitas das quais procedem do âmbito norte-americano, razão pela qual já se tem relacionado o processo de globalização a uma simples expansão ocidental, marcadamente norte-americana (GROSSI, Paolo. **De la codificación a la globalización del derecho.** Traduzido por Rafael D. García Pérez. Navarra: Thomson Reuters, 2010, p. 391 e ss).
Do ponto de vista jurídico, como explica Paolo Grossi, a globalização significa ruptura do monopólio do controle estatal sobre o Direito. A práxis econômica atua como produtora de direito, criando figuras jurídicas novas aptas a ordenar a nova circulação global. O critério da efetividade predomina no direito dos estados, de modo que o direito da globalização é uma prática que cria direito para suas necessidades, as quais são, estritamente, ligadas ao mercado e ao desenvolvimento (GROSSI, Paolo. **De la codificación a la globalización del derecho.** Traduzido por Rafael D. García Pérez. Navarra: Thomson Reuters, 2010, p. 386 e ss.).

de *fusões & aquisições* pura e simplesmente domésticas: muitas são financiadas por bancos e financiadores estrangeiros, e dependendo de seu porte, contam com avaliação por uma agência de risco. O modelo jurídico aceito na *práxis* como *financiável* costuma ser, então, o dos contratos norte-americanos[22].

A despeito do esforço negociador dos contratantes ao adotar e elaborar cláusulas tão minuciosas para regular este período contratual, tem-se notícias de que mesmo assim litígios judiciais e arbitrais ocorrem. Emblemático, nesse sentido, é o caso *Akorn Inc. v. Fresenius Kabi AG,* em que a corte de Delaware negou pedido de execução específica da "obrigação de fechar a operação" proposto por *Akorn,* pelo fato de esta última não ter cumprido diversas "conditions precedents" e "covenants" próprios do período intercalar[23].

No Brasil, o exercício pela *The Boeing Company* do seu "direito de rescindir" o *Master Transaction Agreement*[24] com a Embraer em virtude do descumprimento de condições necessárias para o fechamento foi

---

Nesse contexto, a aquisição de participação societária é um mecanismo chave no processo de globalização, pois permite eliminar a concorrência de forma menos custosa do que combater a sociedade concorrente por meio da guerra de preços e variabilidade competitiva; promover a inovação tecnológica; aumentar a dimensão de mercado desfrutando-se, assim, de uma economia de escala (SCOGNAMIGLIO, Carlo. Introduzione. *In:* **Compravendite internazionali di partecipazioni societarie.** Milano: EGEA, 1990, p. 7-8). Conquanto a aquisição de participações societárias seja um instrumento estratégico para os anseios do mercado, certo é também que se traduz, muitas vezes, num mecanismo de estandardização próprio da globalização assumindo características típicas da estrutura norte-americana. No entanto, como adverte Dário Mouro Vicente, mesmo na atual *aldeia global,* as diferenças entre os sistemas jurídicos não só persistem como até se acentuam (VICENTE, Dário Moura. **O direito comparado após a reforma de Bolonha.** Coimbra: Coimbra, 2009, p. 11), razão pela qual o jurista deve ocupar-se dos problemas da globalização do Direito, *"sin repugnancia, pero también sin fáciles entusiasmos, que son siempre los peores consejeros para los hombres da cultura".* (GROSSI, Paolo. **De la codificación a la globalización del derecho.** Traduzido por Rafael D. García Pérez. Navarra: Thomson Reuters, 2010, p. 393 e ss).

[22] Há diversos aspectos que explicam a americanização do direito contratual: a posição de poder econômico mundial dos Estados Unidos, o domínio da língua inglesa e a atratividade das universidades norte-americanas.

[23] Disponível em: <https://courts.delaware.gov/Opinions/Download.aspx?id=279250>. Acesso em: 01.07.2020.

[24] Contrato disponível em: <https://www.sec.gov/Archives/edgar/data/1355444/000119312519093273/d706597dex41.htm>. Acesso em: 11.01.2021.

motivo para início de procedimentos arbitrais propostos pela companhia brasileira[25].

Diante da considerável utilização dessa arquitetura contratual e do seu potencial de gerar conflitos, mostra-se necessário realizar reflexões acerca de seu transplante ao sistema jurídico que as recebe – principalmente aos sistemas de matriz continental, como é o caso do Brasil[26].

O Direito é experiência cultural, fortemente impregnada por fatores históricos e axiológicos[27], bem como por razões práticas e interesses econômicos. Como tal, é variável no tempo e no espaço, razão pela qual persistem a pluralidade e a diversidade dos sistemas jurídicos contemporâneos[28]. Os problemas a resolver podem ser os mesmos, ou semelhantes, mas, mesmo quando sistemas jurídicos distintos apresentam problemas e práticas idênticas, as valorações de tais práticas e dos problemas suscitados por elas podem ser distintas.

Exige-se, por isso, um transplante *crítico* das práticas alienígenas[29] – *i.e.*, a figura deve ser recepcionada por meio de adaptações e mutações coerentes com o sistema jurídico que as recebe, pois, conforme

---

[25] Conforme fato relevante da Embraer, datado de 27 de abril de 2020. Disponível em: <https://ri.embraer.com.br/list.aspx?IdCanal=PXlq+a4Z+bixVnURyPcmLw==>. Acesso em: 01.07.2020.

[26] Os estudiosos de transferências de participações societárias costumam referir não só a influência da lógica decorrente dos "share purchase agreements" do Direito anglo-americano nas práticas contratuais de seus países quanto a necessidade de se compatibilizarem tais práticas ao direito pátrio: no Direito belga (Leclerq, Didier. **Les conventions de cession d'actions:** analyse juridique et conseils pratiques de rédaction. 2ª ed. Bruxelas: Larcier, 2017, p. 12; 129-138); no Direito italiano (Tina, Andrea. **Il contratto di acquisizione di partecipazioni societarie.** Milão: Giuffrè, 2007, p. 40).

[27] Adota-se, neste trabalho, a concepção de Direito de Miguel Reale, segundo a qual se trata de uma "realidade histórico-cultural, enquanto atual e concretamente presente à consciência geral, tanto em seus aspectos teoréticos como práticos, ou, por outras palavras, enquanto constitui o complexo de valorações e comportamentos que os homens realizam em seu viver comum, atribuindo-lhes um significado suscetível de qualificação jurídica no plano teórico, e correlatamente, o valor efetivo das ideias, normas, instituições e providências técnicas vigentes em função daquela tomada de consciência teorética e dos fins humanos a que se destinam". (**O direito como experiência.** 2ª ed. São Paulo: Saraiva, 1999, p. 31).

[28] Vicente, Dário Moura. **O direito comparado após a reforma de Bolonha.** Coimbra: Coimbra, 2009, p. 11.

[29] A exigência de uma exata qualificação das figuras estrangeiras no Direito brasileiro "não configura de modo algum mero nominalismo ou fútil exercício de erudição. Isso porque, no Direito, às diferentes figuras, nomeadas por diferentes termos, correspondem diferentes

explicam Erasmo Valladão e Marcelo Vieira von Adamek "a transposição de soluções estrangeiras para o direito nacional deve ser feita *cum grano salis* – eis que normalmente idealizadas por ordens jurídicas diversas"[30]. Caso contrário, corre-se o risco, como advertem Paulo Câmara e Miguel Bastos, de "diminuição da operatividade desses conceitos e, no limiar, à insegurança quanto à interpretação e, consequentemente, quanto às posições jurídicas das partes contratantes"[31].

Não se desconhece – nem se minimiza – a importância da influência estrangeira na aceleração do progresso do Direito mediante renovação e aprimoramento dos modelos jurídicos[32]. Essa recepção pode se dar mediante micro e macro comparações. Quanto a estas, alerta Rodolfo Sacco, "as grandes recepções (...) apresentam-se sem prévia comparação, ou com base em comparações superficiais"[33]. Já as micro recepções podem apresentar problemas de anacronia e de ordem sistemática, ensejando quebras na sua coerência lógica. Para minimizar estes problemas, logrando êxito na comparação que pode viabilizar uma recepção que amolde o instituto transplantado ao seu novo meio ambiente, o autor adverte ser necessário, em primeiro lugar, analisar cada sistema

---

consequências". (MARTINS-COSTA, Judith. **A boa-fé no Direito Privado:** critérios para a sua aplicação. 2ª ed. São Paulo: Saraiva, 2018, p. 434).

[30] FRANÇA, Erasmo Valladão Azevedo e Novaes; ADAMEK, Marcelo Vieira von. *Affectio societatis:* um conceito jurídico superado no moderno direito societário pelo conceito de fim social. *In*: FRANÇA, Erasmo Valladão Azevedo e Novaes (Coord.). **Direito societário contemporâneo.** Vol. 1. São Paulo: Quartier Latin, 2009, p. 133.

[31] CÂMARA, Paulo; BASTOS, Miguel Brito. Direito da aquisição de empresas: uma introdução. *In*: CÂMARA, Paulo (Coord.). **Aquisição de empresas.** Coimbra: Coimbra, 2011, p. 40.

[32] Erasmo Valladão e Marcelo Vieira von Adamek ressaltam a importância da compreensão do Direito comparado para a construção de uma verdadeira interpretação sistemática: FRANÇA, Erasmo Valladão Azevedo e Novaes; ADAMEK, Marcelo Vieira von. *Affectio societatis:* um conceito jurídico superado no moderno direito societário pelo conceito de fim social. *In*: FRANÇA, Erasmo Valladão Azevedo e Novaes (Coord.). **Direito societário contemporâneo.** Vol. 1. São Paulo: Quartier Latin, 2009, p. 133.

[33] SACCO, Rodolfo. **Introdução ao direito comparado.** Traduzido por Véra Jacob de Fradera. São Paulo: Revista dos Tribunais, 2001, p. 44. Já advertia Tullio Ascarelli que comparação jurídica não é simplesmente o estudo da legislação comparada, uma vez que esta última implica o risco "de tirar conclusões que, pelo fato de não serem completas, poderiam ser, afinal, erradas". (**Problemas das sociedades anônimas e direito comparado.** São Paulo: Saraiva, 1945, p. 8).

jurídico e reduzi-los a uma série de *formantes* e *criptotipos* distintos[34], distinguindo entre a regra legal, a regra doutrinária, a regra que pode ser extraída dos exemplos de doutrina, a regra que os tribunais enunciam na máxima, a regra que os tribunais aplicam, as motivações e as declarações da ciência, e os modelos implícitos. Em segundo lugar, é necessário determinar qual o grau de dissociação dos formantes e, também, em que medida "as fontes formais de um país, o direito ali aplicado e o conhecimento que os juristas têm do seu próprio sistema se encontram em concordância"[35].

Consciente de tais advertências metodológicas, buscaremos compreender as diferenças entre as técnicas de *condições precedentes* e *obrigações antecedentes ao fechamento* não de um modo aparente – i.e., estritamente sobre a regra legal ou jurisprudencial incidente sobre cada prática envolvida. Pelo contrário, procuraremos estar cientes dos diferentes *formantes* dos sistemas jurídicos envolvidos para assim proceder a uma correta *identificação funcional* das soluções jurídicas.

As experiências jurídicas da *common law* e *civil law* apresentam diferenças substanciais que não podem ser ignoradas, sobretudo acerca da construção do raciocínio jurídico e da estrutura do direito contratual.

O pensamento jurídico na *common law* é exercido pragmática e empiricamente, visando mais à formulação jurisprudencial de soluções a problemas concretos do que à criação de corpo de regras e princípios sobre contratos[36] com *regras legais supletivas* que possam dar respaldo às incompletudes dos mesmos, razão pela qual os instrumentos contratuais são assaz detalhados. Não obstante, as *promises* são sempre incompletas, incumbindo às cortes analisar o contrato sob uma orientação teórica e interpretativa que vincula os contratantes *exclusivamente* ao que foi

---

[34] SACCO, Rodolfo. **Introdução ao direito comparado.** Traduzido por Véra Jacob de Fradera. São Paulo: Revista dos Tribunais, 2001, p. 70; 85; 157 e ss.

[35] SACCO, Rodolfo. **Introdução ao direito comparado.** Traduzido por Véra Jacob de Fradera. São Paulo: Revista dos Tribunais, 2001, p. 75.

[36] Nos sistemas anglo-americanos, a lei costuma disciplinar certos contratos especiais, ou aspectos pontuais dos contratos (como, por exemplo, *Sales of Goods Act 1979*, *Consumer Rights Act 2015*). Conquanto tenha havido esforços para sistematizar e codificar o Direito contratual estadunidense (*Restatement of the Law of Contracts* e *Uniform Comercial Code*), certo é que a maior parte do direito contratual moderno continua baseado nas decisões provindas da *common law* (SCOTT, Robert E.; KRAUS, Jody S. **Contract law and theory.** 4ª ed. Newark: Lexis Nexis, 2007, p. 2).

contratado – *i.e.*, rejeita relevância jurídica tanto às evidências extrínsecas ao documento escrito ("plain-meaning rule")[37] quanto aos termos e tratativas negociados previamente ao acordo escrito ("parol evidence rule")[38]-[39].

O Direito brasileiro adota, por sua vez, um método dedutivo, pois sua base está na codificação. O Código Civil – centro normativo do Direito Privado – foi em grande parte influenciado pela Pandectística germânica, como o comprova a sua divisão em uma Parte Geral – na qual expostos os conceitos dotados do mais elevado grau de abstração – seguida por uma Parte Especial composta por cinco Livros. Um dos conceitos centrais da Parte Geral é o de negócio jurídico. Este é o veículo primordial da regulação jurídica das diferentes manifestações da autonomia privada.

---

[37] CALAMARI, John D.; PERILLO, Joseph M. **The law of contracts**. 4ª ed. St. Paul: West Group, 1998, p. 117; EISENBERG, Melvin. **Foundational principles of contract law**. Nova Iorque: Oxford University Press, 2018, p. 380.

[38] É largamente aceito que a *parol evidence rule* rejeita relevância a termos orais anteriores e contemporâneos ao contrato, mas não interfere na interpretação dos acordos subsequentes ao contrato escrito. Além disso, esta regra não impede a admissão de *"evidence of illegality, fraud, duress, mistake, or any other invalidating cause that proves a breakdown in the bargain process"*. (SCOTT, Robert E.; KRAUS, Jody S. **Contract law and theory**. 4ª ed. Newark: Lexis Nexis, 2007, p. 561).

[39] Enquanto tais regras interpretativas conferem diminuto espaço de atuação ao intérprete da *common law*, a complementação contratual mediante *implied terms* atribui-lhe "posição relativamente arrojada (...) para resolver problemas de índole variada". (PINTO, Paulo Mota. **Declaração tácita e comportamento concludente no negócio jurídico**. Almedina: Coimbra, 1995, p. 133), podendo dar azo a regras legais ou jurisprudenciais supletivas (*implied by law* – *Terms implied by the law* derivam do direito positivo, sendo *"incidents impliedly annexed to particular types of contracts. Such standardized terms operate as general default rules"*. (Definição de Lord Steyn no caso *Equitable Lige Assurance Society v. Hyman* [2002] I AC 408, CA, reiteradamente mencionada pela doutrina: MC MEEL, Gerard. **McMeel on the construction of contracts**. 3ª ed. Oxford: Oxford Press, 2017, p. 331; ANDREWS, Neil. **Contract law**. 2ª ed. Cambridge: Cambridge Press, 2015, p. 356). Assemelham-se, assim, aos "deveres acessórios" – *e.g.*, deveres de cooperação, faculdade de denúncia do contrato após tempo razoável (ALMEIDA, Carlos Ferreira. **Contratos**. V. 4. Coimbra: Almedina, 2014, p. 317), declarações tácitas das partes (*implied by fact* – *Terms implied in fact* (*ad hoc gap filling*) são presumidos, pelos tribunais, das intenções dos contratantes apuradas por critérios objetivos, – *i.e.*, se forem *necessários* para a eficácia da transação (*business efficacy test*) e se seus termos forem óbvios (*officious bystander test*) ou, ainda, cláusulas contidas por força dos usos e costumes (*implied by costum*).

No concernente a esta manifestação no Direito das Obrigações, uma espécie de negócio jurídico bi ou plurilateral – o contrato – tem assegurada a atipicidade pelo artigo 425 do Código Civil. O Código garante aos particulares a faculdade de criar tipos e adota tipos contratuais legislativamente predeterminados, isto é, cuja disciplina jurídica está estampada na lei. Assim, respeitados os elementos fundamentais do objeto do negócio (inciso II, do artigo 104, do Código Civil), e as "normas gerais" dos contratos (tais como o respeito à ordem pública e a proteção à boa-fé), não há necessidade de as partes redigirem instrumentos contratuais extremamente detalhados, uma vez que os eventuais pontos omissos são integrados por meio de *regras legais cogentes e supletivas*, sendo assim consideradas as regras legais que formam a disciplina dos tipos consagrados pela Lei.

O Código Civil é, na Parte Geral, dotado de regras jurídicas cogentes a fixarem as pautas hermenêuticas a serem observadas. A interpretação contratual, conforme preceitua o artigo 112 do Código Civil, deve buscar alcançar a *vontade real* das partes, ou seja, não o significado literal da declaração, mas a intenção consubstanciada na declaração, o seu elemento objetivo, ou objetivável[40]. Devem ainda os negócios jurídicos serem interpretados segundo: a boa-fé, os usos do lugar da celebração, as práticas das partes, o comportamento posterior à celebração. Ademais, a interpretação deve impor-lhe o sentido que for mais benéfico à parte que não redigiu o dispositivo, se identificável, assim como corresponder a qual seria a razoável negociação das partes sobre a questão discutida, inferida das demais disposições do negócio e da racionalidade econômica das partes, consideradas as informações disponíveis no momento de sua celebração (artigo 113 do Código Civil).

---

[40] José Carlos Moreira Alves explica que visou este artigo a "deixar bem explícito que a regra determina que se atenda à intenção consubstanciada na declaração, e não ao pensamento íntimo do declarante". (**A parte geral do projeto de Código Civil brasileiro**. São Paulo: Saraiva, 2003, p. 108). Atualmente, na doutrina, Francisco Marino pontua "a intenção da declaração (obra) seria aquilo que a declaração revela objetivamente, independentemente da intenção do seu autor (declarante)". (**Interpretação do negócio jurídico**. São Paulo: Saraiva, 2011, p. 259); Guilherme Carneiro Monteiro Nitschke, ao tratar da intenção do artigo 112 do Código Civil, refere que: "não é subjetiva, mas *intersubjetiva*, contida na declaração e dela depurada". (**Lacunas contratuais e interpretação**: história, conceito e método. São Paulo: Quartier Latin, 2019, p. 592).

INTRODUÇÃO

Os conceitos de *contrato* e *obrigação* não comungam de exatos paralelos entre *civil law* e *common law*. Nos sistemas de cariz romano-germânica, o contrato traduz-se no *acordo de vontades*[41], apresentando força vinculativa enquanto expressão da *autonomia privada* dos sujeitos de direito[42]. Conquanto a maior parte da doutrina se incline a considerar que todo contrato contém substância econômica, sendo o veículo da circulação da riqueza, a opinião não é unânime[43] e o Código Civil brasileiro, diversamente do Código Civil italiano, não prevê esse elemento como nuclear ao instituto.

Por fim, a *obrigação* decorrente de um contrato não se resume " 'ao direito a pretender uma prestação', mas engloba finalisticamente (...) um conjunto composto por uma multiplicidade de pretensões, obrigações e interesses"[44] que visa ao *adimplemento satisfativo*, isto é: engloba situações jurídicas ativas e passivas voltadas, finalisticamente, ao cum-

---

[41] VICENTE, Dário. **Direito comparado.** V. 2. Coimbra: Almedina, 2017, p. 37; Específica e exemplificativamente no Direito brasileiro: AMARAL, Francisco de. **Direito Civil.** 5ª ed. Rio de Janeiro: Renovar, 2003, p. 149.

[42] Judith Martins-Costa explica que "a eficácia de vinculação contratual, resultante da complicação entre autonomia privada e proteção da confiança legítima, faz considerar a *dupla dimensão* da ação comunicativa expressada no acordo contratual e compreendida em vista de sua função: ela vale como ato de determinação de obrigações, deveres e direitos, mas, igualmente como ato de comunicação, configurando, como tal, acontecimento ou fato gerador de expectativas legítimas socialmente averiguáveis". (MARTINS-COSTA, Judith. Contratos. Conceito e evolução. *In:* LOTUFO, Renan; NANNI, Giovanni Ettore. **Teoria geral dos contratos.** São Paulo: Atlas, 2011, p. 57).

[43] A favor da natureza patrimonial do contrato no Direito brasileiro, entre outros: AGUIAR JÚNIOR, Ruy Rosado de. **Comentários ao novo Código Civil.** V. 7. Tomo II. Rio de Janeiro: Forense, 2011, p. 28 e ss.; MARTINS-COSTA, Judith. Contratos. Conceito e evolução. *In:* LOTUFO, Renan; NANNI, Giovanni Ettore. **Teoria geral dos contratos.** São Paulo: Atlas, 2011, p. 57; GOMES, Orlando. **Contratos.** 26ª ed. Rio de Janeiro: Forense, 2008, p. 14; TEPEDINO, Gustavo; KONDER, Carlos Nelson; BANDEIRA, Paula Greco. **Fundamentos do Direito Civil:** contratos. V. 3. Rio de Janeiro: Forense, 2020, p. 7-9, edição Kindle; AZEVEDO; Álvaro Villaça. **Teoria geral de contratos típicos e atípicos.** São Paulo: Atlas, 2002, p. 21; FRANCO, Vera Helena de Mello. **Teoria geral do contrato.** São Paulo: Revista dos Tribunais, 2011, p. 33-34. Não exigindo o caráter patrimonial para qualificação do contrato: PEREIRA, Caio Mário da Silva. **Instituições de Direito Civil.** V. 3. 24ª ed. Rio de Janeiro: Forense, 2020, p. 6, edição Kindle; LÔBO, Paulo. **Direito Civil:** contratos. V. 3. 7ª ed. São Paulo: Saraiva, 2021, p. 21, edição Kindle; SCHREIBER, Anderson. **Manual de Direito Civil Contemporâneo.** 4ª ed. São Paulo: Saraiva, 2021, p. 441, edição Kindle.

[44] MARTINS-COSTA, Judith. **Comentários ao novo Código Civil.** V. 5. Tomo I. 2ª ed. Rio de Janeiro: Forense, 2005, p. 28-29.

primento da *prestação*. Esta pode ser entendida como *resultado* (*i.e.*, o adimplemento satisfativo ao credor) ou como *conduta*, isto é, a atividade necessária ao cumprimento, que cabe ao devedor – distinção que terá relevância no âmbito da impossibilidade da prestação[45], muito embora ambas as perspectivas sejam conjugadas pela doutrina mais recente. Já na *common law*, o contrato é, essencialmente, a *promise*[46] ou o conjunto de *promises* mais a *consideration* – *i.e.*, "contrapartida econômica[47]" –, que justifica o reconhecimento de sua relevância jurídica[48]. Não se

---

[45] PIRES, Catarina Monteiro. **Impossibilidade de prestação.** Coimbra: Almedina, 2017, p. 335-336. Para a autora, a "prestação impossível pode ser uma prestação entendida enquanto resultado da atividade do devedor, o que quer dizer que devem ser enquadradas neste âmbito as hipóteses de consecução do fim por via diversa do cumprimento e de desaparecimento do substrato da prestação". Entendimento este que também é albergado na doutrina brasileira: MARTINS-COSTA, Judith; SILVA, Paula Costa e. **Crise e perturbações no cumprimento da prestação:** estudo de direito comparado luso-brasileiro. São Paulo: Quartier Latin, 2020, p. 55-62.

[46] No Direito norte-americano, o Restatement (second) of contracts, em seu parágrafo primeiro, define contrato como "*a promise or a set of promises for the breach of which the law gives a remedy, or the performance of which the law in some way recognizes as a duty*"; sendo a *promise* definida no parágrafo subsequente como: "*§ 2. (1) A promise is a manifestation of intention to act or refrain from acting in a specified way, so made as to justify a promisee in understanding that a commitment has been made*". Definição esta reiterada pela doutrina: FARNSWORTH, E. Allan. **Introdução ao Sistema Jurídico dos Estados Unidos.** Traduzido por Antonio Carlos Diniz de Andrada. Rio de Janeiro: Forense, 1963. No Direito inglês: CHITTY, Joseph Junior. **Chitty on Contracts.** V. 1. 32ª ed. Londres: Thomson Reuters, 2012, p. 12-13; BEATSON, Jack; BURROWS, Andrew; CARTWRIGHT, John. **Anson's Law of Contract.** 29ª ed. Londres: Oxford, 2010, p. 29. Note-se, assim, que tal figura não é análoga ao nosso conceito de "promessa" – *i.e.*, de ato unilateral. O conceito de *promise* está ligado a uma definição de eficácia (MARTINS-COSTA, Judith. Contratos. Conceito e evolução. *In*: LOTUFO, Renan; NANNI, Giovanni Ettore. **Teoria geral dos contratos.** São Paulo: Atlas, 2011, p. 46).

[47] VICENTE, Dário. **Direito comparado.** V. 2. Coimbra: Almedina, 2017, p. 587.

[48] *Consideration* traduz-se numa figura complexa e poliédrica (ZWEIGERT, Konrad; KÖTZ, Hein. **Introduzione al Diritto comparatto.** V. 2. Milão: Giuffrè, 1995, p. 91), cuja definição tradicional diz respeito a "*act or promise offered by the one party and accepted by the other as the price of the other's promise*". (CHESIRE, FIFOOT, FURMSTON. **Law of Contract.** 17ª ed. Oxford: Oxford University Press, 2017, p. 108). No Direito norte-americano, o § 71(1) do Restatement (second) of contracts a define como: "*§ 71. (1) To constitute consideration, a performance or a return promise must be bargained for. (2) A performance or return promise is bargained for if it is sought by the promisor in exchange for his promise and is given by the promisee in exchange for that promise*". Conquanto haja críticas e relativizações do uso da *consideration*, certo é que permanece sendo entendida como o mais relevante critério para determinar a relevância jurídica de uma *promise*.

ignora que tal exigência sofreu pontuais relativizações, reconhecendo-se relevância jurídica quando os acordos são formalizados[49] ou quando presentes os requisitos do *promissory estoppel*[50], ainda que não apresentem a contrapartida econômica. No entanto, a exigência da *consideration* foi determinante na construção e modulação de vários institutos jurídicos contratuais.

O conceito de *obrigação* como vínculo abstrato unindo sujeitos de direito não tem exato paralelo na *common law*. Tende-se a pôr "ênfase nos remédios jurídicos", interessando a *promise*[51] mais "na perspectiva da sanção devida pela sua inexecução e não na dos direitos que confere aos respectivos sujeitos"[52]. Além disso, o devedor não se encontra primariamente obrigado a cumprir com deveres de conduta, mas sim a garantir um resultado[53].

Essas (dentre outras) diferenças não são irrelevantes para o transplante do fechamento diferido ao nosso sistema, especialmente por

---

[49] Uma promessa gratuita poderá revestir-se de relevância jurídica se apresentar um conjunto específico de formalidades. Trata-se, no entanto, de um fenômeno excepcional, que confere eficácia jurídica às promessas gratuitas, no Direito estadunidense, quando feitas *under seal*, e, no Direito inglês, quando formalizadas por um *deed* (ANDREWS, Neil. **Contract law**. 2ª ed. Cambridge: Cambridge Press, 2015, p. 121 e ss).

[50] Outro corolário da *consideration* é o de que a oferta é *livremente revogável* até ser aceita pela contraparte. Isto porque, enquanto o proponente não obtiver a necessária contrapartida pela sua promessa, não estará vinculado a ela. Esse rigorismo, contudo, é relativizado pela aplicação jurisprudencial do *promissory estoppel*, que reconhece a relevância jurídica nas hipóteses em que o promissário tiver legitimamente confiado na eficácia da proposta. A aplicação deste instituto difere-se no Direito inglês e no Direito norte-americano, em que naquele só pode ser usado como meio de defesa perante o exercício inadmissível de certos direitos contra o promissário, e neste como mecanismo de admissão de responsabilidade pela confiança induzida mediante *promise* carente de *consideration*, § 90(1) do Restatement (second) of contracts: *"A promise which the promisor should reasonably expect to induce action or forbearance on the part of the promisee or a third person and which does induce such action or forbearance is binding if injustice can be avoided only by enforcement of the promise. The remedy granted for breach may be limited as justice requires"*.

[51] VICENTE, Dário. **Direito comparado**. V. 2. Coimbra: Almedina, 2017, p. 16. Além disso, o autor esclarece que a noção de obrigação como vínculo abstrato que une sujeitos jurídicos não tem exato paralelo na *common law*: "o termo é decerto utilizado por alguma literatura inglesa como conceito-quadro que compreende as noções de *contract, tort* e *restitution*".

[52] VICENTE, Dário. **Direito comparado**. V. 2. Coimbra: Almedina, 2017, p. 16.

[53] IBARBIA, Francisco de Elizalde. Una aproximación española y europea al contenido del contrato. Reflexiones a la luz de los principios latinoamericanos de derecho de los contratos. **ADC**, tomo LXX, fasc. III, 2017, p. 1158-1159.

esta técnica envolver mecanismos jurídicos que adentram no âmago da estrutura da relação contratual, como a postergação de efeitos jurídicos e alocação de riscos das perturbações da prestação.

Não obstante, *obrigações antecedentes ao fechamento* e *condições precedentes* vêm sendo replicadas nos contratos de *fusões & aquisições* com fechamento diferido no Brasil, inexistindo um estudo científico exclusivo sobre o uso dessas técnicas no *período intercalar*[54]. Em razão desse vácuo[55] – que, a rigor, pode ser considerado um "duplo vácuo", a obscurecer pela opacidade tanto as suas práticas quanto as suas qualificações dogmáticas – bem como da importância que o tema suscita na *práxis* do

---

[54] Registre-se, contudo, que nos últimos anos há um interesse no âmbito acadêmico brasileiro acerca do estudo de compra e venda de participações societárias, destacando-se as seguintes obras: BUSCHINELLI, Gabriel Saad Kik. **Compra e venda de participações societárias de controle**. São Paulo: Quartier Latin, 2018; GREZZANA, Giacomo Luiz Maria Oliveira. **A cláusula de declarações e garantias em alienação de participação societária**. São Paulo: Quartier Latin, 2019; NEGREIROS, Teresa. Dos vícios redibitórios e da sua articulação com as cláusulas de declarações & garantias em contratos de compra e venda de empresas. *In*: BENETTI, Giovana; CÔRREA, André Rodrigues; FERNANDES, Márcia Santana; NITSCHKE, Guilherme Carneiro Monteiro; PARGENDLER, Mariana; VARELA, Laura Beck (Orgs.). **Direito, cultura, método:** leituras da obra de Judith Martins-Costa. Rio de Janeiro: GZ, 2019, p. 812-848; OLIVEIRA, Caio Raphael Marotti de. **A cláusula pro-sandbagging (conhecimento prévio) em contratos de alienação de participação acionária**. Dissertação de Mestrado. Orientadora Prof. Dra. Juliana Krueger Pela. Faculdade de Direito da Universidade de São Paulo. São Paulo, 2020; PIVA, Luciano Zordan. **O earn-out na compra e venda de empresas.** São Paulo: Quartier Latin, 2019.

[55] Como explica Mariana Pargendler, o vácuo de produção acadêmica acerca das práticas utilizadas em contratos de fusões & aquisições diz respeito, em grande medida, ao "alto grau de opacidade que permeia as práticas contratuais de *fusões & aquisições* no Brasil, relativamente, por exemplo, ao contexto norte-americano. Nos Estados Unidos as companhias abertas são obrigadas a divulgar ao público seus contratos relevantes (*material agreements*), o que permite a realização de estudos sobre as práticas prevalentes naquele mercado. Ao mesmo tempo, a resolução de disputas oriundas de operações de grande porte usualmente se dá pela via judicial, assim permitindo o desenvolvimento de orientação jurisprudencial segura sobre a interpretação das cláusulas comumente adotadas. No Brasil, ao contrário, inexiste obrigação de divulgação de contratos relevantes, salvo os acordos de acionistas. Crescentemente os contratos de M&A sujeitam-se à cláusula arbitral e obrigação de confidencialidade, o que impede o desenvolvimento do direito por meio de precedentes". (Prefácio. *In*: GORESCU, Carla Pavesi. **Delimitação da indenização em operações de fusões e aquisições no Brasil.** São Paulo: Almedina, 2020, p. 13).

INTRODUÇÃO

mercado mobiliário[56], pretendemos realizar, por meio deste trabalho, um exame das referidas cláusulas de operações societárias com fechamento diferido aplicáveis ao Direito brasileiro, a fim de identificar a sua qualificação jurídica e os efeitos da fase obrigacional entre a *assinatura* e o *fechamento*.

A tese a ser comprovada é que, não obstante a origem exógena, a tais cláusulas pode e deve ser atribuído um regime jurídico encontrável na Dogmática do Direito das Obrigações brasileiro, achando-se sua relevância no fato de que a identificação da disciplina jurídica permite reduzir a *opacidade* no manejo (e, portanto, do controle dos juízos) da interpretação do conteúdo contratual, sabendo-se que interpretação e qualificação contratual constituem operações mentais distintas, porém correlatas ou interrelacionadas[57].

Para tanto, serão procedidas a apresentação e a justificação das cláusulas de fechamento diferido pelo crivo da Dogmática do sistema interno de Direito Privado, perquirindo e delimitando o regime jurídico que atraem à luz do mesmo sistema no Brasil. Frisa-se, pois, que a questão principal deste trabalho não é tratar da admissibilidade destas figuras à luz do Direito brasileiro, uma vez que, em função do princípio da atipicidade – artigo 425 do Código Civil – não se detecta, *a priori*, consideráveis empecilhos para a celebração destas cláusulas. O que se pretende – e aqui está o núcleo da tese – é especificar a sua disciplina jurídica, apontando-se às qualificações que lhes podem ser atribuídas em vista de categorias legais preexistentes.

Para realizar estes objetivos, o seguinte itinerário será seguido: ocupar-nos-emos, primeiramente, com o transplante das práticas utilizadas no fechamento diferido dos contratos de *fusões & aquisições*, a fim de

---

[56] Sobre a importância dos processos de *fusões & aquisições de empresas* na economia mundial: LAJOUX, Alexandra Reed. **The art of M&A:** a merger, acquisition, and buyout guide. 5ª ed. Nova Iorque: McGraw-Hill Education, 2019, p. 3 e ss.

[57] "A qualificação jurídica consiste em associar-se uma situação factual a uma categoria jurídica, a fim de aplicar-lhe o regime jurídico correspondente. A qualificação é diferente da interpretação porque exige o emprego de definição e esquema conceituais para determinar que um certo fato se enquadra em certa categoria jurídica". (CUMYN, Michele; GOSSELIN, Frederic. Les Categories juridiques et la qualification une approche cognitive. **McGill Law Journal**, v. 62, n. 2, 2016, p. 345. Disponível em: <https://lawjournal.mcgill.ca/article/lescatgories-juridiques-et-la-qualification-une-approche-cognitive/>. Acesso em: 19.10.2020).

encontrar sua precisa qualificação no nosso sistema legal[58]. Para tanto, realizar-se-á a contextualização da prática transplantada em seu *habitat* original, a saber, os contratos de *fusões & aquisições*, sobretudo os de aquisição de participação societária do Direito estadunidense[59]. Em seguida, adentrar-se-á na qualificação da figura jurídica no Direito brasileiro, o que se fará mediante uma análise funcional e estrutural.

A exposição subsequente centrar-se-á no exame dos aspectos contratuais do período da pendência e do fechamento, visando a delimitar o regime jurídico e suas consequências. O foco da análise tem a ver com a compatibilização da normativa legal e convencional incidentes sobre esses momentos contratuais, a fim de verificar suas inter-relações. Após, analisar-se-ão os aspectos societários do período intercalar, buscando-se compreender as inter-relações entre regime contratual e regime organizacional da sociedade-alvo.

Este será, portanto, o percurso que nos propomos a seguir nas próximas páginas. Antes de começarmos a percorrê-lo, as seguintes advertências devem ser feitas: embora tenhamo-nos preocupado em abordar analítica e dogmaticamente o fechamento diferido nas operações de *fusões & aquisições*, este trabalho não pretende exaurir todas as possibilidades suscitadas por tal prática desses negócios. Exclui-se, pois, do escopo do estudo as alienações de empresas em situações de insolvência ou pré-insolvência ("distressed deals"), bem como a descrição de cada possível modelo jurídico negocial que possa envolver um diferimento temporal nas operações de fusões & aquisições no Direito brasileiro, tendo como categoria jurídica paradigma a aquisição de participações societárias de companhias fechadas. Além disso, manter-nos-emos fiéis a um *princípio da economia*, despendendo mais esforços para sintetizar um pensamento estudado, criticamente, do que para realizar (ociosa) repetição de estudos já realizados.

---

[58] Conceito jurídico trata-se de "um instrumento do pensamento que permite sistematizar e classificar os fenômenos do mundo segundo um discurso juridicamente ordenante da realidade social". (MARTINS-COSTA, Judith. Contratos. Conceito e evolução. *In*: LOTUFO, Renan; NANNI, Giovanni Ettore. (Coords.). **Teoria geral dos contratos**. São Paulo: Atlas, 2011, p. 59).

[59] Elegeu-se focar no Direito estadunidense, e não na *common law* em sentido lato, uma vez que não só os contratos brasileiros costumam se inspirar especificamente no Direito estadunidense, bem como no âmbito da *common law* o Direito estadunidense apresentar diferenças em relação ao Direito inglês.

PARTE I
A TÉCNICA DE DIFERIMENTO TEMPORAL NOS CONTRATOS DE FUSÕES E AQUISIÇÕES

PARTE I

CAPÍTULO 1
A FIGURA JURÍDICA NO SEU *HABITAT* ORIGINAL

Premissa: iter **contratual na** *common law*
Antes de adentrarmos no específico contexto estrutural em que o fechamento diferido se desenvolve – *i.e.*, na estrutura do contrato de compra e venda de participações societárias –, realizaremos uma sintética exposição do desenvolvimento da relação contratual na *common law*, com foco no Direito estadunidense[60].

Neste sistema, associado a um modelo econômico-jurídico *individualista* e *liberal*, o período negocial de um contrato é essencialmente *adversarial*[61], não estando as partes submetidas a um regime pré-contratual idêntico ao delineado pelo instituto da *culpa in contrahendo*[62]. Os nego-

---

[60] Além de divergências de conceitos jurídicos, a redação dos contratos de aquisição de participações societárias não é uniforme na *common law*. Como se verá, enquanto nos contratos estadunidenses o direito de desvinculação contratual antes do fechamento (*walk-away*) decorre de interações sutis entre *representations & warranties, covenants* e *conditions*, nos ingleses, o mecanismo utilizado é sintetizado na cláusula de *termination* (LECLERQ, Didier. **Les conventions de cession d'actions:** analyse juridique et conseils pratiques de rédaction. 2ª ed. Bruxelas: Larcier, 2017, p. 136).
[61] Walfod *v.* Miles, [1992] 2.A.C 128, HL, p. 138. (Disponível em: <https://www.ius.uzh.ch/dam/jcr:0ad63435-bcb7-490f-ab7b-154d9acc497f/Walford%20v.%20Miles.pdf>. Acesso em: 06.01.2020).
[62] A figura "mais próxima" seria o uso da *promissory estoppel* como causa de pedir de ações de indenização de danos sofridos em promessas informais em razão da confiança, conforme Restatement (2nd) of Contracts (1981), § 90 (1): *"A promise which the promisor should reasonably*

ciadores estão livres, em princípio, para agir estritamente visando ao seu interesse pessoal; têm, pois, mais liberdade, se comparado aos sistemas continentais[63], para estabelecer negociações paralelas sem precisar informar à contraparte[64], romper as tratativas injustificadamente mesmo na iminência da celebração do contrato.

Como a assimetria informacional é um elemento natural do processo de negociação[65], inexiste, na visão tradicional da *common law*[66], um dever geral de revelação de informação a cargo do vendedor, prevalecendo com mais vigor a concepção segundo a qual o comprador é responsável pela investigação sobre as qualidades do bem objeto do contrato

---

expect to induce action or forbearance on the part of the promisee or a third person and which does induce such action or forbearance is binding if injustice can be avoided only by enforcement of the promise. The remedy granted for breach may be limited as justice requires" mas, como adverte o comparatista Dário Vicente, este uso, diferentemente dos regimes pré-contratuais continentais, "não é fundad[o] pela doutrina e pela jurisprudência em violação de qualquer dos deveres pré-contratuais" derivados da boa-fé objetiva (VICENTE, Dário. **Direito comparado.** V. 2. Coimbra: Almedina, 2017, p. 124).

[63] No nosso sistema, o rompimento injustificado de tratativas, desenvolvido em um contexto em que foram criadas legítimas expectativas de que o contrato seria concluído, implica responsabilidade pré-contratual por *culpa in contrahendo*. O rompimento justificado, aquele em que os negociadores sabem que as negociações poderiam ser rompidas a qualquer tempo sem criar expectativas legítimas de contratação, não acarreta responsabilidade (MARTINS-COSTA, Judith. **A boa-fé no Direito Privado:** critérios para a sua aplicação. 2ª ed. São Paulo: Saraiva, 2018, p. 460-462).

[64] A lesão por terceiros de direitos de créditos é objeto do instituto *tort of interference*, tendo aplicação restrita, uma vez que pressupõe: "a) existência de um contrato eficaz entre demandante e um terceiro; b) o conhecimento pelo demandado da existência do contrato; c) a interferência intencional do demandado com o contrato; d) com um motivo impróprio ou por meios impróprios; e) dela resultando o incumprimento do contrato; e f) um dano para o demandante, o enriquecimento sem causa do demandado, a perspectiva de um dano que justifique uma *injunction* ou o risco de danos para o público pelo fato da interferência restringir a concorrência ou o comércio" (VICENTE, Dário. **Direito comparado.** V. 2. Coimbra: Almedina, 2017, p. 436).

[65] PERILO, Joseph. **Contracts.** 7ª ed. St. Paul: West Publishing, 2014, p. 317.

[66] Essa visão tradicional sobre o dever de revelação tem sido alvo de críticas. Melvin Eisenberg entende que deveria haver um dever geral de revelação de fatos substanciais – *i.e.*, fatos que impactam o barganhado. Este dever só poderia ser excepcionado, em seu ponto de vista, quando a revelação implicasse significativos custos de eficiência (*efficiency costs*) (EISENBERG, Melvin. **Foundational principles of contract law.** Nova Iorque: Oxford University Press, 2018, p. 598-599, edição Kindle).

(*caveat emptor*)⁶⁷. Deve, assim, ser particularmente cauteloso na tomada de decisão de contratar.

As declarações sobre fatos que visam a induzir a contraparte à celebração do contrato ("representations") poderão, no entanto, configurar "misrepresentations", quando emitida declaração falsa ou inexata, sobre fatos passados ou presentes, que induzem o contratante a celebrar o contrato, e sobre cuja veracidade o enganado tenha confiado *justificadamente*. A consequência comum a todas as espécies de "misrepresentation" – *i.e.*, *fraudulenta*⁶⁸ ou *substancial*⁶⁹ – é o desfazimento do contrato ("rescission") com a consequente restituição dos benefícios e vantagens recebidas de uma parte a outra⁷⁰; a diferença é que, na *fraudulenta*, o enganado pode optar, ainda, por manter o contrato e pedir indenização delitual ("damages in tort").

Conquanto o foco da "misrepresentation" resida na *presença* de declaração falsa ou inexata, certo é que o mero ocultamento e a não revelação de certas informações se equiparam a uma declaração falsa, no Direito estadunidense. Assim acontece quando necessária for a revelação de determinado fato para correção de uma declaração inexata previamente feita ou de um erro incorrido pela contraparte, mesmo quando não tenha sido causado pelo declarante; e quando a outra parte tenha direito de conhecer essa informação em razão de uma relação de confiança entre elas⁷¹.

---

⁶⁷ O princípio *caveat emptor*, conquanto sofra certas mitigações, continua apresentando mais intensidade nos sistemas da *common law*, sobretudo nas relações comerciais (PERILLO, Jospeh M. **Contracts**. 7ª ed. St. Paul: West Publishing: 2014, p. 319, edição Kindle).

⁶⁸ Restatement (2ⁿᵈ) of Contracts (1981), §162: "*A misrepresentation is fraudulent if the maker intends his assertion to induce a party to manifest his assent and the maker knows or believes that the assertion is not in accord with the facts, or does not have the confidence that he states or implies in the truth of the assertion, or knows that he does not have the basis that he states or implies for the assertion*".

⁶⁹ Restatement (2ⁿᵈ) of Contracts (1981), §162: "*(2) A misrepresentation is material if it would be likely to induce a reasonable person to manifest his assent, or if the maker knows that it would be likely to induce the recipient to do so*".

⁷⁰ GREZZANA, Giacomo Luiz Maria Oliveira. **A cláusula de declarações e garantias em alienação de participação societária.** São Paulo: Quartier Latin, 2019, p. 39.

⁷¹ Restatement (2ⁿᵈ) of Contracts (1981), §160: "*A person's non-disclosure of a fact known to him is equivalent to an assertion that the fact does not exist in the following cases only: 1. where he knows that disclosure of the fact is necessary to prevent some previous assertion from being a misrepresentation or from being fraudulent or material. 2. where he knows that disclosure of the fact would correct a mistake of the other party as to a basic assumption on which that party is making the contract and if*

Como as "representations" não são, a rigor, *termos do contrato*, estando submetidas somente ao regime da "misrepresentation", na qual um dos requisitos – geralmente difícil de comprovar – é a prova da confiança do enganado na declaração, iniciou-se, na prática anglo-saxã, o uso da cláusula "representations & warranties" cujo objetivo é aumentar a tutela do comprador perante a descoberta apenas *posterior* de fatos suscetíveis de desvalorizar o objeto do negócio.

A "warranty" consiste, por sua vez, em uma *promise* e a sua violação implica indenização por "bargain damages"[72], prescindindo da prova da confiança[73]. Assim, por meio daquela cláusula, o declarante "garante" a veracidade sobre as declarações que tenha feito sobre características, qualidades e quantidades do bem objeto do contrato[74], aumentando a proteção conferida ao comprador, que poderá se valer do regime da "misrepresentation" e do regime da "warranty".

Registre-se que "warranty" é uma espécie de "promise", e não o seu sinônimo. As *promises* são cláusulas mediante as quais os contratantes se *comprometem* a realizar, ou a não realizar, um *estado de coisas* ("state of affairs")[75], dando origem ao "dever de cumprir" ("duty to perform")[76] e ao seu correlato *direito de exigir a performance* ("right to demand performance"), cujo regime de inexecução é mais abrangente do que o da "warranty". Ao passo que a "warranty" implica somente indenização, a violação de uma *promise* pode implicar, adicionalmente à indenização,

---

non-disclosure of the fact amounts to a failure to act in good faith and in accordance with reasonable standards of fair dealing. 3. where he knows that disclosure of the fact would correct a mistake of the other party as to the contents or effect of a writing, evidencing or embodying an agreement in whole or in part. 4. where the other person is entitled to know the fact because of a relation of trust and confidence between them".

[72] Bargain damages *"measure of damages results in a higher damages award and is the measure of damages that a party generally receives on a contract breach. It is equal to the value that the property was represented to be minus the actual value".* (STARK, Tina L. **Drafting contracts**. Nova Iorque: Aspen Coursebook Series, 2014, edição Kindle, p. 17).

[73] STARK, Tina L. **Drafting contracts**. Nova Iorque: Aspen Coursebook Series, 2014, edição Kindle, p. 15.

[74] GREZZANA, Giacomo Luiz Maria Oliveira. **A cláusula de declarações e garantias em alienação de participação societária**. São Paulo: Quartier Latin, 2019, p. 46.

[75] EISENBERG, Melvin. **Foundational principles of contract law**. Nova Iorque: Oxford University Press, 2018, edição Kindle, p. 715.

[76] STARK, Tina L. **Drafting contracts**. Nova Iorque: Aspen Coursebook Series, 2014, edição Kindle, p. 23.

PARTE I. 1. A FIGURA JURÍDICA NO SEU *HABITAT* ORIGINAL

direito de desvinculação do contrato ("unilateral cancellation") quando ocorrer um *inadimplemento contratual significativo* ("material breach"), cuja delimitação, no entanto, é incerta[77], embora a ideia geral diga respeito ao incumprimento que implica o não recebimento pela parte inocente do seu benefício de barganha[78].

Diferentemente dos sistemas continentais, a violação da "promise" não dá azo, em princípio, à execução específica do contrato, o que ocorre em situações muito excepcionais[79] por uma ordem discricionária

---

[77] Restatement (2nd) of Contracts (1981), § 241: *"In determining whether a failure to render or to offer performance is material, the following circumstances are significant: (1) the extent to which the injured party will be deprived of the benefit which he reasonably expected; (2) the extent to which the injured party can be adequately compensated for the part of that benefit of which he will be deprived; (3) the extent to which the party failing to perform or to offer to perform will suffer forfeiture; (4) the likelihood that the party failing to perform or to offer to perform will cure his failure, taking account of all the circumstances including any reasonable assurances; (5) the extent to which the behavior of the party failing to perform or to offer to perform comports with standards of good faith and fair dealing"*. Conquanto este diploma legislativo enumere algumas circunstâncias significativas a serem consideradas na apuração do incumprimento contratual substancial (*material breach*), as cortes e a doutrina costumam adotar a teoria, elaborada por Eric G. Andersen, da violação ao *interesse na performance futura* – *i.e.*, interesse na segurança e confiança que as partes têm, no momento da celebração do contrato, de que o contrato será cumprido como acordado. Assim, como o incumprimento contratual substancial (*material breach*) confere considerável *poder* à parte inocente, este poder só se justifica quando este interesse na performance futura for violado, por consistir em um dos mais importantes benefícios que os indivíduos têm ao celebrarem relações contratuais. Em contrapartida, atingido somente o *interesse na prestação presente* – *i.e.*, interesse consistente no recebimento da *promise* no momento do seu vencimento – haverá um incumprimento não significativo (*minor breach ou substancial performance*), que não confere direito ao "cancelamento unilateral" do contrato, mas tão-somente compensação pelas perdas que sofreu por este incumprimento.

[78] KIM, Nancy S. **The fundamentals of contract law and clauses.** Northampton: Edward Elgar, 2016, p. 108.

[79] SCOTT, Robert E.; KRAUS, Jody S. **Contract law and theory.** 4ª ed. Newark: Lexis Nexis, 2007, p. 93. Há, contudo, uma corrente doutrinária permitindo o uso de *execução específica* de modo mais abrangente (ver: EISENBERG, Melvin. **Foundational principles of contract law.** Nova Iorque: Oxford University Press, 2018, p. 316 e ss., edição Kindle).

"O incumprimento quer de uma ordem de *specific performance* quer de uma *injunction* constitui uma forma de *contempt of court*, punível com multa ou prisão. Mas a execução é em ambos os casos uma medida discricionária cuja prolação apenas tem lugar quando o arbitramento de uma indenização ('damages') seja tido como inadequado a fim de acautelar a posição do credor (v.g. por isso que este tem um interesse legítimo em certa coisa que lhe foi prometida pelo devedor)". (VICENTE, Dário. **Direito comparado.** V. 2. Coimbra: Almedina, 2017, p. 279-280).

de uma corte[80], e não pelo exercício de um direito potestativo do credor da obrigação inadimplida. Esta é uma distinção relevante: enquanto no Brasil (e, em regra, nos sistemas do Direito continental europeu), admite-se que a pretensão ao cumprimento específico tem precedência natural à tutela indenizatória substitutiva[81], verificando-se, pois, a prevalência da execução específica, na hipótese de inadimplemento, a prioridade conferida, em linha de princípio, pelas regras da *common law*, é a indenização pelo equivalente pecuniário[82]. Ressalte-se que, no Direito brasileiro, a solução primeira é a execução específica do contrato, enquanto na *common law* é a indenização em dinheiro. Além disso, na *common law* inexiste figura similar às *astreintes* para estimular a execução específica[83], bem como há certa resistência às "penalty clauses" – *i.e.*, cláusula contratual de índole compulsória[84]. São, contudo, admitidas "liquidated damages clauses" – *i.e.*, cláusulas mediante as quais se deter-

---

[80] Restatement Second (2nd) of Contracts, § 357 *"Availability of Specific Performance and Injunction – Subject to the rules stated in §§ 359-69, specific performance of a contract duty will be granted in the discretion of the court against a party who has committed or is threatening to commit a breach of the duty. Subject to the rules stated in §§ 359-69, an injunction against breach of a contract duty will be granted in the discretion of the court against a party who has committed or is threatening to commit a breach of the duty if the duty is one of forbearance, or the duty is one to act and specific performance would be denied only for reasons that are inapplicable to an injunction".*

[81] *E.g.*, STJ. Terceira Turma. REsp 856.826/DF. Rel. p/ acórdão Min. Ari Pargendler. J. em 19.02.2008, caso no qual se superou inclusive a possibilidade de execução específica sobre obrigações de fazer. No mesmo sentido: STJ. Terceira Turma. REsp 482.094/RJ. Rel. p/ acórdão Min. Sidnei Beneti. J. em 20.05.2008. Já sob a égide do Novo Código de Processo Civil, vide, exemplificativamente: TJSP. Décima Primeira Câmara Cível. AI 2230954-55.2016.8.26.0000. Rel. Des. Gilberto dos Santos. J. em 02.02.2017. Na doutrina, veja-se, exemplificativamente: GRINOVER, Ada Pellegrini. Tutela jurisdicional nas obrigações de fazer e não fazer. **Revista de Processo**, v. 79, 1995, p. 65-76; MENEZES DIREITO, Carlos Alberto; CAVALIERI FILHO, Sergio. **Comentários ao Novo Código Civil**. V. 13. 3ª ed. Rio de Janeiro: Forense, 2011, p. 434; THEODORO JR., Humberto. Tutela específica das obrigações de fazer e não fazer. **Revista de Processo**, vol. 105, 2002, p. 14.

[82] FARNSWORTH, E. Allan. Legal Remedies for Breach of Contract. **Columbia law review**, vol. 70, 1970, p. 1145-1216; COUTO E SILVA, Clóvis. **A obrigação como processo**. 2ª ed. Rio de Janeiro: FGV Editora, 2006, p. 119.

[83] PARGENDLER, Mariana. The role of the State in Contract Law: the common-civil law divide. **The Yale journal of international law**, v. 43, 2018, p. 169. Disponível em: <https://digitalcommons.law.yale.edu/yjil/vol43/iss1/3>. Acesso em: 04.06.2020.

[84] VICENTE, Dário. **Direito comparado**. V. 2. Coimbra: Almedina, 2017, p. 316; ROSENVALD, Nelson. **Cláusula penal:** a pena privada nas relações negociais. Rio de Janeiro: Lumen Juris, 2007, p. 26.

PARTE I. 1. A FIGURA JURÍDICA NO SEU *HABITAT* ORIGINAL

mina previamente a indenização a ser conferida na situação de violação contratual – desde que não impliquem valor excessivamente elevado[85].

Nos instrumentos contratuais, "promises" são normalmente chamadas de "covenants", os quais são usados em múltiplos contextos, podendo ser *afirmativos*, uma obrigação de fazer, ou *negativos*, uma obrigação de não fazer; específicos a algum período contratual; relativos, ou não, à prestação principal objeto do contrato.

O cumprimento e execução do contrato deve observar, no Direito estadunidense, o dever de boa-fé[86]. As cortes o reconhecem como um "implied term" na execução dos contratos, sobretudo para restringir poderes discricionários que as partes tenham em razão dos mesmos. A boa-fé determina que estes poderes devem ser utilizados conforme as razões permitidas pelo acordo contratual, protegendo expectativas justificáveis que nascem do acordo[87]. Em termos de incidência, as cortes estadunidenses "utilizam a boa-fé para impor deveres contratuais com menos frequência e fervor do que seus equivalentes no *civil law*"[88].

A exigibilidade de uma "promise" pode depender da ocorrência de acontecimento externo, quando submetida por vontade das partes a

---

[85] Restatement (2nd) of Contracts (1981), § 356(1): "*Damages for breach by either party may be liquidated in the agreement but only at an amount that is reasonable in the light of the anticipated actual loss caused by the breach and the difficulties of proof of loss*".

[86] Uniform Commercial Code (UCC), 1-304: "*Every contract or duty within the Uniform Commercial Code imposes an obligation of good faith in its performance and enforcement;* Restatement Second Section 205 "*Every contract imposes upon each party a duty of good faith and fair dealing in its performance and its enforcement.*"
O sentido de boa-fé é complexo e não corresponde exatamente à noção de boa-fé objetiva dos sistemas continentais. A boa-fé, na *common law*, parte de uma perspectiva subjetiva segundo a qual a parte deve agir de modo que acredita ser o apropriado. Esta perspectiva é, contudo, submetida a testes objetivos: (*i*) a crença deve ser honesta em um sentido com bases sociais ou morais, não sendo suficiente "o acreditar por si só"; (*ii*) a crença precisa ser racional; (*iii*) o dever de boa-fé deve incluir a observância de razoáveis padrões comerciais de negociações justas (EISENBERG, Melvin. **Foundational principles of contract law.** Nova Iorque: Oxford University Press, 2018, p. 707, edição Kindle).

[87] BURTON, Steven. **Principles of contract law.** 4ª ed. St. Paul: West Academic Publishing, 2012, p. 426.

[88] PARGENDLER, Mariana. O direito contratual comparado em nova perspectiva: revisitando as diferenças entre os sistemas romano-germânico e do *common law*. **Revista Direito GV**, v. 13, n. 3, set./dez. 2017, p. 802. Disponível em: <http://bibliotecadigital.fgv.br/ojs/index.php/revdireitogv/article/view/73326/70468>. Acesso em: 02.07.2020.

uma "express condition"[89]. Estas são entendidas como ato ou evento, que deve ocorrer (*i*) ou antes da exigibilidade do dever de cumprir a *promise* ("condition precedent") ou (*ii*) que deve ter-se verificado uma vez finda a exigibilidade do dever de cumprir a *promise* ("condition subsequent")[90]. As "conditions precedents" são o mecanismo pelo qual se difere temporalmente a *assinatura* e o *fechamento*[91].

As "conditions" anglo-saxãs aceitam como evento condicional tanto um fato incerto e futuro ("contingencial conditions") quanto uma "promise" ("promissory conditions"). Ambas as espécies apresentam, contudo, diferenças quanto aos seus regimes jurídicos: enquanto a não satisfação das primeiras implica *somente* direito à extinção do contrato, a não satisfação das segundas implica não só o direito de desvinculação do

---

[89] *Express conditions* diferem-se das *implied conditions*, em que as primeiras são convencionadas pela vontade expressa das partes, as segundas não estão expressas nas palavras dos contratantes, mas mesmo assim fazem parte do contrato, exceto quando as partes as tenham expressamente excluído. As *implied conditions* são implícitas pelo fato (*implied by fact*) e por lei (*by law* ou *constructive conditions*). Nos contratos de M&A com fechamento diferido, em razão de serem contratos complexos submetidos a extensivo detalhamento pelos contratantes, interessam na prática somente as *express conditions*. (HILMANN, Robert. **Principles of contract law**. 4ª ed. St. Paul: West Academic Publishing, 2018, p. 313 e ss).

A regulação das *conditions* obedece tanto aos termos contratuais quanto a certos *implied terms*. Acerca da conduta dos contratantes durante a pendência da condição, entende-se que as partes: (*i*) não podem desistir do contrato durante o prazo previsto ou até que se tenha verificado a impossibilidade do cumprimento da condição; (*ii*) não podem obstaculizar a realização do evento condicional; se assim procederem, a realização da condição será dispensada – *i.e.*, mesmo não satisfeita, a parte prejudicada pela não ocorrência da condição poderá "*recover on the contract*" uma vez provado que estava pronta e disponível para cumprir o seu dever de prestar (PERILLO, Jospeh M. **Contracts**. 7ª ed. St. Paul: West Academic, 2014, p. 416, edição Kindle).

[90] PERILLO, Joseph. **Contracts**. 7ª ed. West Publishing: St. Paul: West Academic Publishing, 2014, p. 381, edição Kindle; Restatement (2nd) of Contracts (1981), § 224: "*A condition is an event, not certain to occur, which must occur, unless its non-occurrence is excused, before performance under a contract becomes due*". Tina Stark define a condição como "*a state of facts that must exist before a party is obligated to perform. (...) If that state of facts does not exist, the obligation to perform is not triggered. Uncertainty is a hallmark of a condition. For a state of facts to be a condition, those facts cannot be certain to occur*". (STARK, Tina L. **Drafting contracts**. Nova Iorque: Aspen Coursebook Series, 2014, p. 29, edição Kindle).

[91] Como será melhor abordado no item 2. do capítulo 1 deste trabalho.

contrato pela parte inocente, mas também o ressarcimento patrimonial com base na não realização da conduta prometida[92].

A escolha do evento condicional implica alocação de riscos diversa daquela que o seria na ausência de uma "condition": enquanto nas "contingencial conditions" nenhum dos contratantes assume responsabilidade pelo incumprimento justamente em razão da incerteza do seu acontecimento, nas "promissory conditions" aquele obrigado à realização da "promise" sofrerá as consequências do incumprimento contratual em virtude de controlar (ainda que, em certos casos, não totalmente) o evento.

Esse cenário apresenta, contudo, uma exceção: as "satisfatory conditions". Estas são condições que subordinam a "promise" de um contratante à manifestação de sua satisfação deste a respeito de algum acontecimento. Note-se que, neste caso, a parte não assume a responsabilidade por incumprimento contratual ainda que o evento condicional dependa de sua vontade.

Por fim, é necessário esclarecer que a palavra "condition" também é utilizada para referir-se à ordem do cumprimento das "promises". "Constructive conditions" é expressão conotada aos contratos em que as "promises" devem ser cumpridas pelas partes ao mesmo tempo. Assim, a parte que está disposta a cumprir só poderá ingressar com ação por inadimplemento ("contractual breach") se a contraparte não cumpriu sua promessa ou antecipadamente afirmou que não iria cumprir ("antecipatory breach").

O fim da relação contratual por incumprimento contratual ("breach") acarreta, por um lado, a exoneração das obrigações a serem cumpridas e, por outro, a sobrevivência de qualquer direito relativo às "promises" que foram executadas antes do fim do contrato, bem como dos direitos relativos ao incumprimento contratual[93]. Já o fim da relação contratual por outro motivo que não seja o incumprimento, implica a exoneração das obrigações, com a liberação do devedor e a sobrevivência de direito

---

[92] HILMANN, Robert. **Principles of contract law.** 4ª ed. St. Paul: West Academic Publishing, 2018, p. 309-312.

[93] Uniform Commercial Code (UCC), § 2-106: *"(4) 'Cancellation' occurs when either party puts an end to the contract for breach by the other and its effect is the same as that of "termination" except that the cancelling party also retains any remedy for breach of the whole contract or any unperformed balance".*

relativo às "promises" que foram executadas antes do fim do contrato. Não implica sobrevivência de direitos relativos ao incumprimento contratual[94].

1. Contextualização estrutural

O contrato de *fusões & aquisições* no Direito estadunidense obedece a uma arquitetura específica, em que o equilíbrio entre os interesses dos vendedores e os dos compradores resulta de interações relativamente sutis entre as seções de cláusulas de condições ("conditions"), obrigações de fazer e não-fazer ("covenants"), declarações e garantias ("representations & warranties") e indenização ("indemnification")[95].

Como o escopo deste trabalho é o de analisar o *período intercalar*, examinar-se-ão as interações entre as seções que atuam mais especificamente neste período, o que se dará, sobretudo, mediante a análise das condições ("conditions precedents") e obrigações de fazer e não fazer ("covenants prior to closing").

---

[94] Uniform Commercial Code (UCC), § 2-106: *"(3)'Termination' occurs when either party pursuant to a power created by agreement or law puts an end to the contract otherwise than for its breach. On "termination" all obligations which are still executory on both sides are discharged but any right based on prior breach or performance survives".*

[95] Enquanto *covenants* e *conditions* regulam a alocação de riscos antes do fechamento, as cláusulas de indenização (indemnification) regulam a alocação de riscos no período pós-fechamento (MAYNARD, Therese H. **Mergers and acquisitions:** Cases, Materials, and Problems. Nova Iorque: Aspen Series (Wolters Kluwer), 2017, p. 393, edição Kindle.) – *i.e.*, estabelecendo a indenização devida ao comprador por problemas relativos à sociedade-alvo descobertos após o *fechamento*, como violação de *representations & warranties* ou violação de *covenants*. Funcionam não só como substituição ou reforço dos remédios típicos do incumprimento contratual constantes da *common law* (STARK, Tina L. **Drafting Contracts**. Nova Iorque: Aspen Publisher, 2014, p. 204, edição Kindle), mas também estipulam parâmetros de valores e limites temporais.
Como o objetivo deste trabalho é analisar o período intercalar, a análise das *indemnity provisions* fogem ao seu escopo. Contudo, uma consideração importante se cinge à constatação de quando efetivamente ocorreu a violação às *representations & warranties*; se durante o período intercalar ou realmente após o *closing*. Isso porque, se a violação ocorreu *durante* o período intercalar e o comprador não exerceu seu direito de desvinculação (*walk-away*), vindo a fechar o contrato, não poderá posteriormente reclamar qualquer indenização por aquela quebra de *representations & warranties* (LAJOUX, Alexandra Reed. **The art of M&A**: a merger, acquisition, and buyout guide. 5ª ed. Nova Iorque: McGraw-Hill Education, 2019, p. 593; LECLERCQ, Didier. **Les conventions de cession d'actions:** analyse juridique et conseils pratiques de rédaction. 2ª ed. Bruxelas: Larcier, 2017, p. 135).

2. Condições precedentes ("conditions precedents")

A seção das "conditions" apresenta um papel primordial durante o período intercalar: especifica as exigências que necessariamente devem ser realizadas pelas partes, ou por terceiros, antes do *fechamento*, para que as "promises" daquelas sejam então exigíveis. Conferem um direito ao comprador, ou ao vendedor (embora no caso do último não tão frequente), de desvinculação contratual ("right to walk away") se a exigência que lhe beneficiaria não for satisfeita até a data do *fechamento*.

A ineficácia contratual poderá ser cumulada com indenização, se a condição não satisfeita for uma "promissory condition". Conquanto das "contingencial conditions" não resulte incumprimento contratual ("breach"), a sua não satisfação pode estar vinculada contratualmente à uma consequência pecuniária, como *multas por desistência motivada* ("break-up fees")[96].

As condições são, portanto, mecanismos contratuais poderosos de alocação de riscos devido às distintas composições de suas consequências jurídicas, servindo a diversos *interesses* dos contratantes, os quais serão a seguir designados. Exercem, pois, uma multiplicidade funcional.

---

[96] *Termination fees* e *reverse termination fees* são cláusulas que objetivam compensar as despesas e a perda da oportunidade de realização da operação (MAYNARD, Therese H. **Mergers and acquisitions:** cases, materials, and problems. Nova Iorque: Aspen Series (Wolters Kluwer), 2017, p. 591, edição Kindle). *Termination fee* é um pagamento feito pelo vendedor ao comprador pela oportunidade perdida em razão da não consumação da operação pela ocorrência de determinados eventos. Estes eventos comumente envolvem situações em que surge um terceiro comprador interessado na sociedade-alvo (MAYNARD, Therese H. **Mergers and acquisitions:** cases, materials, and problems. Nova Iorque: Aspen Series (Wolters Kluwer), 2017, p. 688, edição Kindle). *Reverse termination fees* é o pagamento feito pelo comprador ao vendedor no evento de aquele não conseguir completar a aquisição como estipulada no acordo; como, *e.g.*, quando o comprador não consegue obter o financiamento ou quando ocorrer qualquer falha do comprador em fechar o negócio (American Bar Association. **Model stock purchase agreement with commentary.** V. l. 2ª ed. Chicago: ABA, 2010, p. 283).
Trata-se de *multas* que visam, geralmente, a compensar o beneficiário pelos custos de oportunidade da negociação: AFSHARIPOUR, Afra. **Paying to break-up:** the metamorphosis of reverse termination fees. Disponível em: <http://ssrn.com/abstract=1443613>, p. 22; LAJOUX, Alexandra Reed. **The art of M&A:** a merger, acquisition, and buyout guide. 5ª ed. Nova Iorque: McGraw-Hill Education, 2019, p. 957-958; American Bar Association. **Model stock purchase agreement with commentary.** V. l. 2ª ed. Chicago: ABA, 2010, p. 281.

2.1. Classificação das condições

As condições nos contratos de *fusões & aquisições* são divididas, por Kenneth Adams, em três figuras relativas às suas funções: *condições de entrada* ("gating conditions"), que motivam a existência de um período intercalar; *condições de manutenção* ("mantaining-the-bargaing conditions"), que velam pela inexistência de mudanças entre a assinatura e o fechamento[97]; e *condições transacionais* ("transactional conditions"), que tratam dos itens que devem ser entregues pelas partes no fechamento.

2.1.1. *Condições de entrada ("gating conditions")*

As *condições de entrada* são as que indicam as situações práticas que motivam a existência do lapso temporal existente entre a assinatura e o fechamento. São geralmente aquelas que requerem a intervenção de um terceiro, o que dificulta e torna incerta a sua realização[98]. Fazem referência às situações que impedem o fechamento, em decorrência: de proibições legais – *e.g.*, ausência de autorização de autoridade pública –, de uma impraticabilidade – *e.g.*, obtenção de financiamento –, de sua não realização provocar uma perda de interesse na realização do contrato – *e.g.*, não inclusão de um ativo chave em virtude da não obtenção do consentimento de um terceiro que mantém uma relação contratual com a sociedade-alvo[99].

Por razões de ordem prática, as partes deslocam a exigibilidade de suas *promises* principais do contrato – *e.g.*, no contrato de compra e venda, a transferência das participações societárias e o pagamento do preço – em razão da incerteza da ocorrência ou da confirmação de diversas situações fáticas. Isto é, a despeito da incerteza quanto à realização destas *exigências*, as partes voluntariamente desejam constituir um vínculo jurídico durante este período de incerteza.

A razão prática mais comum que motiva o diferimento do fechamento é a relacionada a atos de autoridades públicas. Assim, por exemplo,

---

[97] Classificação de ADAMS, Kenneth. **The structure of M&A contracts.** Nova Iorque: Legal Works, 2016, p. 71-75; adotada também por: BEVIÁ, Vicente Gimeno. **Las condiciones en el contrato de compraventa de empresa.** Navarra: Thomson Reuters, 2016, p. 53 e 65.

[98] BEVIÁ, Vicente Gimeno. **Las condiciones en el contrato de compraventa de empresa.** Navarra: Thomson Reuters, 2016, p. 51, tratando do Direito anglo-saxão.

[99] Exemplos e classificação de BEVIÁ, Vicente Gimeno. **Las condiciones en el contrato de compraventa de empresa.** Navarra: Thomson Reuters, 2016, p. 53.

as condições que submetem a eficácia plena do contrato, e.g.: à inexistência de ação judicial proibindo a operação, ou à inexistência de processo ajuizado por entidade governamental contestando ou restringindo a operação; ou à obtenção de todas autorizações e registros governamentais necessários[100].

Também é usual encontrar como *condições de entrada* aquelas que subordinam a obrigação do comprador "de fechar" à manifestação de satisfação desse contratante a respeito de algum acontecimento ("satisfactory conditions"), sobretudo em relação à obtenção de financiamento em condições satisfatórias[101] ou à satisfação acerca do resultado do procedimento de diligência legal[102].

---

[100] ZARFES, David. **Contracts and commercial transactions.** Nova Iorque: Aspen Publishers (Wolters Kluwer Legal), 2011, p. 15797, edição Kindle (paginação irregular). No Direito brasileiro, estas condições relativas a requisitos constantes na lei ou regulamento serão *conditiones iuris*.

[101] As operações de *fusões & aquisições* costumam envolver valores consideráveis de aquisição nem sempre o comprador terá disponível este valor para honrar o negociado, precisando, portanto, obter financiamento para tanto. Se ainda não existe um contrato assinado, o comprador não terá incentivos para se esforçar a obter o crédito necessário uma vez que suportaria o risco de que o contrato não chegue a se celebrar (BEVIÁ, Vicente Gimeno. **Las condiciones en el contrato de compraventa de empresa.** Navarra: Thomson Reuters, 2016, p. 203). Além disso, muitas vezes a própria entidade financiadora poderá exigir a existência prévia de um contrato de compra e venda de participações societárias para que, então, antecipe o capital necessário ao comprador. Diante desse cenário em que se exige uma vinculação prévia à efetiva obtenção do financiamento pelo comprador, é comum que o comprador que não tenha os recursos financeiros prontamente disponíveis no momento da assinatura exija uma condição subordinando a sua obrigação de fechar à obtenção de financiamento suficiente e em condições que lhe sejam satisfatórias (American Bar Association. **Model stock purchase agreement with commentary.** V. 1. 2ª ed. Chicago: ABA, 2010, p. 266).

[102] Diligência legal é, em termos gerais, um procedimento técnico que visa à averiguação dos potenciais riscos da operação proposta mediante investigação de todos os aspectos relevantes do passado, presente e previsível futuro do negócio a ser comprado (LAJOUX, Alexandra Reed. **The art of M&A:** a merger, acquisition, and buyout guide. 5ª ed. Nova Iorque: McGraw-Hill Education, 2019, p. 455). No período intercalar, o processo de *due diligence* serve para que o comprador se certifique de que as participações societárias que adquirirá no fechamento serão virtualmente aquelas descritas na assinatura (FREUND, James. **Anatomy of a merger:** strategies and techniques for negotiating corporate acquisitions. Nova Iorque: Law Journal Press, 1975, p. 286; 420). Assim, sob a perspectiva do comprador, o objetivo da *due diligence* é acessar todas as informações pertinentes – boas ou ruins – para assegurar que a troca barganhada na assinatura do contrato permanece a mesma

Conquanto as condições de satisfação sejam válidas no *common law*, mesmo na experiência norte-americana implicam certa insegurança[103]. Por essa razão, a doutrina especializada recomenda o estabelecimento, pelas partes, de critérios objetivos para averiguar concretamente a satisfação[104], ou, alternativamente, a pactuação de *multas por desistência motivada* ("reverse break-up fees"), as quais se referem ao pagamento de uma soma pecuniária pelo comprador que objetiva compensar as despesas e a perda da oportunidade de realização da operação pelo vendedor[105].

(MAYNARD, Therese H. **Mergers and acquisitions:** cases, materials, and problems. Nova Iorque: Aspen Coursebook Series, 2017, p. 29, edição Kindle). Diante desse contexto, é comum a estipulação de uma condição que subordina a obrigação do comprador à satisfação acerca do conteúdo do relatório da diligência legal (*due diligence report*). Este documento consolida os aspectos mais relevantes da sociedade-alvo: descrevendo os riscos descobertos, analisando as consequências jurídicas e, se for o caso, identificando as possíveis soluções (ÁLVARES, Tomás José Acosta. Due diligence. *In*: QUETGLAS, Rafael; LUNA, Martín J. **Manual de fusiones y adquisiciones de empresas.** Madrid: Kluwer Espanha, 2016, p. 73).

[103] As cortes tendem a dividir os precedentes em dois grupos. O primeiro trata de situações que implicam efetivamente um julgamento pessoal, como o *gosto*; entendendo-se que o contratante terá o direito de rejeitar, desde que a rejeição tenha sido de boa-fé – *i.e.*, a boa-fé evita que o contratante abuse de seu poder discricionário. O segundo envolve situações de utilidade, aptidão ou valor – *i.e.*, critérios que podem ser medidos em relação a um padrão mais ou menos objetivo –, aplicando os tribunais o teste da averiguação da rejeição pelo critério da "reasonably satisfactory" (PERILLO, Joseph. **Contracts.** 7ª ed. St. Paul: West Publishing, 2014, p. 430 e ss.; EISENBERG, Melvin. **Foundational principles of contract law.** Nova Iorque: Oxford University Press, 2018, p. 708 e ss, edição Kindle).

[104] Exemplos de critérios objetivos para determinar a satisfação das condições acerca do resultado do relatório de diligência legal: determinação de um valor de patrimônio líquido; inexistência de dívidas não refletidas no balanço, inexistência de pagamento de dividendos no período intercalar; inexistência de empréstimos que excedam um valor determinado (BEVIÁ, Vicente Gimeno. **Las condiciones em el contrato de compraventa de empresa.** Navarra: Thomson Reuters, 2016, p. 99, nota de rodapé n. 285). Em relação às condições de obtenção de financiamento: determinando critérios de mercado, especificando os termos do financiamento que devem ser entendidos como razoáveis (BEVIÁ, Vicente Gimeno. **Las condiciones en el contrato de compraventa de empresa.** Navarra: Thomson Reuters, 2016, p. 99).

[105] MAYNARD, Therese H. **Mergers and acquisitions:** cases, materials, and problems. Nova Iorque: Aspen Coursebook Series, 2017, p. 591, edição Kindle.

2.1.2. Condições de manutenção ("maintaining-the-bargaing conditions"): "bring-down condition", "compliance with covenants conditions" e "material adverse clause"

Tratando-se de contrato de execução diferida, o tempo e suas vicissitudes podem ter um impacto relevante no programa contratual projetado pelas partes na data da *assinatura* (conclusão contratual). Muito embora a decisão das partes de constituir um vínculo contratual tenha como pressuposto o *estado de coisas* existente na data da *assinatura*, não se pode negar que, com o decorrer do tempo, há o risco de estas situações sofrerem modificações.

Emblemática é, neste sentido, a aquisição do *Merrill Lynch* pelo *Bank of America*. Quando *assinado* o contrato, em setembro de 2008, o *Bank of America* havia concordado em adquirir *Merrill Lynch* por $50 bilhões, o que consistia em um preço consideravelmente razoável. Após uma vertiginosa queda do mercado de ações em outubro, *Merril Lynch* havia sofrido, na data do *fechamento*, em janeiro de 2009, uma perda de $15 bilhões, valendo somente uma fração do valor previamente acordado[106].

Com efeito, o adquirente encara um significativo risco de o objeto da prestação (participação societária) não corresponder ao descrito na data da *assinatura*, seja em razão da assimetria informacional, das circunstâncias exógenas que se refletem no valor das participações societárias[107], ou de circunstâncias próprias do negócio que estejam no controle do vendedor (risco moral)[108-109].

---

[106] SCHWARTZ, Andrew A. A "Standard clause analysis" of the frustration doctrine and the material adverse change clause". **UCLA Law Review**, n. 789, 2010, p. 819; 835.

[107] HENDERSON, M. Todd. "The use and effect of material adverse change clauses". *In:* ZARFES, David. **Contracts and commercial transactions.** Nova Iorque: Aspen Publishers (Wolters Kluwer Legal), 2011, p. 16119, edição Kindle (paginação irregular).

[108] Circunstâncias endógenas são aquelas mudanças nas circunstâncias do negócio relacionadas ao próprio negócio em questão – *e.g.*, perda de empregados chave, perda de *market share* para competidor. A ocorrência desses riscos está, em certa medida, no controle do vendedor, quando este detenha o controle da sociedade. Assim, quando a venda já tem o preço ajustado, o vendedor terá reduzido o seu incentivo de controlar estes acontecimentos. (HENDERSON, M. Todd. "The use and effect of material adverse change clauses". *In:* ZARFES, David. **Contracts and commercial transactions**. Nova Iorque: Aspen Publishers (Wolters Kluwer Legal), 2011, p. 16119, edição Kindle (paginação irregular).

[109] A ideia de *risco moral* ("moral hazard") é original do setor de seguros, tendo sido desenvolvida por Kenneth Arrow. O autor demonstra que, conquanto o objeto do seguro não esteja totalmente sob o controle do segurado, situações há em que o comportamento do

É possível haver um verdadeiro desalinhamento de interesses entre as partes envolvidas no contrato durante o período intercalar. Enquanto o possível-futuro-sócio (adquirente) terá interesses na eficiente administração da sociedade-alvo e na valorização das participações, o alienante poderá adotar um comportamento de "sócio de saída", não tão diligente quanto aos impactos negativos de sua influência na condução da sociedade-alvo, uma vez que, a longo prazo, pode não ser atingido pela ocorrência desses impactos. Por outros termos, há um risco de alteração do comportamento do vendedor após a celebração do contrato, que poderá perder ou ver minimizados seus *incentivos* para realização do fechamento nos termos das *premissas negociais* estipuladas na data da assinatura.

Diante destes riscos práticos e da rigidez dos requisitos da doutrina da frustração do fim do contrato ("frustration doctrine")[110]-[111], emergi-

---

segurado pode influenciar a sua ocorrência – provocando o sinistro originador da indenização por eventual descuido – de modo que a própria contratação do seguro pode ter efeitos na conduta do contratante (ARROW, Kenneth. Uncertainty and the welfare economics of medical care. **The American Economic Review**, v. 53, dec. 1963, p. 961-962. Disponível em: <https://web.stanford.edu/~jay/health_class/Readings/Lecture01/arrow.pdf>. Acesso em: 13.09.2020). Por termos mais simples, após a celebração do contrato, o segurado, consciente de que o bem se encontra protegido, terá menos incentivos para atuar diligentemente em relação ao bem – *i.e.*, evitar que o bem sofra algum sinistro.

A análise desse fenômeno transcendeu as relações de seguro, sendo objeto de estudo de várias relações entre agentes econômicos. Diz-se, assim, que haverá risco moral quando "o estabelecimento do vínculo contratual instiga uma parte a modificar seu comportamento, prejudicando o seu parceiro comercial". (FORGIONI, Paula. **Contratos empresariais:** teoria geral e aplicação. 5ª ed. São Paulo: Revista dos Tribunais, 2020, p. 172). Por outras palavras, são situações em que, após a celebração do contrato, o agente econômico perde os *incentivos* para realização do escopo original da contratação, em detrimento dos interesses do outro agente – *i.e.*, a contratação instiga um possível *comportamento oportunista*. Como adverte Otavio Yazbek, as situações de risco moral "não envolvem propriamente a insuficiência de informação da contratação, mas muito mais dificuldades de acompanhamento das ações do *agente* pelo *principal*". (**Regulação do mercado financeiro e de capitais.** 2ª ed. São Paulo: Campus Jurídico Elsevier, 2008, p. 40).

[110] SCHWARTZ, Andrew A. A "Standard clause analysis" of the frustration doctrine and the material adverse change clause. **UCLA Law Review**, v. 789, 2010, p. 791-839.

[111] Como explica Rodrigo Barreto Cogo: "A doutrina da frustration abrange, de modo geral, três casos que, nos sistemas de origem romano-germânica, são conhecidos por impossibilidade da prestação (impossibility), excessiva onerosidade (impracticability) e frustração do fim do contrato (frustration of purpose). Cada uma dessas espécies de frustration of contract apresenta características particulares. O traço fundamental da impossibility é que

ram na *práxis* – norte-americana – mecanismos que visam a incentivar o vendedor a preservar[112], o quanto possível, esta equação de equivalência, bem como a distribuir os riscos endógenos e exógenos que podem

---

a prestação tal qual ajustada não pode mais ser definitivamente cumprida, nem mesmo quando as partes estejam dispostas a suportar um custo maior. Já na impracticability a prestação é passível de cumprimento, mas a outro custo, que acaba por alterar a própria natureza do contrato, no sentido de que, se ele for cumprido, será algo diferente daquilo que fora ajustado. A frustration of purpose, por sua vez, difere da impossibilidade superveniente porque as prestações são passíveis de execução, e distingue-se da excessiva onerosidade porque não há alteração no valor monetário dos deslocamentos patrimoniais; ocorre simplesmente a perda de sentido da prestação; o fato superveniente faz com que a prestação não tenha mais qualquer razão de ser, pois a finalidade para a qual se destinava tornou-se estéril". (**Frustração do fim do contrato.** São Paulo: Almedina, 2021, p. 293).

[112] Sob uma perspectiva econômica, a realização e execução de contratos implica *"custos de transação"*. Esta concepção foi elaborada por Ronald Coase, ao demonstrar que a utilização do mercado – *i.e.*, a obtenção de bens ou serviços mediante contratação com terceiros – implica certos custos como os de *"discover who it is that one wishes to deal with, to inform people that one wishes to deal and what terms, to conduct negotiations leading up to a bargain, to draw up the contract to undertake the inspection needed to make sure that the terms of the contract are being inspection needed to make"*. (COASE, Ronald. The problem of social costs. **The Journal of Law & Economics**, v. 2, out. 1960, p. 114. Disponível em: <https://www.law.uchicago.edu/files/file/coase-problem.pdf>. Acesso em: 01.05.2020). Os custos de transação são, nas palavras de Calixto Salomão Filho, "aqueles custos necessários para realizar uma transação no mercado, ao invés de realizá-la no interior da empresa. Cite-se, como exemplo, a matéria-prima comprada de um fornecedor no mercado ao invés de produzida pela própria empresa. Esses custos consistem basicamente na incerteza que caracteriza as relações de mercado (que se estendem desde os preços até à natureza e características do produto a ser fornecido), e no fato de que as transações são realizadas frequentemente com pequena possibilidade de escolha, sendo limitado o número de compradores". (**Direito concorrencial.** 2ª ed. Rio de Janeiro: Forense, 2021, p. 554).

Assim, na medida em que os custos de transação atuam como precificação das incertezas, os agentes econômicos intuitivamente consideram estes custos quando analisam e tomam a decisão de contratar (SZTAJN, Rachel. **A incompletude do contrato na sociedade.** Disponível em: <https://pdfs.semanticscholar.org/c590/d2bbe8feec3162bd4db21e069b4299372372.pdf//>. Acesso em: 15.08.2020, p. 284).

Nessa perspectiva, para que a atuação de um advogado em uma operação de compra e venda de participações societárias não seja tida apenas como *"custo de transação"*, este deverá agregar valor à contratação. A partir de uma análise do *modelo de precificação de ativos financeiros* ("capital asset pricing theory"), Ronald Gilson demonstra que o advogado agregará valor à contratação quando criar mecanismos contratuais que solucionem a lacuna existente entre o panorama hipotético delineado pelo referido modelo e a realidade efetiva da operação em concreto (GILSON, Ronald J. Value creation by business lawyers: legal skills and asset pricing. **The Yale Law Journal**, v. 94, n. 2, dec. 1984, p. 255).

virtualmente afetar o objeto da prestação: *cláusula de ratificação das declarações e garantias* ("bringdown clause"), a *condição de cumprimento das obrigações pré-fechamento* ("compliance with obligation conditions"), e *cláusulas de alterações significativas ou efeitos significativos* ("MAC", "material adverse change", ou "MAE", "material adverse event").

As três figuras tratam de *condições de manutenção*. Em termos muito gerais, essas condições visam à manutenção das situações fundantes das bases negociadas pelas partes na assinatura do contrato ("consideration") durante o período intercalar, conferindo ao beneficiário o exercício do direito de desvinculação contratual ("right to walk away"), nas situações previstas nos contratos. Por eximirem o adquirente de executar sua obrigação principal, conferindo-lhe um amplo poder, estas cláusulas costumam ser altamente negociadas e, vistas em conjunto, compõem a normativa convencional que regula as perturbações da prestação durante o período interino. Como se verá, muitas vezes estas cláusulas se interligam, podendo um mesmo evento caracterizar uma

Explique-se: segundo *modelo de precificação de ativos financeiros*, "a precificação de um ativo financeiro é determinada por meio da mensuração de riscos não diversificáveis (riscos sistêmicos) e das expectativas do retorno desse ativo". (TANNOUS, Thiago Saddi. **Proteção à liquidez no mercado de capitais brasileiro.** São Paulo: Quartier Latin, 2018, p. 50). Para chegar a esta conclusão, este modelo adota certas premissas que simplificam a *realidade* – *i.e.*, eliminam justamente as complicações e as diversas interações decorrentes dos acontecimentos reais. Tais premissas são: (*i*) todos os agentes adotam um mesmo horizonte temporal – *i.e.*, eles mensuram o retorno a ser adquirido pelo ativo mediante o mesmo período temporal; (*ii*) todos os agentes têm as mesmas expectativas quanto ao futuro, em particular, sobre os riscos do futuro e retornos associados com o ativo; (*iii*) custos de transação inexistem; (*iv*) toda a informação é disponível sem custo a todos os agentes (GILSON, Ronald. Value creation by business lawyers: legal skills and asset pricing. **The Yale Law Journal**, v. 94, n. 2, dec. 1984, p. 250-256).

Note-se, assim, que no panorama delineado pelo *modelo de precificação de ativos financeiros*, em que os ativos seriam precificados corretamente como resultado das forças do mercado, os advogados não aumentariam o valor da operação (GILSON, Robert. Value creation by business lawyers: legal skills and asset pricing. **The Yale Law Journal**, v. 94, n. 2, dec. 1984, p. 251). Como a realidade interfere nas premissas acima referidas – *i.e.*, nem todos os agentes adotam o mesmo horizonte temporal nem as mesmas expectativas quanto ao futuro, os custos de transação existem, as informações não estão disponíveis sem custo a todos os agentes –, o valor criado à operação pelo advogado está justamente na elaboração de estruturas que permitam que as partes atuem, para aquela operação, como se as premissas da *modelo de precificação de ativos financeiros* fossem precisas (GILSON, Robert. Value creation by business lawyers: legal skills and asset pricing. **The Yale Law Journal**, v. 94, n. 2, dec. 1984, p. 255).

violação de uma *cláusula de ratificação das declarações e garantias* e uma *mudança significativa*.

A *cláusula de ratificação das declarações e garantias* subordina a eficácia do contrato à reafirmação, pelo comprador ou pelo vendedor, na data do fechamento, da veracidade e precisão das *declarações e garantias* assumidas na data da *assinatura*.[113] *Declarações e garantias* consistem, em termos gerais, em uma detalhada descrição da situação legal, financeira e administrativa da sociedade-alvo, da propriedade a ser transferida e da capacidade das partes de consumarem o contrato[114] que visa a ampliar a proteção do declaratário contra aspectos que seriam tuteláveis, ou o seriam apenas de maneira limitada, pela "misrepresentation" ou "warranty"[115].

Cada parte exigirá da outra, no momento do fechamento, a entrega da *certificação de ratificação* ("bring down certificate") em que as *declarações e garantias* são ratificadas justamente para alcançar as mudanças relativas ao período intercalar. Alocam-se os riscos da ocorrência de algum evento[116] no período intercalar que venha a tornar as *declarações e garantias* imprecisas ou falsas, uma vez que, mediante cláusula de representações e garantias, resta permitido ao declaratário usar a imprecisão de alguma *declaração* como causa de desvinculação do contrato ("right to walk-away")[117]. Pense-se, *e.g.*, na falha do dever de manter a política de emissão de poluição da sociedade-alvo dentro do limite legal, o que poderia aumentar as responsabilidades ambientais da sociedade-

---

[113] "*Many acquisition agreements contain a bring-down condition to assure the buyer that, on the closing date, the target will be the same target, from a legal and financial perspective, that the buyer bargained for in the contract. The bring-down condition requires, as a condition to closing, that the seller extend its representation that there has been no material adverse change through the date of the closing*". (LAJOUX, Alexandra Reed. **The art of M&A:** a merger, acquisition, and buyout guide. 5ª ed. Nova Iorque: McGraw-Hill Education, 2019, p. 497-498).

[114] LAJOUX, Alexandra Reed. **The art of M&A:** a merger, acquisition, and buyout guide. 5ª ed. Nova Iorque: McGraw-Hill Education, 2019, p. 574.

[115] Sobre o assunto, ver premissas a este capítulo.

[116] "*This condition provides an escape for the buyer if the representation and warranties were true on the date of signing but are no longer true as of the closing date, either because of events that occurred after the signing or because breaches were discovered after the signing*". (LAJOUX, Alexandra Reed. **The art of M&A:** a merger, acquisition, and buyout guide. 5ª ed. Nova Iorque: McGraw-Hill Education, 2019, p. 498).

[117] ADAMS, Kenneth. **The structure of M&A contracts.** Nova Iorque: Legal Works, 2016, p. 75.

-alvo. Os termos das declarações e garantias asseguram que os deveres ambientais se encontram observados quando o acordo for executado, de modo que eventual indenização decorrente de infração às regras de responsabilidade, se ocorrer, não será elevada. A *cláusula de ratificação das declarações e garantias* libera o comprador da obrigação de fechar se as declarações e garantias do vendedor se mostram não verdadeiras ou incorretas na data do fechamento. Essa condição cria, portanto, um incentivo para manutenção pelo vendedor das políticas de emissão de poluição no limite legal, durante o período intercalar[118].

A *condição de cumprimento das obrigações pré-fechamento* é aquela que subordina os efeitos principais da operação ao cumprimento pelo obrigado de todas as suas obrigações antecedentes ao fechamento[119]. Relacionam-se, sobretudo, aos *businesses maintenance covenants* – i.e., às obrigações de fazer ou as de não fazer assumidas pelo vendedor durante o período intercalar –, cujo objetivo é manter a companhia nas condições financeiras e jurídicas refletidas na data da assinatura do contrato (ver item 3.1.1. deste capítulo)[120]. Assim, se incumpridas algumas dessas obrigações no período intercalar, o beneficiário poderá exercer seu direito à desvinculação do contrato.

A cláusulas de alterações ou efeitos significativos depreciativos ("material adverse change or effect clause")[121] consiste num mecanismo contratual pelo qual as partes se protegem perante mudanças significativas que depreciem as bases do contrato[122]. Especificamente no

---

[118] GILSON, Robert; SCHWARTZ, Alan. Understanding MAC'S: moral hazard in acquisitions. **Columbia Law and Economics Working Paper**, n. 245, p. 8. Disponível em: <https://papers.ssrn.com/sol3/papers.cfm?abstract_id=515105>. Acesso em: 05.05.2020.

[119] ADAMS, Kenneth. **The structure of M&A contracts.** Nova Iorque: Legal Works, 2016, p. 85; KLING, Lou R; SIMON, Eilen Nugent; GOLDMAN, Michael. Summary of acquisition agreements. **University of Miami Law Review**, v. 779, 1997, p. 800. Disponível em: <http://repository.law.miami.edu/umlr/vol51/iss3/10>. Acesso em: 25.05.2020.

[120] BEVIÁ, Vicente Gimeno. **Las condiciones en el contrato de compraventa de empresa.** Navarra: Thomson Reuters, 2016, p. 54.

[121] Como explica Andrew C. Elken, a cláusula MAC tem sido usada em contratos de *fusões & aquisições* desde, ao menos, 1947, mas seus elementos estruturais e exceções têm expandido consideravelmente após os anos 1990 (Rethinking the material adverse change clause in merger and acquisition agreements: should United States consider the British model? **California Law Review**, 2009, p. 291-340).

[122] Note-se, assim, que no âmbito deste trabalho, a intercambialidade entre os termos "efeito" e "mudanças" para fins de definição da cláusula MAC é assumida.

PARTE I. 1. A FIGURA JURÍDICA NO SEU *HABITAT* ORIGINAL

âmbito das *fusões & aquisições*, a cláusula é utilizada como meio de permitir o adquirente de se desvincular do contrato, sem custos[123], se uma mudança adversa ocorrer entre a *assinatura* e o *fechamento*. Alocam-se, desse modo, os riscos da operação acerca das mudanças nas circunstâncias durante o período intercalar, dotadas de virtualidade para impactar a sociedade-alvo[124]. Trata-se de uma das cláusulas mais importantes dos nossos tempos, mas que ainda – sobretudo em virtude da falta de jurisprudência – poucos sabem o que significa[125].

Essa cláusula costuma ser estruturada em duas principais vias nos contratos de *fusões & aquisições*. A primeira diz respeito à definição do que constitui uma mudança ou efeito material adverso, sendo dividida sobretudo em dois aspectos: definição de base ("base definition") e exceções ("MAE exceptions"; Carve-outs")[126].

A definição de base refere-se à delimitação do que se entende por efeito ou mudança significativa adversa, normalmente sendo feita em termos gerais, mas também podendo envolver uma lista de situações ("MAC-outs"). Após a definição de base, costuma-se elencar uma lista de exceções que removem da definição mudanças ou eventos que podem sobrevir à materialização de certos riscos[127]: *sistêmicos* – aqueles que, se materializados, tenderão a afetar diversas companhias, não somente a sociedade-alvo (*e.g.*, atos de guerra, eventos climáticos e mudanças de lei) –; *indicadores* – aqueles em que, embora a sua materialização possa ser uma indicação ou evidência de que o valor da empresa

---

[123] A cláusula pode ser acompanhada de uma *multa por desistência motivada* ("reverse break-up fee"), a qual impõe pagamento de quantia pecuniária pelo comprador na ocasião do exercício do seu direito de se desvincular do contrato (HENDERSON, M. Todd "The use and effect of material adverse change clauses". *In*: ZARFES, David. **Contracts and commercial transactions.** Nova Iorque: Aspen Publishers (Wolters Kluwer Legal). p. 16114, 2011, edição Kindle).

[124] MAYNARD, Therese H. **Mergers and acquisitions:** cases, materials, and problems. Nova Iorque: Aspen Coursebook Series, 2017, p. 387, edição Kindle.

[125] SCHWARTZ, Andrew A. A "Standard clause analysis" of the frustration doctrine and the material of adverse change clause. **UCLA Law Review**, n. 789, 2010, p. 789.

[126] MILLER, Robert T. Material Adverse Effect Clauses and the COVID-19 Pandemic. **U Iowa Legal Studies Research Paper**, 2020, p. 3-4. Disponível em: <https://ssrn.com/abstract=3603055> ou <http://dx.doi.org/10.2139/ssrn.3603055>.

[127] MILLER, Robert T. Material Adverse Effect Clauses and the COVID-19 Pandemic. **U Iowa Legal Studies Research Paper**, 2020, p. 4. Disponível em: <https://ssrn.com/abstract=3603055> ou <http://dx.doi.org/10.2139/ssrn.3603055>.

foi prejudicado, a sua concretização, por si só, não prejudica o valor da sociedade (*e.g.*, rebaixamentos da dívida da empresa por agências de classificação) –; *do acordo* – aqueles decorrentes do anúncio da operação ao público.

A remoção desses riscos da definição de mudança ou efeito depreciativo implica a sua alocação na esfera jurídica do adquirente, de modo que, se a sociedade-alvo sofre um efeito materializado por algum deles, o adquirente não poderá se eximir de sua obrigação de pagar o preço e, consequentemente, adquirir as ações. Adicionalmente, é ainda possível uma "exceção sobre a exceção" em relação aos riscos sistêmicos que afetarem desproporcionalmente a sociedade-alvo, se comparado a outras companhias que operam no mesmo ramo ("desproportionality exclusions")[128].

A segunda via na qual as cláusulas MAC e MAE podem se apresentar nos contratos de *fusões & aquisições* diz respeito à imposição de um *standard* de *materialidade* especificamente ao conteúdo de outras seções de cláusulas, sobretudo ao das *declarações e garantias*, ou ao das condições de fechamento[129]. Pense-se, *e.g.*, na utilização da expressão "material adverse" na própria cláusula de *declaração & garantia*, estabelecendo um limite para determinar o escopo de revelação ou de conformidade aos riscos associados às mudanças das situações da sociedade-alvo. Assim ocorre, por exemplo, quando há *declaração* afirmando que a sociedade-alvo cumpriu com toda a legislação ambiental "exceto no que não implique evento substancial depreciativo (*Material Adverse Event*)".

Numa perspectiva funcional, já foi dito que a *cláusula de alterações ou efeitos depreciativos significativos* seria uma resposta à situação em que *"corporate acquires have a strong business need to avoid closing acquisitions with weakened partners, yet they cannot rely on the frustration doctrine to protect*

---

[128] MILLER, Robert T. Material Adverse Effect Clauses and the COVID-19 Pandemic. **U Iowa Legal Studies Research Paper**, 2020, p. 5. Disponível em: https://ssrn.com/abstract=3603055 ou <http://dx.doi.org/10.2139/ssrn.3603055>.

[129] DAVIS, Gardner; WOLFEL, John. Court allows buyer to walk away from deal based on material adverse effect. **Thomson Reuters Expert Analysis**, 2018, p. 1. Disponível em: <https://www.foley.com/-/media/files/insights/publications/2018/10/court-allows-buyer-to-walk-away-from-deal-based-on/files/full-article/fileattachment/wlj_cod3409_gardnerdavis.pdf>.

them"[130]. Nesse contexto, então, criaram-se as cláusulas MAC, servindo como uma alternativa à doutrina da frustração do contrato, ao permitir um exercício de desvinculação contratual mais dilatado do que aquele conferido por aquela doutrina. Explique-se: assim como a doutrina da frustração do contrato, a cláusula MAC permite que o comprador não execute a sua obrigação quando o seu propósito em entrar no contrato de aquisição – de adquirir uma sociedade-alvo rentável ou sinérgica – seja frustrado por algum evento externo, que não lhe possa ser imputado. A cláusula MAC modifica, contudo, os requisitos da doutrina da frustração, uma vez que, ao empregar o termo "material" (significando "substancial" ou "relevante"), estabelece um *standard* mais suave do que aquele exigido pela doutrina da frustração, a saber, a "total" ou "completa" perda de valor[131].

Também se disse que a cláusula MAC caracteriza um mecanismo de criação de incentivos aos contratantes, propulsionando a consideração por cada contratante do interesse do outro. Assim, ao conferir a possibilidade de um exercício de desvinculação contratual pelo comprador, restará o vendedor incentivado a adotar comportamentos que protejam e possibilitem ou até mesmo aumentem o valor da sociedade-alvo[132], diminuindo o risco moral presente no período intercalar.

Conquanto as cláusulas MAC sejam muito usuais nos contratos de *fusões & aquisições*[133], proporcionalmente, há poucos litígios judiciais envolvendo seus termos, sugerindo que a convenção de cláusulas MAC

---

[130] SCHWARTZ, Andrew A. A "Standard clause analysis" of the frustration doctrine and the material adverse change clause. **UCLA Law Review**, n. 789, 2010, p. 819.

[131] SCHWARTZ, Andrew A. A "Standard clause analysis" of the frustration doctrine and the material adverse change clause. **UCLA Law Review**, n. 789, 2010, p. 819 e 822.

[132] GILSON, Robert; SCHWARTZ, Alan. Understanding MAC'S: moral hazard in acquisitions. **Columbia Law and Economics Working Paper**, n. 245, p. 47. Disponível em: <https://papers.ssrn.com/sol3/papers.cfm?abstract_id=515105>. Acesso em: 05.05.2020.

[133] Segundo pesquisa realizada pela *M&A Market Trends Subcommittee of the Mergers and Acquisitions Committee of the American Bar Association's Business Laws Section*, há uma previsão contratual permitindo que o comprador se desvincule do contrato se um evento material adverso ocorrer em virtualmente todas as operações de *fusões & aquisições* envolvendo sociedades-alvo com ações negociadas em bolsa e 93 por cento de sociedades-alvo de capital fechado (DAVIS, Gardner; WOLFEL, John. Court allows buyer to walk away from deal based on material adverse effect. **Thomson Reuteurs Expert Analysis**, 2018, p. 1. Disponível em: <https://www.foley.com/-/media/files/insights/publications/2018/10/court-allows-buyer-to-walk-away-from-deal-based-on/files/full-article/fileattachment/wlj_cod3409_gardnerdavis.pdf>).

nos contratos tem resultado em renegociação dos termos do acordo[134]. A tendência interpretativa das cortes norte-americanas, nas pontuais situações em que os termos da cláusula são debatidos em juízo, é bem resistente ao reconhecimento de um direito de desvinculação por ocorrência de um evento adverso. Afirma-se que, para concessão do "right to walk away", o evento deve comprometer negativamente os ganhos da sociedade-alvo em uma perspectiva de longo prazo e sua ocorrência não pode ter sido razoavelmente prevista pelo comprador[135].

Esses fundamentos foram desenvolvidos sobretudo no julgamento *IBP S'Holders Litig. v. Tyson Foods, 789 A. 2d 14 (Cel. Ch. 2001)*[136], pela Corte de Delaware, ao conceder o pedido de execução específica da obrigação de proceder à execução do *merger agreement*, proposto por *IBP* em face de *Tyson Foods*. Tentando eximir-se das obrigações assumidas pelo acordo com a sociedade-alvo (*IBP*), *Tyson Foods* afirmou que a baixa performance financeira da *IBP* no trimestre após a assinatura do acordo configuraria um *evento material adverso*. Houve um declínio de 64% dos lucros da sociedade-alvo nos dois trimestres consecutivos em relação ao mesmo período do ano anterior. A Corte entendeu que a falha no atingimento das projeções expectadas pela *IBP* no trimestre posterior à assinatura não conferiria o direito de *walk away*, pois *Tyson* estava consciente que a performance da *IBP* era cíclica e sujeita a desacelerações nos lucros. Considerando que *Tyson* era um comprador estratégico, que pretendia integrar *IBP* em sua operação geral de negócios, a Corte concluiu que uma queda de curto prazo nos ganhos não origina uma ocorrência de eventos imprevistos que substancialmente

---

[134] WEINSTEIN, Gail; WIED, Warren; KAGAN, Steward; FRANK, Fried; Harris, Shriver & Jacobson LLP. COVID-19 as a Material Adverse Effect (MAC) Under M&A and Financing Agreements. **Harvard Law School Forum on Corporate Governance.** Disponível em: <https://corpgov.law.harvard.edu/2020/04/04/covid-19-as-a-material-adverse-effect-mac-under-ma-and-financing-agreements/>. Acesso em: 05.08.2020; MACIAS, Antonio J.; MOELLER, Thomas. **Target signaling with material adverse change clause in merger agreements**, 2016. Disponível em: <https://ssrn.com/abstract=2795621> ou <http://dx.doi.org/10.2139/ssrn.2795621>, p. 1.

[135] GELSTON, Philip A. A Practitioner Perspective: Contentious Issues in M&A Agreements. In: ZARFES, David. **Contracts and commercial transactions.** Nova Iorque: Aspen Publishers (Wolters Kluwer Legal), p. 15741, 2011, edição Kindle (paginação irregular).

[136] Disponível em: <https://casetext.com/case/in-re-ibp-inc-v-tyson-foods-inc>. Acesso em: 17.07.2020.

ameacem o potencial da sociedade-alvo gerar lucros de um modo durável e significativo:

> "Merger contracts are heavily negotiated and cover a large number of specific risks explicitly. As a result, even where a Material Adverse Effect condition is as broadly written as the one in the Merger Agreement, that provision is best read as a backstop protecting the acquirer from the occurrence of unknown events that substantially threaten the overall earnings potential of the target in a durationally significant manner. A short-term hiccup in earnings should not suffice; rather the Material Adverse Effect should be material when viewed from the longer-term perspective of a reasonable acquiror"[137].

Em outubro de 2018, no julgamento de *Fresenius Kabi AG v. Akorn, Inc.*, a Suprema Corte de Delaware entendeu ser exercitável, pela primeira vez, o direito de desvinculação contratual do comprador com base na ocorrência de *evento material adverso*. No caso, entendeu-se que a sociedade-alvo, *Akorn*, ao esconder diversos requerimentos feitos à "Food and Drug Administration" que incluíam dados falsos e inadequados, teria violado tanto a *declaração* segundo a qual asseverou cumprir com os requerimentos regulatórios quanto a obrigação de operar os negócios conforme o curso ordinário "in all material respects", ambos – declaração e obrigação – configurando condições de fechamento do *merger agreement*. Além disso, baseando-se em estimativas administrativas internas e testemunhos de peritos, a Corte reconheceu que estas violações haviam implicado um declínio de 21% do valor patrimonial da *Akorn*, perda essa que configuraria um evento material adverso para um comprador razoável, no que concerne às *bring-down clauses*. A Corte manteve o entendimento do caso *IBP v. Tyson* no sentido de que o evento material adverso deve ser avaliado numa perspectiva de longo prazo, mas em nota de rodapé curiosamente afirma que doutrinadores sugerem que o requisito de duração não deve ser aplicado quando o comprador é um investidor financeiro *"with an eye to short term gain"*[138].

---

[137] Disponível em: <https://casetext.com/case/in-re-ibp-inc-v-tyson-foods-inc>. Acesso em: 17.07.2020.
[138] Disponível em: <https://casetext.com/case/in-re-ibp-inc-v-tyson-foods-inc>. Acesso em: 17.07.2020.

2.1.3. Condições transacionais ("transactional conditions")

As *condições transacionais* dizem respeito, em termos gerais, aos "itens" que as partes devem entregar no momento do fechamento[139] – *i.e.*, são as últimas pendências que faltam para que as partes cumpram com os atos necessários à transferência das participações societárias ou à entrega de documentos pendentes na *closing checklist* (*i.e.*, documento apartado que define o passo a passo do fechamento, indicando a ordem cronológica de cada ato).

Trata-se de condições que afetam o efetivo intercâmbio das prestações prometidas[140]. Conquanto usualmente as obrigações principais – *i.e.*, entrega das participações societárias e pagamento do preço – sejam previstas como *closing conditions*, elas têm uma natureza não *precedente*, mas sim *concorrente ou concomitante*, pois seu cumprimento tem lugar de forma tendencialmente simultânea[141].

Embora alguns desses "itens" necessários ao fechamento possam ser estipulados, ou adicionalmente incluídos, como obrigações, há dois inconvenientes quando assim se procede, como explica Kenneth Adams: primeiro, muitos desses itens não estão inteiramente no controle das partes, como a entrega de opiniões jurídicas; segundo, a entrega desses itens é melhor entendida como uma condição, pois não constituem um fim em si mesmo; pelo contrário, conferem à outra parte um "conforto suficiente" quanto à ocorrência do fechamento[142].

2.2. A dispensa do cumprimento da condição ("waiver")

Os contratos de aquisição de participação societária costumam conferir a possibilidade de renúncia ("waiver") da condição, por aquele a quem beneficie.

A renúncia à condição é entendida, na *common law*, como a manifestação de vontade de cumprir a *promise* ainda que não satisfeita a con-

---

[139] ADAMS, Kenneth. **The structure of M&A contracts.** Nova Iorque: Legal Works, 2016, p. 72.
[140] BEVIÁ, Vicente Gimeno. **Las condiciones en el contrato de compraventa de empresa.** Navarra: Thomson Reuters, 2016, p. 65.
[141] BEVIÁ, Vicente Gimeno. **Las condiciones en el contrato de compraventa de empresa.** Navarra: Thomson Reuters, 2016, p. 65.
[142] ADAMS, Kenneth. **The structure of M&A contracts.** Nova Iorque: Legal Works, 2016, p. 72.

dição[143], e será considerada válida se a condição for unilateral[144], assim sendo considerada aquela cuja verificação beneficie somente uma das partes, e desde que a renúncia não interfira na *consideration*. Essas características indicam não poder, a renúncia, referir-se a um aspecto substancial do contrato. A razão da proibição da renúncia às condições recíprocas – *i.e.*, aquelas cuja verificação beneficie ambos os contratantes – é que estas só podem ser modificadas por mútuo consentimento, pois sua supressão interfere na *consideration* (ou equivalente)[145]-[146].

Assim, no âmbito dos contratos de *fusões & aquisições*, a renúncia faz sentido quando, apesar da modificação do estado da companhia ou incumprimento de deveres secundários – *i.e.*, deveres distintos da transferência das participações societárias pelo preço –, as partes mantêm o interesse na operação. Tome-se, como exemplo, as condições em benefício do comprador, quando este opta por prosseguir a execução do contrato ainda que o vendedor não tenha conseguido a saída do patrimônio de algum ativo que não lhe interessava, ou tenha sido interposta alguma demanda judicial contra a companhia-alvo durante o período intercalar[147].

2.3. Parâmetro para valoração do incumprimento de condições

Conditions são mecanismos de alocação de riscos no contrato não só pela escolha das consequências jurídicas que implicam, mas também pela possibilidade de se estipularem *standards* para verificação do seu incumprimento.

---

[143] PERILLO, Jospeh M. **Contracts**. 7ª ed. St. Paul: West Academic, 2014, p. 420, edição Kindle, citando precedente: *Natalie v. Brnst, 63 A.D 3d 1406, 881 NYS 2d 232* (2009).

[144] O primeiro aspecto refere-se à exigência de que a renúncia se refira à condição unilateral – *i.e.*, a sua verificação seja em benefício de uma das partes. Quando a condição é recíproca, ela só pode ser eliminada por modificação contratual. Modificação contratual distingue-se de renúncia: a primeira requer mútuo consentimento e *consideration* (ou equivalente); a segunda é unilateral e não precisa ser suportada por *consideration*. (PERILLO, Jospeh M. **Contracts**. 7ª ed. St. Paul: West Academic, 2014, p. 420, edição Kindle).

[145] PERILLO, Jospeh M. **Contracts**. 7ª ed. St. Paul: West Academic, 2014, p. 420, edição Kindle.

[146] A parte substancial pode ser renunciada, contudo, quando houver uma *promissory condition*. Isso porque, nestes casos, a condição é renunciada, mas o subjacente direito ao cumprimento resta preservado.

[147] BEVIÁ, Vicente Gimeno. **Las condiciones en el contrato de compraventa de empresa**. Navarra: Thomson Reuters, 2016, p. 110.

A regra tradicional da *common law* é conferir a faculdade de desvinculação para aquele beneficiado pela condição sempre que houver qualquer imprecisão na não satisfação, ainda que não substancial[148]. Isto é, qualquer imprecisão no implemento, ainda que mínima, implica, como consequência jurídica, a não satisfação da condição.

Diversas exceções foram criadas pelas cortes norte-americanas a esta regra[149], relativizando a necessidade de realização absoluta das condições para conferir o direito de desvinculação contratual. A ideia geral é que a realização imperfeita de uma *condition* deve acionar o direito de desvinculação do contrato somente se a não realização for substancial e se for provável que as partes tenham concordado que a desvinculação possa ser exercida nas circunstâncias que realmente surgiram[150].

Neste contexto, a fim de conferir previsibilidade e alocação de riscos, é comum que as partes em contratos de compra e venda de participações societárias convencionem contratualmente os parâmetros de valoração da não satisfação de uma "condition".

A ausência de parâmetros de valorização pode ser interpretada como sendo a satisfação da "condition" tão fundamental que o beneficiário não abrirá mão do seu direito de desvinculação contratual ainda que ocorra uma mínima imprecisão. A carência de parâmetros de valoração ocorre em menor número de situações, sobretudo quando pela natureza da condição não é compatível com o parâmetro: condições de obtenção de aprovação de entes públicos[151].

A substancialidade ("materiality") é o *standard* mais utilizado nos contratos de *fusões & aquisições* para qualificar as "conditions", apresentando-se pelas expressões "materiality", "materially" ou "in all material respects". Este *standard* tem sua origem na doutrina do inadimplemento

---

[148] EISENBERG, Melvin. **Foundational principles of contract law.** Nova Iorque: Oxford University Press, 2018, p. 716, edição Kindle.
[149] EISENBERG, Melvin. **Foundational principles of contract law.** Nova Iorque: Oxford University Press, 2018, p. 720, edição Kindle.
[150] EISENBERG, Melvin. **Foundational principles of contract law.** Nova Iorque: Oxford University Press, 2018, p. 718, edição Kindle.
[151] RUBLIN, Joel S.; DATZ, Wayne H. Negotiating acquisitions of private companies. **A practitioner's guide to the acquisition of companies in the United Stated.** Woking: City & Financial Publishing, 2002, p. 374.

contratual significativo ("material breach")[152], e seu objetivo é evitar que o contratante use um incumprimento não substancial da "condition" como subterfúgio para não proceder ao *fechamento*[153].

O termo substancial é, contudo, impreciso[154] e contextual[155]. Significa, em termos gerais, que a não realização da condição deve implicar uma perda *significativa* do interesse na realização do contrato pela parte inocente – *i.e.*, esta não receberá o benefício da troca ("benefit of bargain") em razão da não satisfação da condição. A perda deve ser tal que teria afetado a decisão de uma *pessoa razoável* na posição de decidir celebrar o contrato[156].

Esta imprecisão do termo pode ser modelada pela criação de critérios objetivos para a averiguação do incumprimento significativo de uma condição[157]. É o que ocorre quando se convencionam "casos" (em rol taxativo ou exemplificativo) de eventos depreciativos: exemplificativamente, a perda de um cliente que represente 40% dos lucros da sociedade-alvo; a condenação judicial da sociedade-alvo acima de determinado valor; um desvio negativo de X% no volume de negócios, lucro operacional, ativos ou passivos da sociedade-alvo. No entanto, nem sempre é fácil e comum[158] a estipulação de determinação de um valor exato,

---

[152] BEVIÁ, Vicente Gimeno. **Las condiciones en el contrato de compraventa de empresa.** Navarra: Thomson Reuters, 2016, p. 112.

[153] American Bar Association. **Model stock purchase agreement with commentary.** V. 1. 2ª ed. Chicago: ABA, 2010, p. 248.

[154] ADAMS, Kenneth. Revisiting materiality. **New York Law Journal**, ago. 2007, p. 1. Disponível em: <https://adamsdrafting.com/downloads/nylj-revisiting-materiality-081607.pdf>.

[155] KILING, Lou R; SIMON, Elien; GOLDMAN, Michael. Summary of acquisition agreements. **University of Miami Law Review**, v. 779, 1997, p. 793. Disponível em: <http://repository.law.miami.edu/umlr/vol51/iss3/10>. Acesso em: 03.03.2020.

[156] ADAMS, Kenneth. Revisiting materiality. **New York Law Journal**, ago. 2007, p. 1. Disponível em: <https://adamsdrafting.com/downloads/nylj-revisiting-materiality-081607.pdf>.

[157] BEVIÁ, Vicente Gimeno. **Las condiciones en el contrato de compraventa de empresa.** Navarra: Thomson Reuters, 2016, p. 115-116.

[158] *"The overwhelming majority of acquisition agreement offer no definition of the key term 'material'. According to the M&A Market Trends Subcommittee, only 2 percent of recent private target M&A transactions included a specific dollar amount threshold for an event to qualify as 'material'"*. (DAVIS, Gardner; WOLFEL, John. Court allows buyer to walk away from deal based on material adverse effect. **Thomson Reuteurs Expert Analysis**, 2018, p. 1. Disponível em: <https://www.foley.com/-/media/files/insights/publications/2018/10/court-allows-buyer-to-walk-away-from-deal-based-on/files/full-article/fileattachment/wljˍcod3409ˍgardnerdavis.pdf>).

isto porque não só a sua estipulação implica altos custos de negociação, como o próprio propósito do *standard* de substancialidade é tratar de situações desconhecidas e imprevistas.

O *standard* de substancialidade é utilizado sobretudo nas "bring down conditions", isto é, aquelas que alocam os riscos da ocorrência de algum evento no período intercalar que torne as declarações e garantias imprecisas ou falsas. Assim, por conferirem um amplo poder ao declaratário – *i.e.*, o direito de se desvincular do contrato –, o *standard* de relevância serve para que o declarante não corra o risco da desvinculação contratual em virtude de uma leve discrepância nos termos das *declarações*.

Esta é a razão pela qual os contratantes costumam apontá-lo, na cláusula, ao fazer o discrimine entre quais declarações estarão sujeitas à qualificação material, bem como explicita o modo de avaliação da qualificante – *i.e.*, se individualmente ou agregadamente ("in the aggregate"). No primeiro caso, a determinação da substancialidade da imprecisão leva em consideração cada declaração específica que tenha sido violada. No segundo, a análise da substancialidade considera o impacto global das declarações que foram violadas, incluindo assim a situação em que diversas imprecisões individuais das *declarações e garantias* não constituiriam, individualmente, um impacto substancial, mas, em conjunto, constituem[159].

A utilização do *standard* de relevância (*materiality*) não é exclusivo das "conditions"; pelo contrário, é utilizado sobretudo nas *declarações e garantias*[160], bem como em outras disposições. Em virtude desta numerosa utilização e das diversas interações entre as cláusulas do contrato, é comum ocorrer o fenômeno de *dupla relevância* – *i.e.*, quando duas

---

[159] ZARFES, David; BLOOM, Michael. **Contracts and commercial transactions**. Nova Iorque: Aspen Casebook Series, 2011, p. 15838, edição Kindle (paginação irregular); American Bar Association. **Model stock purchase agreement with commentary**. V. 1. 2ª ed. Chicago: ABA, 2010, p. 248.

[160] *Representations & warranties* valem-se também da qualificadora de conhecimento (*knowledge qualifications*). Por meio desta qualificante, as consequências da violação da cláusula só serão desencadeadas se o declaratário demonstrar que as *representations & warranties* violadas eram falsas e que o declarante tinha conhecimento da falsidade no momento da assinatura ou também no do fechamento. Esta qualificante é geralmente irrelevante em relação às *conditions precedents* (KILING, Lou R; SIMON, Elien; GOLDMAN, Michael. Summary of acquisition agreements. **University of Miami Law Review**, v. 779, 1997, p. 793. Disponível em: <http://repository.law.miami.edu/umlr/vol51/iss3/10>. Acesso em: 03.03.2020).

seções que se interligam apresentam qualificantes de materialidade. É o que comumente ocorre quando uma declaração que possui qualificante substancial interage com uma "bring-down condition" que também apresenta esta qualificante[161].

3. Obrigações antecedentes ao fechamento ("covenants prior to closing")

O dilatamento temporal provocado pelas condições de entrada, aliado às complexidades inerentes às participações societárias, exige uma normativa contratual para regular os diversos interesses das partes neste peculiar momento do *iter* contratual, uma vez que ausente na *common law* um regime jurídico próprio para tanto.

Os *covenants* são o mecanismo pelo qual se regula o período intercalar. Trata-se de obrigações assumidas pelas partes a serem realizadas durante a pendência do *fechamento*, sob duas categorias: *negative covenants* e *positive covenants*. Os primeiros podem ser entendidos como obrigações de não realizar determinados atos, funcionando como um impedimento ao vendedor – e, às vezes, ao comprador – de realizar, sem o consentimento da contraparte, certos atos antes da ocorrência do *fechamento*[162]. Os segundos referem-se às obrigações de uma, ou de ambas as partes, de realizar certas condutas, ou de despender seus melhores esforços para realizá-las, previamente ao *fechamento*.

As duas categorias de *covenants* atendem a vários interesses das partes, podendo ser divididos em *covenants* de manutenção, *covenants* de investigação e *covenants* de compartilhamento de informações.

3.1. Classificação

3.1.1. *Obrigações de manutenção*

Covenants de manutenção dizem respeito ao interesse do comprador de ver preservada a condução normal dos negócios da sociedade-alvo

---

[161] ZARFES, David; BLOOM, Michael. **Contracts and commercial transactions**. Nova Iorque: Aspen Casebook Series, 2011, p. 15838, edição Kindle (paginação irregular).
[162] FREUND, James. **Anatomy of a merger:** strategies and techniques for negotiating corporate acquisitions. Nova Iorque: Law Journal Press, 1975, p. 286.

("business maintenance covenants"). Determinam, assim, que o vendedor se obrigará a fazer tudo quanto possível, no limite do razoável, para que a sociedade-alvo continue a operar segundo o curso normal e ordinário. Nessa linha, podem ser convencionadas cláusulas determinando que o alienante: estará proibido de proceder a determinadas atuações na sociedade-alvo sem o consentimento do comprador; deverá reter os empregados e diretores chave da sociedade-alvo; não poderá adotar método contábil inconsistente com os utilizados em períodos anteriores; não poderá alterar os estatutos sociais da sociedade-alvo; não poderá alterar o capital social da sociedade-alvo; não poderá distribuir dividendos ou outras distribuições com as ações a serem vendidas[163]-[164].

---

[163] James Freund enumera os seguintes *negative covenants* comuns: *"not to introduce any method of accounting inconsistent with that used in prior periods; not to enter into any transaction other than in the ordinary course of business; not to amend the seller's charter and by-laws; not to make any change in authorized capital stock or issue any securities or options or enter into any arrangement with respect to any shares of stock; not to make any dividend or other distribution with respect to the seller's stock, or to redeem, purchase or otherwise acquire, directly or indirectly, any of its stock; not to grant any increase in the salary or other compensations of any employee (with appropriate exceptions for previously anticipated increases or for scheduled bonuses pursuant to a regular plan, which can be set forth in the disclosure schedule); not to enter into any contract or commitment extending beyond, say, 90 days (with an exception perhaps for those made in the ordinary course of seller's business, if such contracts typically have a longer life); not to terminate or modify leases or contracts otherwise than in the ordinary course of business; not to do any act or omit to do any act which will cause a material breach of any contract or commitment; not to make any capital expenditures (except that the seller sometimes asks for and receives some leeway on this, generally phrased in terms of certain individual items and aggregate dollar amounts); not to sell or transfer any property otherwise than in the ordinary course of business, with such exceptions as may be appropriate; not to make any loans to any others, stockholders or employees (other than routine travel advances or salesmen advances in accordance with current policy); not to release any claims or waive any rights; not to discharge any liens or pay any obligations other than those for current liabilities shown on the latest balance sheet and those incurred since that date in the ordinary course of business; not to mortgage, pledge or subject to liens any of seller's assets; and (sometimes) not to do anything or fail to do anything that would cause any of seller's representations to become untrue".* (**Anatomy of a merger:** strategies and techniques for negotiating corporate acquisitions. Nova Iorque: Law Journal Press, 1975, p. 293-294).

[164] James Freund indica os seguintes *positive covenants* comuns: *"To carry on the business in substantially the same manner as it has been conducted; to maintain in force all insurance on real and personal property; to retain its present officers and key employees (except, of course, if any are dismissed for cause or if they voluntarily terminate their employment); to comply with all applicable laws; to prepare and file all tax returns required to be filed; to maintain qualifications to do business in appropriate jurisdictions".* (**Anatomy of a merger:** strategies and techniques for negotiating corporate acquisitions. Nova Iorque: Law Journal Press, 1975, p. 293).

A mesma racionalidade das condições de manutenção se aplica a estes *covenants*: o comprador teve como premissa a situação financeiro-jurídica da sociedade-alvo na data da assinatura, de modo que mediante os mesmos assegura que o vendedor fará o possível para que a situação da sociedade-alvo não se altere.

Tais *covenants* visam, portanto, a gerenciar as alterações endógenas ligadas, sobretudo, à gestão da sociedade-alvo durante o período intercalar, cuja direção costuma continuar a sofrer interferências do vendedor. Estipulam-se, assim, *covenants* permitindo ao comprador interferir na gestão da sociedade-alvo[165] justamente para evitar o risco moral ("moral hazard") – *i.e.*, a possibilidade de comportamento oportunista após a celebração do contrato – própria do período intercalar[166]. Afinal, apesar de o comprador não deter participação na sociedade visada já tem interesses relativos à sua gestão, enquanto o vendedor será, geralmente, um "sócio de saída", que poderá geri-la não tão diligentemente quanto antes. Poderá haver, pois, um desalinhamento de interesses entre os contratantes neste período, razão pela qual as obrigações antecedentes ao fechamento ("covenants prior to closing") atuam como incentivos para estabelecer um alinhamento de interesses, minimizando justamente o risco moral.

3.1.2. *Obrigações de gerenciamento*

O alcance do fechamento com todas as exigências necessárias estipuladas nas *conditions* exige a realização de atos dos contratantes durante o período intercalar. A regulação, portanto, do período intercalar deve envolver a coordenação da realização destes atos necessários ao fechamento, uma vez que *"each party need assurance that the other will take such*

---

[165] Nessa linha, Freund exemplifica alguns *covenants* dessa espécie: *"to carry on the business in substantially the same manner as it has been conducted; to maintain in force all insurance on real and personal property; to retain its present officers and key employees (except, of course, if any are dismissed for cause or if they voluntarily terminate their employment); to comply with all applicable laws; to prepare and file all tax returns required to be filed; to maintain qualifications to do business in appropriate jurisdictions"*. (**Anatomy of a merger:** strategies and techniques for negotiating corporate acquisitions. Nova Iorque: Law Journal Press, 1975, p. 293).

[166] COATES IV, John. M&A contracts: purpose, types, regulation, and patterns of practice. *In:* HILL, Claire A; SOLOMON, Steven Davidoff. **Research handbook on mergers and acquisitions.** Northampton: Edward Elgar Publishing, 2016, p. 50.

actions as may be required during the period, and confirmation that these items have been accomplished by the closing"[167].

Os "covenants" de gerenciamento serão, portanto, o instrumento apropriado para exercer esta função, impondo e determinando qual contratante está incumbido de realizar determinado ato necessário – *e.g.*, solicitação da aprovação de órgãos regulamentadores, renegociação de contratos com terceiros, divulgações de informações ao mercado, comunicações às autoridades de supervisão competentes, solicitação da obtenção de financiamento.

3.1.3. Obrigações de investigação e compartilhamento de informações

Covenants de investigação e compartilhamento de informações visam a permitir que o comprador tenha acesso amplo aos livros, registros contábeis e demais documentos da sociedade-alvo justamente para o aprofundamento da investigação e avaliação da sociedade-alvo[168], ou também para verificar se as condições precedentes e demais obrigações estão sendo cumpridas.

O período intercalar é, muitas vezes, utilizado pelo comprador para aprofundar a investigação mediante a finalização do processo de diligência jurídica. Este é, em termos gerais, um procedimento técnico-jurídico que visa à averiguação dos potenciais riscos da operação proposta mediante investigação de todos os aspectos relevantes do passado, presente e previsível futuro do negócio a ser adquirido[169]. No período intercalar, o processo de *diligência legal* serve para que o comprador se certifique que as participações societárias que adquirirá no fechamento serão virtualmente aquelas descritas na assinatura[170]. Assim, sob a perspectiva do comprador, o objetivo da *diligência legal* é acessar todas as informações pertinentes[171] – boas ou ruins – para asse-

---

[167] FREUND, James. **Anatomy of a merger:** strategies and techniques for negotiating corporate acquisitions. Nova Iorque: Law Journal Press, 1975, p. 286.

[168] FREUND, James. **Anatomy of a merger:** strategies and techniques for negotiating corporate acquisitions. Nova Iorque: Law Journal Press, 1975, p. 295.

[169] LAJOUX, Alexandra Reed. **The art of M&A:** a merger, acquisition, and buyout guide. 5ª ed. Nova Iorque: McGraw-Hill Education, 2019, p. 455.

[170] FREUND, James. **Anatomy of a merger:** strategies and techniques for negotiating corporate acquisitions. Nova Iorque: Law Journal Press, 1975, p. 286; 420.

[171] MAYNARD, Therese H. **Mergers and acquisitions:** cases, materials, and problems. Nova Iorque: Aspen Coursebook Series, 2017, p. 29, edição Kindle.

gurar que o benefício de troca negociado na assinatura do contrato permanece o mesmo.

3.2. Parâmetro para valoração do incumprimento de obrigações

Esta avaliação da performance dos "covenants" rege-se pelo princípio da "reasonable expectation", permitindo diferenciar "promises" submetidas a um padrão específico e completo de execução ("exact performance") e "promises" sujeitas a graus inferiores de perfeição – *i.e.*, avaliando-se os esforços da parte obrigada a executar a *promise*[172].

A atuação da boa-fé impõe um "implied term" assegurando que a execução da "promise" deve obedecer a um *standard* de razoabilidade ("reasonable standard")[173]. Significa, assim, que ausentes qualificações, as partes devem despender esforços, no limite do razoável, para executar suas "promises".

As partes podem, então, alocar os riscos da execução dos "covenants" mediante uso de qualificantes, convencionando "covenants" absolutos ou qualificados. A título exemplificativo, tome-se o "covenant" em que o vendedor se compromete a obter uma autorização de terceiro. Neste caso, assumiu um alto grau do risco de a consequência da autorização não ocorrer, uma vez que o vendedor não tem controle do seu resultado. O vendedor poderá, no entanto, diminuir este risco incluindo *standards* ou mudando a redação da cláusula, *e.g.*, "o vendedor compromete-se a usar esforços razoáveis para obter a autorização..."; "o vendedor compromete-se a pedir a autorização...".

Nos contratos de *fusões & aquisições* são usuais "covenants" com qualificante de melhores esforços ("best efforts"). Conquanto seu conceito seja vago, há certo consenso que a diligência está na essência dos "best efforts"[174], exigindo-se que o obrigado despenda esforços que uma pessoa razoável tomaria nas mesmas circunstâncias[175]. Não se impõe,

---

[172] LEÃES, Luiz Gastão Paes de. Acordo de acionistas e contrato de opção de venda ("put") em "joint ventures". In: **Novos pareceres**. São Paulo: Singular, 2018, p. 48.
[173] ZARFES, David; BLOOM, Michael. **Contracts and commercial transactions**. Nova Iorque: Aspen Casebook Series, 2011, p. 8624, edição Kindle (paginação irregular).
[174] ZARFES, David; BLOOM, Michael. **Contracts and commercial transactions**. Nova Iorque: Aspen Casebook Series, 2011, p. 8622, edição Kindle (paginação irregular).
[175] Art. 5.4(2) dos Princípios dos Contratos Comerciais Internacionais do UNIDROIT (2016): *"To the extent that an obligation of a party involves a duty of best efforts in the performance of*

porém, esforços de proporções hercúleas nem a desconsideração do contratante de seus próprios interesses[176], mas que o obrigado aja "segundo a boa-fé e na extensão de suas capacidades"[177].

O uso da qualificante é comum nos "covenants" de gerenciamento, sobretudo, em relação àqueles fatos que não estão sob controle exclusivo do obrigado, como na obtenção de aprovação de terceiros. Note-se que os "covenants" podem depender *parcialmente* do controle do obrigado, de modo que devem ser redigidos para que a alocação de riscos fique clara[178]. É o que ocorre, por exemplo, quando é necessária a protocolização pelo vendedor de pedido para obtenção de determinada apro-

---

an activity, that party is bound to make such efforts as would be made by a reasonable person of the same kind in the same circumstances". Disponível em: <https://www.unidroit.org/english/principles/contracts/principles2016/principles2016-e.pdf>. Acesso em: 25.05.2020.

[176] ZARFES, David; BLOOM, Michael. **Contracts and commercial transactions**. Nova Iorque: Aspen Casebook Series, 2011, p. 8622, edição Kindle (paginação irregular).

[177] Nesse sentido: O leading case, *Bloor v. Falstaff Brewing Corp* (Disponível em: <https://casetext.com/case/bloor-v-falstaff-brewing-corp>. Acesso em: 25.05.2020), tratou dos limites da cláusula de *best efforts* no âmbito da cessão de uso de rótulos da produtora norte-americana de cerveja, *P. Ballantine & Sons*, para *Falstaff Brewing Corp*. Como parte do preço da cessão dependia de um percentual sobre a venda de produtos durante 06 anos após o fechamento, impôs-se um *covenant* de melhores esforços ao comprador para que promovesse e mantivesse o alto volume de vendas da sociedade adquirida durante aquele período.

Na época do fechamento, o mercado de atuação do grupo da marca cedida sofrera impactos do lançamento de um novo produto, tendo a administração anterior investido fortemente em propaganda para manter a posição no mercado. Após o fechamento, no entanto, a nova direção diminuiu drasticamente as estratégias de *marketing* bem como encerrou a atividade de alguns centros de distribuição, o que, consequentemente, reduziu a contrapartida a ser recebida pela vendedora. Esta, então, ingressou com ação indenizatória por violação do *covenant* de *best efforts*.

Enquanto a compradora sustentava que a análise dos *best efforts* deveria considerar as particulares dificuldades financeiras que o grupo suportava, a vendedora defendia que o padrão a ser observado seria o de uma sociedade "média e prudentemente comparável".

O tribunal considerou que a cláusula de *best efforts* fora violada uma vez que a compradora não teria agido conforme a boa-fé e na extensão de suas capacidades. Para tanto, considerou três principais fatos: primeiro, a situação financeira não era tão grave, uma vez que havia recursos disponíveis, mas não foram utilizados na promoção das vendas; segundo, a venda de centros de distribuição fora precipitada, não tendo sido analisadas medidas menos drásticas; terceiro, a compradora negou uma proposta de empresa concorrente de aquisição dos direitos de distribuição da cervejaria *Ballantine*.

[178] FREUND, James. **Anatomy of a merger**: strategies and techniques for negotiating corporate acquisitions. Nova Iorque: Law Journal Press, 1975, p. 291.

vação de órgão público. Neste caso, a protocolização do pedido deve ser feita sem qualificantes porque está em seu controle, enquanto a efetividade da aprovação deve ser redigida em termos de melhores esforços, uma vez que será o órgão público que decidirá. A não obtenção das autorizações não implica, por si só, incumprimento contratual. Este será gerado apenas se o vendedor efetivamente falhou em prestar os seus "best efforts"[179], isto é, a diligência no *standard* prometido.

A arquitetura contratual ganha, então, relevo na estipulação da qualificante. Recomenda-se que o sentido de melhores esforços seja explicitado no acordo, uma vez que, ausentes critérios, a cláusula poderá ser considerada inexequível[180]. É o que ocorreu no julgamento *US Airways Group, Inc. v. British Airways*[181]. Discutiu-se a aplicabilidade do *covenant* de melhores esforços para obtenção da aprovação de órgão público, em um acordo de investimento entre companhias de aviação, a ser realizado em três etapas. No caso, *US Airways Group, Inc* alega que *British Airways* violou suas obrigações de melhores esforços para obtenção das aprovações necessárias após ingressar na primeira etapa do acordo, etapa esta que lhe seria mais vantajosa. O tribunal entendeu que a extensão de melhores esforços no acordo era ambígua, faltando critérios objetivos de averiguação da qualificante, razão pela qual a cláusula seria inexecutável.

Essas são as interações entre as seções de cláusulas mais relevantes durante o período intercalar de um contrato de compra e venda de participações societárias com fechamento diferido. Estes conceitos típicos da *práxis* anglo-saxônica ("conditions", "covenants", "representations & warranties", "best efforts", "materiality") são mimetizados nos contratos de aquisição de participação societárias no Direito brasileiro, nem sempre traçando-se, porém, a adequada correspondência funcional. Como

---

[179] American Bar Association. **Model stock purchase agreement with commentary.** V. 1. 2ª ed. Chicago: ABA, 2010, p. 246.

[180] Em sentido similar, Freund explica que: *"there may also be a covenant requiring the seller to use his best efforts to obtain such consents, but frequently there is not – since obligating the seller to use his best efforts to obtain consents doesn't really mean too much unless it is specified how far he should (or can) go to round up the necessary signatures"*. (FREUND, James. **Anatomy of a merger:** strategies and techniques for negotiating corporate acquisitions. Nova Iorque: Law Journal Press, 1975, p. 290).

[181] Disponível em: <https://law.justia.com/cases/federal/district-courts/FSupp/989/482/1528418/>. Acesso em: 25.05.2020.

aos termos e expressões jurídicas estão ligados a determinados efeitos, pensamos ser de grande relevância o apuro técnico no tracejar dessa correspondência.

"Conditions" e "covenants" determinam, como se viu, as consequências jurídicas das diversas interações do período intercalar. Por esse motivo, serão o objeto de estudo das páginas subsequentes, mediante tentativa de proceder às suas qualificações no sistema jurídico brasileiro, segundo o modelo de aproximação funcional, isto é: buscando a aproximação entre os modelos norte-americanos e brasileiro pela similitude entre as funções que desempenham, e não por via unicamente da sua estrutura.

CAPÍTULO 2
A QUALIFICAÇÃO NO SISTEMA JURÍDICO BRASILEIRO

Premissas: iter contratual brasileiro

a) *Iter* contratual

Embora o contexto negocial e os interesses dos contratantes sejam similares nas operações de *fusões & aquisições* com fechamento diferido nas experiências da *common law* e da *civil law*, os efeitos ligados ao percurso durante o *iter contratual* nem sempre o são. Assim, a despeito de uma eventual similitude funcional prática entre os institutos e, até mesmo, de eventual semelhança terminológica, é preciso esclarecer, sinteticamente, algumas diferenças importantes para a compreensão do que se escreverá nas páginas subsequentes deste trabalho.

Embora as práticas das tratativas negociais para *fusões & aquisições*, no Brasil, tendam a se aproximar paulatinamente daquelas verificadas nas negociações norte-americanas, ainda é possível sustentar que o Direito Privado brasileiro não está ideologicamente embasado na mesma *relação adversarial* típica das tratativas da *common law*. Há, ao menos no plano do *dever-ser jurídico*, um modelo tendencialmente permeado por deveres de colaboração *lato sensu*, estabelecendo-se, durante as tratativas, uma relação jurídica[182] composta por *deveres de proteção* à esfera jurídica alheia e

---

[182] Entende-se por *relação jurídica*: "relação inter-humana, a que a regra jurídica, incidindo sobre os fatos, torna jurídica". (PONTES DE MIRANDA, Francisco. **Tratado de Direito Privado.** Tomo I. Rio de Janeiro: Borsoi, 1954, p. 115).

de respeito à confiança legitimamente despertada – incluindo sigilo, vedação à contradição, informação –, decorrentes do que a doutrina de Clóvis do Couto e Silva qualificou como *contato social qualificado*.

O contato social deriva do mero fato de ter-se entrado (faticamente) em contato[183] no tráfego negocial. Esse "entrar em contato" pode ser medido por graus de proximidade (precipuamente, quando se estabelece um contrato, sendo esse um contato social qualificado pela vontade juridicamente vinculante) ou de distância, quando os sujeitos se vinculam pontualmente, por atos ou omissões não qualificadas pela vontade de uma aproximação, isto é, precipuamente, pelo ato-fato delitual. No entanto, entre os polos da distância máxima (contato gerado pelo ato-fato delitual) e da proximidade máxima (contato gerado pela vinculação contratual), há graus intermediários. Neles, se situam as tratativas que se qualificam pelo fato de, então, a proximidade decorrer da circunstância de ter-se em vista, potencialmente, o estabelecimento futuro de uma relação contratual.

No período de desenvolvimento das tratativas negociais, exsurgem deveres jurídicos, não ainda os deveres de prestar, pois não há, ainda, interesse à prestação, apenas deveres de comportamento correspondentes aos *interesses de proteção*[184], atribuídos a todos aqueles que se aproximam no tráfego social.

Muito antes da percepção dogmática dessas duas espécies de interesses, os juristas haviam compreendido a distinção entre os deveres que nascem de um contrato (correspondentes a direitos relativos) e os deveres gerais de a ninguém lesar (correspondentes a direitos absolutos), estes sendo expressos na parêmia *neminem laedere*. A importância da classificação proposta a partir da ideia de contato social é a de especificar esses "outros interesses" quando existentes em proximidade a uma relação obrigacional, percebendo-se também que essa não gera apenas interesses à prestação. Ademais, a violação culposa dos deveres correspondentes a esse interesse – quais sejam, dos deveres de proteção, por vezes ditos "deveres laterais de conduta", gera consequências jurídicas:

---

[183] COUTO E SILVA, Clóvis. **A obrigação como processo**. Rio de Janeiro: FGV Editora, 2006, p. 1287-1326, edição Kindle (paginação irregular).

[184] Para a distinção entre os interesses de prestação e os interesses de proteção, e os respectivos deveres de prestação e deveres de proteção, v. MARTINS-COSTA, Judith. **A boa-fé no Direito Privado**: critérios para a sua aplicação. 2ª ed. São Paulo: Saraiva, 2018, p. 458.

PARTE I. 2. A QUALIFICAÇÃO NO SISTEMA JURÍDICO BRASILEIRO

o dever de indenizar o *interesse negativo*[185], nos moldes da chamada *culpa in contrahendo*, discutindo-se, todavia, se o seu regime é o da responsabilidade extracontratual[186]; da responsabilidade contratual; ou, ainda, uma "terceira via" (responsabilidade pela confiança), a meio caminho entre a responsabilidade contratual e a extracontratual.

Conquanto o comprador seja responsável por examinar o bem objeto do contrato para tomar sua decisão de contratar (*caveat emptor*), certo é que este ônus auto informativo[187] é amenizado, nos sistemas de *civil law*, pelos deveres informativos decorrentes da boa-fé objetiva e situados na fase pré-contratual. Ao vendedor é imposto, pela boa-fé objetiva, um dever de informar finalisticamente orientado e delimitado[188], visando ao alcance do consentimento esclarecido a contratar. As informações

---

[185] Aquele que visa a conduzir o credor àquela situação em que se encontraria se não tivesse iniciado as negociações que vieram a se frustrar injustamente (GUEDES, Gisela da Cruz Guedes. **Lucros cessantes:** do bom-senso ao postulado normativo da razoabilidade. São Paulo: Revista dos Tribunais, 2011, p. 127).

[186] MARTINS-COSTA, Judith. **A boa-fé no Direito Privado:** critérios para a sua aplicação. 2ª ed. São Paulo: Saraiva, 2018, p. 470-471.

[187] Como explica Giovana Benetti, o ônus de se auto informar está ligado ao "emprego de esforços razoáveis pelo credor para obtenção de informações que considera úteis para a contratação, sendo afastado o ônus, quando configurada a impossibilidade (ou extrema dificuldade) de se informar. Na medida em que agir para buscar as informações, ainda que não consiga obtê-las, terá se desincumbido de seu ônus". (BENETTI, Giovana. **Dolo no Direito Civil:** uma análise da omissão de informações. São Paulo: Quartier Latin, 2019, p. 251).

[188] Embora também não haja, no Direito brasileiro, um *dever geral* de informar nas tratativas, acaba por ter uma amplitude maior quando comparado ao da *common law*. A *misrepresentation*, como visto, além de não ter como foco a omissão de informações, exige ainda a prova da confiança e relevância da informação; o *unilateral mistake* aplica-se a situações muito excepcionais, exigindo a prova pelo enganado de que o desequilíbrio resultante do erro é tão grave que não é justo exigir-lhe que cumprisse o contrato (VICENTE, Dário. **Direito comparado.** V. 2. Coimbra: Almedina, 2017, p. 179-180). Já no Direito brasileiro, o *erro provocado* submete-se ao regime do *dolo*, de modo que a omissão *informativa* (art. 147 do CC) verificar--se-á quando presentes a *intenção* de enganar, o silêncio sobre fato ou qualidade que a outra pessoa haja ignorado; a existência prévia de um dever de informar; sendo desnecessária, para a configuração do dolo, a ausência de negligência do enganado (BENETTI, Giovana. **Dolo no Direito Civil:** uma análise da omissão de informações. São Paulo: Quartier Latin, 2019, p. 264 e ss.). O *erro espontâneo* acarretará anulação só quando *essencial* – o erro que constitui uma opinião errada sobre condições essenciais determinantes da manifestação de vontade –, *escusável* – *i.e.*, não decorrente da culpa ou falta de atenção do errante –, e *cognoscível* pelo declaratário – *i.e.*, significa, assim, que não é necessário que o erro seja reconhecível pelo declarante, exceto quando se trate de erro sobre motivos. Destaca-se, assim, que haverá

a serem prestadas devem ser pertinentes ao objeto do contrato – *i.e.*, devem manter uma conexão funcional com as prestações contratuais[189]. Além de sua violação, culposa, implicar indenização por *culpa in contrahendo*; sua violação, dolosa, pode resultar anulação, se o dolo for essencial[190], ou indenização pelo interesse negativo, se for acidental[191].

O contrato é, para o Direito brasileiro, espécie integrante da categoria do negócio jurídico. Trata-se de negócio bilateral (ou plurilateral)[192] gerado por manifestações de vontade tradutoras de um *acordo*, ou consenso que se considera apto a projetar sua eficácia típica quando dois negócios unilaterais – a oferta e a aceitação – se "colam"[193]. O acordo visa, portanto, à produção de efeitos jurídicos, no sentido de constituir, regular e extinguir entre as partes uma relação jurídica de cunho patrimonial[194].

O efeito mínimo da relação jurídica irradiada de um contrato obrigacional consiste na *vinculação* e não, como adverte Pontes de Miranda,

---

tutela mesmo quando o declarante não tenha ciência do erro do declaratário, se os demais requisitos do *erro* estiverem presentes.

[189] A boa-fé não incide, pois, de modo ilimitado, não podendo se supor que criasse um "dever de informação apto a exigir de cada contratante esclarecimentos acerca de todos os aspectos da sua atividade econômica ou de sua vida privada, a ponto de extrapolar o objeto do contrato (...). O dever de informar assim concebido mostrar-se-ia não apenas exagerado, mas desprovido de conexão funcional com as prestações contratuais". (TEPEDINO, Gustavo; KONDER, Carlos Nelson; BANDEIRA, Paula Greco. **Fundamentos de Direito Civil**: contratos. V. 3. Rio de Janeiro: Forense, 2020, p. 47, edição Kindle).

[190] Só implica *anulabilidade* do contrato, o *dolo principal*, entendido como aquele que é a causa eficiente do negócio, de sorte que, se a realidade fosse pelo declaratário conhecida, o contrato não se teria realizado (art. 145), e quando omissivo, exista previamente um dever de informar (BENETTI, Giovana. **Dolo no Direito Civil**: uma análise da omissão de informações. São Paulo: Quartier Latin, 2019, p. 334).

[191] *Dolo acidental* é aquele que, mesmo havendo artifício, o negócio seria realizado, embora de outro modo, se se conhecesse a realidade.

[192] A gênese do regulamento de interesses necessariamente se estabelece mediante o envolvimento de dois centros de interesses, cujas manifestações se complementam para a individuação dos efeitos jurídicos a serem perseguidos (TEPEDINO, Gustavo; KONDER, Carlos Nelson; BANDEIRA, Paula Greco. **Fundamentos de Direito Civil**: contratos. V. 3. Rio de Janeiro: Forense, 2020, p. 6-7, edição Kindle).

[193] MARTINS-COSTA, Judith. Contratos. Conceito e evolução. *In*: LOTUFO, Renan; NANNI, Giovanni Ettore. **Teoria geral dos contratos**. São Paulo: Atlas, 2011, p. 56.

[194] AGUIAR JÚNIOR, Ruy Rosado de. **Comentários ao novo Código Civil**. V. 7. Tomo II. Rio de Janeiro: Forense, 2011, p. 28.

PARTE I. 2. A QUALIFICAÇÃO NO SISTEMA JURÍDICO BRASILEIRO

desde já no dever ou na obrigação[195]. Pelo efeito de vinculação nascem, por exemplo, deveres de confidencialidade, além de tornar irrevogáveis as manifestações de vontade que deram origem ao contrato. Por outro lado, o surgimento dos direitos e pretensões que compõem o conteúdo eficacial do negócio jurídico pode se dar de modo *instantâneo, sucessivo* ou *protraído*. Isto é, nem sempre a pretensão do crédito existe desde logo, em razão de estar inexo, *e.g.*, ao negócio jurídico termo inicial ou condição suspensiva.

Uma vez formada, a *relação obrigacional* nascida do negócio jurídico é polarizada pelo *adimplemento satisfativo*[196], assim considerado o que atende ao interesse do credor. Toda relação obrigacional comporta determinada estrutura de deveres – os deveres de prestação, por certo, mas, igualmente, os deveres de proteção que não restam alocados na fase pré-contratual, também estando presentes na fase de execução contratual e, por vezes, além, como na chamada responsabilidade pós-contratual. Há *direitos e deveres principais* ou primários de prestação, que definem o tipo contratual[197] (por exemplo, os deveres de entregar a coisa vendida e de pagar o preço ajustado, na compra e venda). São, pois, a essência da relação jurídica estando "eminentemente vinculados ao núcleo da satisfação dos interesses dos sujeitos de determinada relação jurídica"[198].

Complementares aos deveres principais de prestação, estão os *direitos e deveres secundários*, também ligados ao interesse da prestação, os quais são divididos em duas espécies: há direitos e deveres secundários com prestação autônoma e direitos e deveres secundários acessórios da prestação principal.

---

[195] PONTES DE MIRANDA, Francisco Cavalcanti. **Tratado de Direito Privado**. Tomo V. São Paulo: Revista dos Tribunais, 2012, p. 66.
[196] A colaboração atua como *mensurador* e *qualificador*, contextual, do *adimplemento*, o qual deve ser *lícito, possível* e *útil* para o credor, *satisfativo* para as partes, *determinável* o seu objeto, *pontual, exato* e *definitivo* (MARTINS-COSTA, Judith. **Comentários ao novo Código Civil**. V. 5. Tomo II. 2ª ed. Rio de Janeiro: Forense, 2009, p. 108).
[197] AGUIAR JÚNIOR, Ruy Rosado de. **Comentários ao novo Código Civil**. V. 7. Tomo II. Rio de Janeiro: Forense, 2011, p. 2, apoiado nas lições de Mario Júlio de Almeida Costa.
[198] HAICAL, Gustavo. O inadimplemento pelo descumprimento exclusivo de dever lateral advindo da boa-fé objetiva. **Revista dos Tribunais**, v. 900, out. 2010, p. 45-84 (paginação irregular).

Os primeiros são autônomos pois não estão "eminentemente ligados aos direitos e deveres principais, mas gravitam em torno dele e surgem 'devido a uma falha na realização do programa obrigacional'"[199]. São, por sua vez, subdivididos em direitos e deveres secundários de prestação autônoma sucedâneos do dever primário de prestação, surgindo no transcurso do processo obrigacional em virtude de uma vicissitude ocorrida neste transcurso, como, *e.g.*, o direito e o dever de indenizar decorrente da impossibilidade de prestar[200], e deveres secundários de prestação autônoma coexistentes com a prestação principal, servindo para complementar os deveres e direitos principais de prestação, e não para substituí-los[201], como, *e.g.*, indenização por mora.

Já os *deveres* ditos acessórios, igualmente vinculados aos interesses de prestação, têm a "função de garantir a plena realização dos interesses existentes em determinada relação obrigacional, pois se destinam a preparar ou a assegurar a total satisfação dos direitos e deveres principais"[202]. Isto é, "interessam à exata satisfação dos interesses globais envolvidos na relação obrigacional complexa"[203].

Integram a relação obrigacional, por fim, os deveres de proteção já referidos, também chamados *laterais*, que são aqueles "decorrentes do fato jurígeno obrigacional cujo escopo não seja, diretamente, a realização ou a substituição da prestação"[204], mas relativos aos cuidados necessários à pessoa e aos bens da contraparte expostos pela relação.

---

[199] HAICAL, Gustavo. O inadimplemento pelo descumprimento exclusivo de dever lateral advindo da boa-fé objetiva. **Revista dos Tribunais**, v. 900, out. 2010, p. 45-84 (paginação irregular).

[200] AGUIAR JÚNIOR, Ruy Rosado de. **Comentários ao novo Código Civil.** V. 7. Tomo II. Rio de Janeiro: Forense, 2011, p. 2; MARTINS-COSTA, Judith. **Comentários ao novo Código Civil.** V. 5. Tomo II. 2ª ed. Rio de Janeiro: Forense, 2009, p. 87. Ambos autores brasileiros citados referem às lições do doutrinador português Mário Júlio de Almeida Costa (**Direito das obrigações.** 12ª ed. São Paulo: Almedina, 2009, p. 77).

[201] HAICAL, Gustavo. O inadimplemento pelo descumprimento exclusivo de dever lateral advindo da boa-fé objetiva. **Revista dos Tribunais**, v. 900, out. 2010, p. 45-84 (paginação irregular).

[202] HAICAL, Gustavo. O inadimplemento pelo descumprimento exclusivo de dever lateral advindo da boa-fé objetiva. **Revista dos Tribunais**, v. 900, out. 2010, p. 45-84 (paginação irregular).

[203] AGUIAR JÚNIOR, Ruy Rosado de. **Comentários ao novo Código Civil.** V. 7. Tomo II. Rio de Janeiro: Forense, 2011, p. 2-3, apoiado nas lições de Mário Júlio de Almeida Costa.

[204] SILVA, Jorge Cesa Ferreira da. **A boa-fé e a violação positiva do contrato.** Rio de Janeiro: Renovar, 2002, p. 75.

A ideia de *adimplemento* se relaciona justamente à realização deste programa decorrente de obrigação entendida como um processo[205], um conjunto de atos ou comportamentos polarizado pelo adimplemento, que é o seu fim. Ademais, de um processo complexo, pois composto por direitos, deveres, pretensões, obrigações, direitos potestativos – formativos e de exceção – e sujeições; faculdade; ônus, a imporem condutas tendentes à satisfação plena dos interesses recíprocos das partes e da relação jurídica. Significa, assim, que o adimplemento satisfativo não se resume ao cumprimento da prestação principal pelo devedor ou terceiro, mas também abrange os deveres acessórios e laterais[206].

O *inadimplemento* consistente na ausência da prestação devida, tal qual devida e quando devida[207], poderá ser *definitivo* (também dito *absoluto*) quando a prestação incumprida por ato imputável não foi realizada como devido e não pode mais ser realizada com utilidade para o credor (Código Civil, artigo 395, parágrafo único), ou *relativo*, quando a prestação por ato imputável ao devedor não foi cumprida no tempo, modo e lugar devidos (Código Civil, artigo 389) mas ainda é possível ser realizada com utilidade para o credor[208]. Efeito do inadimplemento relativo é a situação de mora[209]. Note-se, assim, que o critério diferenciador entre estas espécies de inadimplemento diz respeito não apenas à possibilidade ou impossibilidade do cumprimento da prestação[210], mas, por

---

[205] AGUIAR JÚNIOR, Ruy Rosado de. **Comentários ao novo Código Civil.** V. 7. Tomo II. Rio de Janeiro: Forense, 2011, p. 16.

[206] AGUIAR JÚNIOR, Ruy Rosado de. **Comentários ao novo Código Civil.** V. 7. Tomo II. Rio de Janeiro: Forense, 2011, p. 16.

[207] MARTINS-COSTA, Judith; SILVA, Paula Costa e. **Crise e perturbações no cumprimento da prestação:** estudo de direito comparado luso-brasileiro. São Paulo: Quartier Latin, 2020, p. 152.

[208] MARTINS-COSTA, Judith. **Comentários ao novo Código Civil.** V. 5. Tomo II. 2ª ed. Rio de Janeiro: Forense, 2009, p. 108. A mora não se limita ao injusto retardamento no cumprimento da obrigação, como já observava Agostinho Alvim ao tratar do art. 955 do Código Civil de 1916 (**Da inexecução das obrigações e suas consequências.** 5ª ed. São Paulo: Saraiva, 1980, p. 11).

[209] ALVIM, Agostinho. **Da inexecução das obrigações e suas consequências.** 5ª ed. São Paulo: Saraiva, 1980, p. 41-42.

[210] Em rigor técnico, são distintos inadimplemento e impossibilidade, embora possa haver coincidência entre alguns efeitos. Vide: MARTINS-COSTA, Judith; SILVA, Paula Costa e. **Crise e perturbações no cumprimento da prestação:** estudo de direito comparado luso-brasileiro. São Paulo: Quartier Latin, 2020.

igual, da utilidade da prestação, a ser aferida sob a *ótica do credor*, pois o seu interesse é o prevalente. Além disso, há uma terceira via de inadimplemento chamada de *violação positiva do contrato*, quando o incumprimento é o dever lateral inserto no interesse de proteção[211].

Diferentemente da *common law*, a regra geral no Direito brasileiro é que o credor da obrigação inadimplida pode recorrer a sua execução direta mediante ação judicial para compelir o devedor a cumpri-la[212], como prevê o Código de Processo Civil, artigo 497[213], e o Código Civil, artigo 947[214]. Na impossibilidade da execução, ou na carência de utilidade para o credor, a obrigação original pode ser convertida em indenização. O credor pode, portanto, requerer a execução específica ou, não sendo esta possível ou não mais atender ao seu interesse, pedir a indenização substitutiva, conforme o artigo 947 do Código Civil. Pode ainda – ocorrendo inadimplemento definitivo – exercer o credor o poder formativo extintivo resolutório, nos termos do artigo 475 do Código Civil.

Sendo assim, o Direito brasileiro é mais propenso à aceitação de sanções pecuniárias em relação ao incumprimento definitivo ou mora do devedor. Há não só a possibilidade de as partes convencionarem cláusulas penais com função de fixação de prefixação do dano, mas também

---

[211] SILVA, Jorge Cesa Ferreira da. **A boa-fé e a violação positiva do contrato.** Rio de Janeiro: Renovar, 2002, p. 75; STEINER, Renata C. **Descumprimento contratual:** boa-fé objetiva e violação positiva do contrato. São Paulo: Quartier Latin, 2014; HAICAL, Gustavo. O inadimplemento pelo descumprimento exclusivo de dever lateral advindo da boa-fé objetiva. **Revista dos Tribunais,** v. 900, out. 2010, p. 45-84. Há, porém, quem entenda não ser necessário categorizar a violação positiva do contrato como uma terceira via de inadimplemento, uma vez que a releitura funcional do adimplemento abarca as hipóteses de violação de deveres laterais: TERRA, Aline. **Inadimplemento anterior ao termo.** Rio de Janeiro: Renovar, 2009, p. 112-119; TEPEDINO, Gustavo; SCHREIBER, Anderson. **Fundamentos do Direito Civil:** obrigações. V. 2. Rio de Janeiro: Forense, 2020, p. 322-323, edição Kindle.

[212] TEPEDINO, Gustavo; BARBOZA, Heloisa Helena; MORAES, Maria Celina. **Código civil interpretado conforme a Constituição da República.** V. 1. 2ª ed. Rio de Janeiro: Renovar, 2007, p. 700.

[213] "Art. 497. Na ação que tenha por objeto a prestação de fazer ou de não fazer, o juiz, se procedente o pedido, concederá a tutela específica ou determinará providências que assegurem a obtenção de tutela pelo resultado prático equivalente. Parágrafo único. Para a concessão da tutela específica destinada a inibir a prática, a reiteração ou a continuação de um ilícito, ou a sua remoção, é irrelevante a demonstração da ocorrência de dano ou da existência de culpa ou dolo".

[214] "Art. 947. Se o devedor não puder cumprir a prestação na espécie ajustada, substituir-se-á pelo seu valor, em moeda corrente".

com função coercitiva mediante pressão ao cumprimento (cláusula penal em sentido estrito e cláusula penal puramente coercitiva)[215]. Além disso, existe em nosso sistema a possiblidade de instituição pelos tribunais de sanções pecuniárias não convencionais cuja utilização visa a compelir a parte inadimplente a efetuar a prestação, como a estipulada no § 1º do artigo 536 do Código de Processo Civil[216], cujo valor inclusive reverte apenas ao credor[217]. Como visto, os sistemas da *common law* são mais limitados quanto à concessão de penas sancionatórias ao descumprimento, sendo admissíveis tão-somente *liquitated damage clauses*.

Retornando ao Direito brasileiro, a irradiação de uma relação jurídica obrigacional dotada do seu conteúdo eficacial, típico de um determinado contrato, poderá ser *protraída* à existência do último no mundo jurídico[218]. É o que ocorre, por exemplo, nos contratos sob *condição*

---

[215] TEPEDINO, Gustavo; SCHREIBER, Anderson. **Fundamentos do Direito Civil**: obrigações. V. 2. Rio de Janeiro: Forense, 2020, p. 380, edição Kindle; MARTINS-COSTA, Judith. **Comentários ao novo Código Civil**. V. 5. Tomo II. 2ª ed. Rio de Janeiro: Forense, 2009, p. 613-628. Ambos autores brasileiros adotam a classificação funcional da cláusula penal do professor português António Pinto Monteiro. Para este autor, *cláusula penal com função de fixação antecipada do montante da indenização* é aquela que as partes visam tão-somente "liquidar antecipadamente, de modo *ne varietur*, o dano futuro" e, prossegue "evitando assim litígios, despesas e demoras que uma avaliação judicial da indenização sempre acarretará, à qual é inerente, por outro lado, uma certa álea. Ao mesmo tempo que o credor se furta ao encargo de ter de provar a extensão do prejuízo efectivo, o devedor previne-se quanto a uma indenização avultada". (MONTEIRO, António Pinto. **Cláusula Penal e Indemnização**. Coimbra: Almedina, 1999, p. 602).

[216] "Art. 536. No cumprimento de sentença que reconheça a exigibilidade de obrigação de fazer ou de não fazer, o juiz poderá, de ofício ou a requerimento, para a efetivação da tutela específica ou a obtenção de tutela pelo resultado prático equivalente, determinar as medidas necessárias à satisfação do exequente. § 1º Para atender ao disposto no *caput*, o juiz poderá determinar, entre outras medidas, a imposição de multa, a busca e apreensão, a remoção de pessoas e coisas, o desfazimento de obras e o impedimento de atividade nociva, podendo, caso necessário, requisitar o auxílio de força policial".

[217] "Art. 537. A multa independe de requerimento da parte e poderá ser aplicada na fase de conhecimento, em tutela provisória ou na sentença, ou na fase de execução, desde que seja suficiente e compatível com a obrigação e que se determine prazo razoável para cumprimento do preceito. § 2º O valor da multa será devido ao exequente".

[218] MELLO, Marcos Bernardes. **Teoria do fato jurídico**: plano da eficácia. 11ª ed. São Paulo: Saraiva, 2019, § 39, p. 3306, edição Kindle (paginação irregular); PONTES DE MIRANDA, Francisco. **Tratado de Direito Privado**. Tomo I. Rio de Janeiro: Borsoi, 1954, p. 203-207; PONTES DE MIRANDA, Francisco. **Tratado de Direito Privado**. Tomo V. São Paulo: Revista

suspensiva[219] cuja celebração irradia *eficácia interimística*[220] que se transformará em *eficácia plena* só se verificado o evento condicional.

Essa breve digressão teve como objetivo demonstrar, sinteticamente, o *iter* contratual no Direito brasileiro, bem como evidenciar as diferenças em relação ao caminho do contrato no direito contratual da *common law*, que partem de raciocínios jurídicos diversos.

1. Função

A análise funcional refere-se à síntese dos efeitos essenciais de um fato jurídico[221], considerando a composição inicial dos interesses (*i.e.*, o estado inicial de interesses consolidados nas situações subjetivas preexistentes ao fato) e a composição final (*i.e.*, a determinação das situações

---

dos Tribunais, 2013, p. 63-68; PONTES DE MIRANDA, Francisco Cavalcanti. **Tratado de Direito Privado.** Tomo XXV. São Paulo: Revista dos Tribunais, 2012, p. 483-485.

[219] Diferentemente da condição suspensiva, a condição resolutiva diz respeito ao evento condicional que determina a cessação dos efeitos do negócio. Desde a celebração do negócio, há aquisição plena do direito e os efeitos do negócio são produzidos, de modo que a verificação do evento condicional implica resolução do negócio.

[220] Como explica Marcos Bernardes de Mello: "O negócio jurídico sob condição suspensiva, e.g., produz, apenas, eficácia parcial, uma vez que sua eficácia total somente se produzirá se e quando implida a condição. Enquanto pendente condição suspensiva, há eficácia interimística (vide, adiante, "iii"), pois, embora se forme de logo a relação jurídica, dela só se irradiará direito expectativo, em cujo conteúdo se incluem, por exemplo, os direitos à conservação do bem, à defesa de sua posse e, em especial, o direito expectado". (MELLO, Marcos Bernardes de. **Teoria do fato jurídico:** plano da eficácia. 11ª ed. São Paulo: Saraiva, 2019, p. 920-924, edição Kindle (paginação irregular)).

Karl Larenz explica que não se trata de "efeitos prévios" do negócio jurídico, pois o negócio condicional já está concluído e só se está demorando o cumprimento dos efeitos principais aos que o negócio se dirige. Seria melhor falar, em seu ponto de vista, de "efeitos imediatos" do negócio (**Derecho Civil:** parte general. Traduzido por Miguel Izquierdo e Marcias-Pcavea Madrid: Editoriales de Derecho Reunidas, 1978, p. 686).

[221] PERLINGIERI, Pietro. **O Direito Civil na legalidade constitucional.** Rio de Janeiro: Renovar, 2008, p. 642-643.

A função não é sinônimo de conteúdo do contrato. Este participa na "individuação dos efeitos da *fattispecie* e, portanto, na sua interpretação e qualificação" (PERLINGIERI, Pietro. **O Direito Civil na legalidade constitucional.** Rio de Janeiro: Renovar, 2008, p. 378), mas o mais relevante, para fins da análise funcional, é "individuar o conjunto das cláusulas contratuais e dos efeitos legais como conteúdo daquele particular e concreto contrato, independentemente da tipicidade ou da atipicidade". (PERLINGIERI, Pietro. **O Direito Civil na legalidade constitucional.** Rio de Janeiro: Renovar, 2008, p. 379).

subjetivas programadas no ato: eficácia)[222]. Assim, imprescindível será analisar as seções de cláusulas atuantes sobre o período intercalar – *i.e.*, *condições precedentes* ("conditions precedents") e as *obrigações antecedentes ao fechamento* ("covenants prior to closing") – mediante uma visão funcional, atenta à diversidade de eficácias que suas interações podem gerar. Afinal, como visto, mesmo dentro da mesma categoria – *i.e.*, "condition" ou "covenants" – há uma heterogeneidade de propósitos, podendo os arranjos funcionarem como motivadores de um estado de pendência ("gating conditions"), mantenedores de uma situação fática-jurídica ("mantaining-the bargain conditions" e "covenants"), promovedores de uma situação fato-jurídica ("transactional conditions" e "covenants").

A motivação prática para a realização de operações de *fusões & aquisições* com previsão de fechamento diferido é definida pelas *condições de entrada,* que consistem no mecanismo contratual motivador do diferimento temporal. As partes constituem uma relação jurídica a despeito do *estado de incerteza* quanto à realização do resultado prático final. Por outros termos, há uma atual indisponibilidade de dados decisivos para a plena eficácia do contrato. Mesmo assim, as partes optam por constituir um vínculo jurídico desde a *assinatura,* não permissivo da desvinculação do pactuado por mero arbítrio, a não ser que as *exigências* necessárias ao fechamento não sejam realizadas durante o prazo existente entre a *assinatura* e o *fechamento.* As *exigências* configuram, assim, motivos tornados relevantes pela vontade das partes.

Os dados decisivos para a plena eficácia costumam apresentar natureza variada, incidindo sobre aspectos diferentes da estrutura do negócio jurídico: as situações incertas podem ser *externas* à formação do contrato, de modo que sua verificação não interfere nos planos da existência e da validade nem no seu objeto. É o que ocorre, por exemplo, quando se estipula a obtenção de financiamento pelo comprador como condição necessária para a exigibilidade de sua "obrigação de fechar". Podem, por sua vez, as situações incertas ser *internas* ao ciclo formativo do contrato. Assim, *e.g.*, quando se prevê, como condição necessária para a "obrigação de fechar", a obtenção de aprovação de órgão público que

---

[222] PERLINGIERI, Pietro. **O Direito Civil na legalidade constitucional**. Rio de Janeiro: Renovar, 2008, p. 643.

seja legalmente um requisito de validade do negócio, ou a aprovação da operação pela assembleia geral da sociedade envolvida, quando assim a lei o determine. Também envolverá um *interesse interno* a cláusula que subordina a eficácia do contrato à satisfação do comprador em relação ao resultado do procedimento de *diligência legal*.

Independente da natureza do *interesse*, a *função* exercida pelas *condições de entrada* traduz-se na constituição de uma relação jurídica durante o período de incerteza decorrente da indisponibilidade de dados decisivos para o alcance do resultado prático visado pelas partes. Esta função implica *extinção* da relação jurídica se as exigências para o alcance do resultado prático não forem satisfeitas dentro do lapso temporal definido. Por outro lado, resulta a transformação da relação jurídica sem estar dotada de conteúdo típico, para a *relação obrigacional* dotada de conteúdo típico, se as exigências forem satisfeitas antes (ou durante) do prazo para a realização do *fechamento*, ou tenha havido "renúncia", pelo seu beneficiário, da condição não satisfeita.

O diferimento temporal, aliado à característica dinâmica da sociedade-alvo, implica um período caracterizado, sobretudo, por dois aspectos. Primeiro, distingue-se por ser permeado por riscos *exógenos* e *endógenos* quanto a diversos aspectos que podem influenciar a relação de equivalência entre a determinação do objeto da prestação e suas qualidades na data da *assinatura* e o seu valor real na data do *fechamento*. Destaca-se, no âmbito dos riscos endógenos, o *risco moral* existente no período intercalar, uma vez que o vendedor costuma, em certa medida, controlar a ocorrência de alguns eventos capazes de alterar as qualidades do objeto indireto da prestação. Segundo, caracteriza-se pela necessidade de que as partes realizem condutas proativas necessárias para o alcance do resultado prático. Exemplifique-se, nesse contexto, a estipulação de uma obrigação a um dos contratantes protocolizar pedido de autorização da operação no Conselho Administrativo de Defesa Econômica.

Em razão destas peculiaridades inerentes ao período contratual, adiciona-se uma *normativa* própria para o período, mediante as interações entre "conditions" e "covenants", visando ao alcance do fechamento nos termos e nas condições negociais estipuladas na data da assinatura – *i.e.*, as partes projetam uma distribuição de riscos própria para incidência na fase da pendência.

Nesse cenário, as *condições* e *obrigações antecedentes* de *manutenção* exercem sua função de manter, na medida do possível, o *status quo* das partes

PARTE I. 2. A QUALIFICAÇÃO NO SISTEMA JURÍDICO BRASILEIRO

no momento da firma[223], criando *incentivos* para que as partes ajam no interesse da outra e segundo o fim contratual. Não motivam a existência do período intercalar, mas sua previsão serve para proteger os interesses dos contratantes – especialmente os do adquirente – para que no transcurso deste período inexista depreciações substanciais no objeto da prestação[224]. Mantém a eficácia suspensiva, e seu incumprimento pode acarretar diversas consequências jurídicas, sobretudo o direito de desvinculação contratual e/ou, cumulação, com indenização, mas nada impede (embora seja mais raro) que seja convencionado o dever de renegociar ou reduzir o preço.

Também "covenants" de gerenciamento e "transactional conditions" são instrumentos que exercem sua função em virtude de existência de um período intercalar. Os *covenants* de gerenciamento alocam os riscos das obrigações que se fazem necessárias para o sucesso da realização de uma exigência necessária ao fechamento.

A combinação das técnicas de *condições* e *obrigações antecedentes ao fechamento,* atuam de modo multifuncional no período intercalar. Enquanto as *condições de entrada* motivam a existência de um período intercalar, ao determinarem quais os motivos relevantes para o disparo da eficácia plena do contrato, as demais espécies de condição e "covenants" regulam a relação jurídica, objetivando *promover* o fim do contrato (fechamento), *distribuir* os riscos acerca das contingências próprias do período intercalar e *criar* incentivos para que as partes adotem comportamento no interesse da outra.

2. Estrutura

A compreensão completa de uma figura jurídica exige o estudo dois perfis: funcional e estrutural. Enquanto a análise funcional responde à pergunta para o que *serve* determinada figura jurídica; a apreciação estrutural diz respeito à indagação de *como é* esta figura[225]. A perspectiva

---

[223] BEVIÁ, Vicente Gimeno. **Las condiciones en el contrato de compraventa de empresa.** Navarra: Thomson Reuters, 2016, p. 225.
[224] BEVIÁ, Vicente Gimeno. **Las condiciones en el contrato de compraventa de empresa.** Navarra: Thomson Reuters, 2016, p. 225.
[225] PERLINGIERI, Pietro. **O Direito Civil na legalidade constitucional.** Rio de Janeiro: Renovar, 2008, p. 642.

estrutural visa à compreensão de quais as partes necessárias para formar um ato idôneo a produzir efeitos jurídicos[226].

Como tivemos oportunidade de analisar anteriormente, as cláusulas nos contratos de *fusões & aquisições* que interessam primordialmente ao fechamento diferido são as *condições precedentes* ("conditions precedents") e as *obrigações antecedentes ao fechamento* ("convenants prior to closing"), que atuam, muitas vezes, de modo complementar, gerando eficácias variadas. Além disso, mesmo dentro da mesma categoria – *i.e.*, "condition" ou "covenants" – há uma heterogeneidade funcional, o que deve despertar a atenção no momento de sua qualificação jurídica.

As funções dessas cláusulas – e de suas interações – podem ser divididas, grosso modo, em duas perspectivas: os *mecanismos de diferimento temporal* e a *normativa convencional do regime intercalar*. Os primeiros consistem nas cláusulas que causam o divórcio entre a *assinatura* e o *fechamento* – *i.e.*, entre a celebração do contrato e sua execução – conferindo relevância jurídica a motivos que, por si só, não teriam relevância; os segundos regulam as condutas das partes e a alocação de riscos durante o período intercalar, visando a *assegurar* e a *promover* a execução principal dos deveres principais da prestação, conforme as premissas negociais estipuladas na data da assinatura.

2.1. Mecanismos de diferimento temporal

As *condições de entrada* são, como visto, mecanismo de deslocamento da eficácia típica do contrato. Por esta razão, o primeiro paralelo a ser feito perante o nosso sistema diz respeito aos mecanismos típicos que promovem divórcio entre o momento executivo do contrato e o momento de sua celebração: contrato sob condição suspensiva e opção de compra.

2.1.1. *Condição suspensiva*

A condição suspensiva é uma cláusula que se encontra integrada, de modo incindível, à declaração negocial[227], mediante a qual se torna um

---

[226] PERLINGIERI, Pietro. **O Direito Civil na legalidade constitucional**. Rio de Janeiro: Renovar, 2008, p. 642.
[227] Prevalece na doutrina que a relação entre condição e vontade é de *unidade*. A condição consiste em parte essencial da vontade, não uma bifurcação do processo de formação da vontade ou autolimitação desta. Assim, explica Pontes de Miranda que há uma "determinação inexa" entre condição e declaração, a condição consiste em "parte da manifestação

PARTE I. 2. A QUALIFICAÇÃO NO SISTEMA JURÍDICO BRASILEIRO

motivo irrelevante em relevante ao negócio[228], que não interfere, porém, na função da *fattispecie* central do mesmo[229]. Esse motivo expressa um *interesse externo* comum às partes, que decorre da incerteza quanto à ocorrência de uma situação fática própria para produzir o resultado prático perseguido. As partes constituem, portanto, uma vinculação jurídica em um momento em que não há certeza sobre a efetiva ocorrência do escopo prático final[230].

A função da condição suspensiva refere-se, portanto, ao deslocamento temporal da exigibilidade de todos ou alguns efeitos do negócio jurídico, em razão da incerteza decorrente da indisponibilidade de um dado decisivo para se alcançar o resultado prático final[231].

Conquanto essa discrição inicial possa aparentar uma similitude inequívoca entre as *condições precedentes*, sobretudo as de entrada, e a

---

da vontade' não é manifestação anexa (...) a vontade existiu e existe com o seu conteúdo; o ato jurídico perfez-se: apenas, se a condição ocorre, há o efeito, se não ocorrer, não o há". (PONTES DE MIRANDA, Francisco. **Tratado de Direito Privado**. Tomo V. São Paulo: Revista dos Tribunais, 2013, p. 165-166). Em sentido similar, na doutrina brasileira: AMARAL, Francisco. **Enciclopédia Saraiva de Direito**. V. 17. São Paulo: Saraiva, 1978, p. 51; CARVALHO SANTOS, J. M. **Código civil brasileiro interpretado**. V. 3. 14ª ed. Rio de Janeiro: Freitas Bastos, 1991, p. 5-6; RÁO, Vicente. **Ato jurídico**. 2ª ed. São Paulo: Saraiva, 1979, p. 290; CARVALHO DE MENDONÇA, Manoel Ignacio. **Doutrina e prática das obrigações**. V. 1. 2ª ed. Rio de Janeiro: Francisco Alves, [s.d.], p. 242; DANTAS, San Tiago. **Programa de Direito Civil**. 3ª ed. Rio de Janeiro: Forense, 2001, p. 258.

[228] PONTES DE MIRANDA, Francisco. **Tratado de Direito Privado**. Tomo V. São Paulo: Revista dos Tribunais, 2013, p. 165; FERREIRA, Durval. **Negócio jurídico condicional**. Coimbra: Almeinda, 1998, p. 11 e ss.; VON TUHR, A. **Derecho Civil**. V. 3. Traduzido por Tito Ravá. Madrid: Marcial Pons, 2005, p. 244-245.

[229] A condição é, então, acessória ao se referir ao tipo abstrato do negócio e não ao negócio singular concreto. Nesse sentido: *"Il vero si è, come è stato osservato, che si può parlare della condizione come elemento accessorio del negozio, in riferimento al tipo astratto di negozio, in quanto dal suo schema esula l'elemento condizione; non al singolo negozio concreto. Nel singolo negozio la determinazione condizionante è in realtà quella in cui se assorbe il contenuto attuale della volontà"*. (BARBERO, Domenico. **Contributo alla teoria della condizione**. Milão: Dott. A. Giuffrè, 1937, p. 20, tradução livre: "A verdade é, como se observou, que podemos falar da condição como elemento acessório do negócio, em referência ao tipo abstrato do negócio, uma vez que o elemento condição não faz parte de seu esquema; não para a único negócio em concreto. No negócio singular, a determinação do condicionamento é na verdade aquela em que se absorve o conteúdo atual da vontade").

[230] CARRESI, Franco. **Il contrato**. Milão: Dott. A. Giuffrè, 1987, p. 264-265.

[231] MARTINS-COSTA, Fernanda. **Condição suspensiva:** função, estrutura e regime jurídico. São Paulo: Almedina, 2017, p. 33 e ss.; 167.

condição suspensiva, há entre elas pontuais diferenças estruturais e operacionais, que fazem questionar até que ponto as condições precedentes podem ser abrangidas pela *elasticidade* do tipo legal da condição suspensiva[232].

A *estrutura* da condição é composta por seus elementos essenciais, a saber, voluntariedade, futuridade[233] e incerteza[234]. Os dois últimos não

---

[232] Com efeito, o tipo "é uma aproximação da realidade sem, no entanto, pretender compreender toda a realidade". (COMIRAN, Giovana Cunha. **Os usos comerciais:** da formação dos tipos à interpretação e integração dos contratos empresariais. São Paulo: Quartier Latin, 2019, p. 156), podendo ser reconduzido a figuras semelhantes, ainda que não haja identidade total entre elas (COMIRAN, Giovana Cunha. **Os usos comerciais:** da formação dos tipos à interpretação e integração dos contratos empresariais. São Paulo: Quartier Latin, 2019, p. 155). O tipo é, portanto, elástico e gradual, podendo compreender uma "grande gama de fenômenos distintos entre si e com limites imprecisos, poderão os tipos compreender objetos cuja aludida tipicidade aparece em maior ou menor grau". (COMIRAN, Giovana Cunha. **Os usos comerciais:** da formação dos tipos à interpretação e integração dos contratos empresariais. São Paulo: Quartier Latin, 2019, p. 155).

[233] A *futuridade* traduz-se em outro elemento essencial legal da condição. O acontecimento a ser eleito pelas partes como condição não poderá, a rigor, ter ocorrido antes ou durante a celebração do contrato. Discute-se se fatos presentes ou passados, ignorados pelas partes, poderiam ser considerados condição. Alguns entendem que, neste caso, não se aplicaria o regime condicional ao negócio cuja condição tenha ocorrido no passado, de sorte que o efeito "condicionado" não ficará suspenso, sendo exigível desde a data da celebração (OLIVEIRA, Eduardo Ribeiro. **Comentários ao novo Código Civil.** V. 2. Rio de Janeiro: Forense, 2008, p. 302-303; RODRIGUES, Silvio. **Direito Civil.** V. 1. 32ª ed. São Paulo: Saraiva, 2002, p. 242; MONTEIRO, Washington de Barros. **Curso de direito civil:** parte geral. V. 1. 39ª ed. São Paulo: Saraiva, 2003, p. 267; CARVALHO DE MENDONÇA, Manoel Ignacio. **Doutrina e prática das obrigações.** V. 1. 2ª ed. Rio de Janeiro: Francisco Alves, [s.d.], p. 244). Assim, a obrigação será tida pura, desde a origem, razão pela qual os riscos serão do credor. Outros, com os quais concordamos, entendem que situações nas quais fatos passados ou presentes precisam ser *necessariamente* confirmados podem ser convencionadas como condição (TATARANO, Giovanni. **Incertezza, autonomia privata e modello condizionale.** Nápoles: Jovene, 1976, p. 9; PINTO COELHO, José Gabriel. **Das cláusulas accessorias dos negócios jurídicos:** condição. V. 1. Coimbra: Coimbra, 1909, p. 73; GIORGI, Giorgio. **Teoria delle obbligazioni.** V. 4. 7ª ed. Florença: Fratelli Cammelli, 1908, p. 361-362; ESPINOLA, Eduardo. **Manual do Código Civil brasileiro.** V. 3. 2ª parte. Rio de Janeiro: Jacintho Ribeiro dos Santos, 1926, p. 57, nota de rodapé n. 19; MARTINS-COSTA, Fernanda. **Condição suspensiva:** função, estrutura e regime jurídico. São Paulo: Almedina, 2017, p. 55-56), desde que a *incerteza* quanto à verificação do fato seja *objetiva*.

[234] A *incerteza* é o caráter fundamental do regime condicional: os contratantes incertos sobre a ocorrência, ou não, de um evento, decidem previamente se vincularem por meio do contrato condicional. Há consenso de que esta incerteza deve ser *objetiva* – *i.e.*, real, não bastando que o evento seja desconhecido pelas partes. Esta característica da objetividade da

implicam substanciais empecilhos na recepção das *condições de entrada* como condições suspensivas, pois as *exigências* para proceder ao fechamento da operação de *fusões & aquisições* costumam se referir a eventos futuros e incertos.

A voluntariedade, por sua vez, implica certos desafios dogmáticos na pretendida recepção, que podem ser identificados nas duas perspectivas de análise deste elemento.

Em uma primeira perspectiva, a voluntariedade da condição significa que somente será condição aquela cláusula que derivar exclusivamente da vontade das partes, tendo como escopo afastar do terreno das condições em sentido técnico as *condições legais* – *i.e.*, aquelas condições que se reportam aos pressupostos de existência, validade e eficácia do ato exigidos em lei. Por outros termos, às *condições legais* não se aplicaria o cardápio normativo legal elencado no Código Civil, não se tutelando à vinculação jurídica básica desde a celebração do contrato. A condição legal constitui, conforme ensina Pontes de Miranda, parte da própria figura jurídica, e não da declaração de vontade em si[235]. Não se ignora, contudo, que apresentem certas semelhanças: ambas se ligam à eficácia do ato, podendo acontecer que a condição legal se ligue à existência e, ainda, ambas se refiram a evento futuro[236].

É praxe, contudo, que a seção de condições dos contratos de *fusões & aquisições* submeta a eficácia do negócio à ocorrência de exigências legais, como, *e.g.*, a aprovação da operação pelo Conselho Administrativo de Defesa Econômica[237] ou à aprovação da assembleia geral das sociedades envolvidas. Seriam estas situações inaptas à constituição de uma relação jurídica? Seriam mera repetição do texto legal sem qualquer valor vinculativo?

A resposta às indagações deve considerar as peculiaridades de cada situação concreta. Conquanto as condições legais não estejam sujeitas

---

incerteza está no cerne da construção do regime condicional durante a pendência. A característica da incerteza não apresenta empecilhos para recepção das *condições de entrada*, pois estas dizem respeito justamente a situações incertas.

[235] PONTES DE MIRANDA, Francisco. **Tratado de Direito Privado.** Tomo LVI. São Paulo: Revista dos Tribunais, 2012, p. 292.

[236] PONTES DE MIRANDA, Francisco. **Tratado de Direito Privado.** Tomo V. São Paulo: Revista dos Tribunais, 2013, p. 176.

[237] Artigos 61 e 88, § 3º e 4º da Lei n. 12.529/2011.

ao regime condicional ainda que previstas por contrato, há situações pontuais em que se reconhece o caráter condicional típico às condições legais[238]. Assim, a doutrina admite que a condição legal completa o elemento da declaração, ao estabelecer requisitos adicionais para relevância jurídica dessa circunstância ou ao modificar a relevância jurídica[239].

É o que ocorre, nos contratos de *fusões & aquisições*, quando se subordina a eficácia do contrato à superveniência de decisão positiva do Conselho Administrativo de Defesa Econômica durante um prazo específico. Neste caso, não se trata da mera repetição do dispositivo legal, mas há declaração de vontade de constituição de uma relação obrigacional típica apenas se o requisito legal vier a ocorrer durante o lapso temporal previamente definido. A sua chegada no prazo não seria só excludente de invalidade, seria implemento da condição. Também assim se procede quando se submete a obrigação do alienante de fechar a operação à aceitação pelo comprador dos eventuais compromissos propostos pelo Conselho Administrativo de Defesa Econômica na eventualidade de este órgão exigir, para a aprovação da operação, a realização de determinados atos[240].

A submissão da eficácia do contrato à aprovação da assembleia geral das sociedades envolvidas exige certas distinções. Isso porque a aprova-

---

[238] Requisitos constitutivos do negócio jurídico não podem, logicamente, ser condição, uma vez que inexistindo fato jurídico, razão não haveria para se manter regime condicional (RÁO, Vicente. **Ato jurídico**. 2ª ed. São Paulo: Saraiva, 1979, p. 357).

[239] FLUME, Werner. **El negocio jurídico**. Tomo II. Traduzido por José Maria Miguel Gonzalez e Esther Gomez Calle. Madrid: Fundação Cultural del Notariado, 1998, p. 795.
É o que ocorre, *e.g.*, quando um menor de idade conclui contrato de compra e venda sob condição suspensiva de que seu tutor outorgue aprovação antes de tal data. Note-se que, neste caso, o prudente vendedor não quer que o contrato dependa de um assentimento interno, senão quer obrigar-se à prestação principal unicamente se antes de tal data se chega a ele o assentimento do tutor (VON TUHR, A. **Derecho Civil**. V. 3. Traduzido por Tito Ravá. Barcelona: Marcial Pons, 2005, p. 254). O assentimento, assim, que chegou dentro do prazo não seria só excludente de anulabilidade, seria implemento da condição (PONTES DE MIRANDA, Francisco. **Tratado de Direito Privado**. Tomo V. São Paulo: Revista dos Tribunais, 2013, p. 178). Outra situação similar ocorre quando um assentimento é requisito legal da eficácia de determinado contrato, neste podendo estabelecer-se a eleição de determinada forma, não prescrita em lei, como condição de eficácia do mesmo, que precisa ser aprovado (FLUME, Werner. **El negocio jurídico**. Tomo II. Traduzido por José Maria Miguel Gonzalez e Esther Gomez Calle. Madrid: Fundação Cultural del Notariado, 1998, p. 795).

[240] BEVIÁ, Vicente Gimeno. **Las condiciones en el contrato de compraventa de empresa**. Navarra: Thomson Reuters, 2016, p. 309.

ção da assembleia é *condição legal de eficácia* do protocolo e da justificação das operações de reorganização societária, os quais podem ser elaborados pelos órgãos administrativos da sociedade, e não se revestem de eficácia vinculativa perante as sociedades envolvidas[241]. A própria *causa* do protocolo consiste na obrigação de fusionar, incorporar ou cindir, uma vez manifestadas favoravelmente à vontade soberana dos acionistas das sociedades envolvidas[242]. A vinculação jurídica é, portanto, decorrente da própria lei, não devendo ser confundida com a vinculação jurídica derivada de uma condição em sentido estrito[243].

Em uma segunda perspectiva, a voluntariedade da condição significa que a vontade para constituir o vínculo jurídico deve ser *séria*, motivo pelo qual não se aplica o regime condicional às condições contraditórias, incompreensíveis, impossíveis, puramente potestativas. Nesse âmbito, emergem questionamentos acerca da recepção das condições sujeitas à *satisfação* de uma das partes, uma vez que o Código Civil considera inválido o negócio condicional subordinado à *condição puramente*

---

[241] TEIXEIRA, Lacerda; GUERREIRO, José Tavares. **Das sociedades anônimas no direito brasileiro.** V. 2. Rio de Janeiro: Bushatsky, p. 659; PEDREIRA, José Luiz Bulhões. Incorporação. LAMY FILHO, Alfredo; PEDREIRA, José Luis Bulhões (Coords). **Direito das companhias.** 2ª ed. Rio de Janeiro: Forense, 2017, p. 1301; BORBA, José Edwaldo. **Direito societário.** 8ª ed. Rio de Janeiro: Renovar, 2003, p. 486-487.

[242] CARVALHOSA, Modesto. **Comentário à lei das sociedades anônimas.** V. 4. Tomo I. 6ª ed. São Paulo: Saraiva, 2014, p. 6695-6699, edição Kindle (paginação irregular).

[243] Em razão, contudo, da complexidade e custos das negociações, é comum que a administração das companhias envolvidas e/ou os acionistas controladores celebre, paralelamente, um acordo de associação, impondo multas por desistência ("break-up fees"), no caso de a assembleia geral não aprovar a operação. Chamam-se, assim, de "acordos de associação" ou "acordo preliminar de reorganização" visando ao estabelecimento, no âmbito dos interessados, dos termos do protocolo, que será oportunamente firmado pelos administradores. Note-se, assim, que a obrigação típica deste acordo não é propriamente o efeito da operação da reorganização societária. Esta distinção é, pois, importante do ponto de vista da formação da vontade: sendo a aprovação assemblear elemento constitutivo da declaração da vontade social para os fins da operação de reorganização societária, os acordos celebrados pelos administradores ou alguns de seus acionistas não têm, em princípio, força vinculativa para abarcar a sociedade-alvo. Assim, *e.g.*, será inválida uma cláusula no acordo de associação que implique multa à sociedade incorporada se esta não aprovar a operação em assembleia, ou aceitar a oferta de um competidor. Por outros termos, os acordos celebrados antes da aprovação assemblear têm eficácia somente perante os signatários, não envolvendo a sociedade objeto, a qual só se vinculará mediante deliberação assemblear.

potestativa[244] – *i.e.*, aquela que depende do mero arbítrio, do puro querer de um dos contratantes. Isto porque é premissa elementar do direito contratual que os contratos não devem ser celebrados levianamente, mas considerando razões sérias, após um cuidadoso exame de fato[245], entendendo-se, assim, que faltando vontade séria, impossível seria constituir o próprio vínculo contratual[246].

A pura potestatividade pode ser afastada se as cláusulas de satisfação estiverem submetidas a *critérios objetivos* de definição da satisfação do contratante. Pense-se, por exemplo, na submissão da eficácia da operação de aquisição de participação societária à obtenção de financiamento em termos satisfativos para comprador. Se o contrato define, por exemplo, critérios de mercado ou termos pelos quais deve ser considerado aceitável o financiamento, a pura potestatividade será afastada da condição de obtenção de financiamento satisfativo. Na mesma linha, não será puramente potestativa a condição mediante a qual se subordina a eficácia da operação à satisfação do comprador em relação ao relatório de *diligência legal*, se forem estabelecidos critérios como: uma cifra determinada de patrimônio líquido, inexistência de dívidas não refletidas no balanço ou saídas de caixa injustificadas, inocorrência de distribuição de dividendos no período intercalar, inexistência de empréstimos que excedam um valor determinado[247]. Outro mecanismo para afastar a pura potestatividade seria a inclusão de uma *multa por desistência motivada* ("break-up fee") ao exercício de desvinculação contratual relativo à condição de satisfação.

Quanto à operatividade, as *condições em sentido estrito* são verificadas, ou não verificadas, atuando mediante um juízo hipotético duplo e alter-

---

[244] "Art. 122. São lícitas, em geral, todas as condições não contrárias à lei, à ordem pública ou aos bons costumes; entre as condições defesas se incluem as que privarem de todo efeito o negócio jurídico, ou o sujeitarem ao puro arbítrio de uma das partes". e "Art. 123. Invalidam os negócios jurídicos que lhes são subordinados: I – as condições física ou juridicamente impossíveis, quando suspensivas (...)".

[245] BETTI, Emílio. **Teoria Geral do negócio jurídico**. Tomo III. Coimbra: Coimbra, 1970, p. 444.

[246] CARVALHO SANTOS, J. M. **Código Civil brasileiro interpretado**. V. 3. 14ª ed. Rio de Janeiro: Freitas Bastos, 1991, p. 34.

[247] BEVIÁ, Vicente Gimeno. **Las condiciones en el contrato de compraventa de empresa**. Navarra: Thomson Reuters, 2016, p. 99, nota de rodapé n. 285, citando Vorlat K; p. 217.

nativo[248]: ocorrido o evento condicional, os efeitos outrora suspensos serão disparados; não ocorrido o evento, as partes estarão desvinculadas, estando a relação jurídica desfeita.

Algumas *condições de entrada* nos contratos de *fusões & aquisições*, contudo, podem envolver uma eficácia indenizatória quando da sua não realização. Assim, ocorre quando são qualificadas como "promissory conditions", em que a parte se obriga à realização do evento condicional – *e.g.*, quando o vendedor se obriga a renegociar determinado contrato-chave da sociedade-alvo, a fim de eliminar cláusula de resolução contratual por transferência de controle.

Sumarizando: os obstáculos dogmáticos estruturais de recepção das condições de entrada no Direito brasileiro podem ser contornáveis mediante pontuais adaptações. E ausentes estas adaptações, como no caso de falta de critérios objetivos nas condições de satisfação, será possível qualificá-las mediante outras estruturas, como se verá *infra*, afastando-se a invalidade das cláusulas por pura potestatividade.

Por fim, cabe esclarecer que nada obsta que condições suspensivas sejam apostas a contratos preliminares de *fusões & aquisições*. Contratos preliminares são, pois, contratos cuja *causa*, a função econômico-social, pode ser tanto o asseguramento da introdução diferida quanto a conformação básica do regramento de seus interesses acerca do determinado objeto, por meio de um segundo contrato – *i.e.*, o definitivo[249]. Do contrato preliminar nasce, então, para cada parte o direito à conclusão, ou à conclusão e à complementação, do contrato definitivo, ao qual corresponde um dever da outra[250].

Há situações, porém, limítrofes quanto ao processo de qualificação, como a muito bem lembrada por Francisco Marino, em que há cláusulas dispondo sobre a determinabilidade[251] do preço, a ser apurada no

---

[248] BETTI, Emílio. **Teoria Geral do negócio jurídico**. Tomo III. Coimbra: Coimbra, 1970, p. 99.

[249] TOMASETTI JR., Alcides. **Execução do contrato preliminar**. Tese de Doutorado. Orientador Prof. Dr. Rubens Limongi França. Faculdade de Direito da Universidade de São Paulo. São paulo, 1982, p. 9.

[250] TOMASETTI JR., Alcides. **Execução do contrato preliminar**. Tese de Doutorado. Orientador Prof. Dr. Rubens Limongi França. Faculdade de Direito da Universidade de São Paulo. São paulo, 1982, p. 10.

[251] Conquanto o objeto do preço, na compra e venda seja elemento essencial à existência do contrato, é lícito aos contratantes estipularem preço determinável, tal como disposto no art.

momento do *fechamento*[252]. Em sua opinião, esta situação trata-se de "negócio jurídico incompleto", nos quais pontos do conteúdo negocial são deixados em aberto, intencionalmente, remetidos para o momento do fechamento, – i.e. são negócios jurídicos *per relationem*. Poder-se-á falar, então, na atração do regime do contrato preliminar, constante dos arts. 462 a 466 do Código Civil.

Em suma, nem todas as *condições precedentes* serão transplantadas ao Direito brasileiro qualificando-se, em nosso sistema, como condição suspensiva. Só o serão aquelas que apresentarem identidade estrutural e funcional com estas. Como visto, as *condições de satisfação* que não adotarem critérios objetivos e as condições que tiverem obrigações como eventos condicionais não são verdadeiras condições suspensivas. A seguir, identificaremos as possíveis qualificações destas figuras não abrangidas pela elasticidade da tipicidade da condição suspensiva.

2.1.2. Opções

Como referido no item precedente, quando as condições que dependem da satisfação de um dos contratos não adotarem critérios objetivos haverá empecilhos para qualificá-las como verdadeiras condições. Na ausência de tais critérios quando da condição de satisfação pelo comprador do resultado da *diligência legal*, a doutrina qualifica a cláusula mediante a qual se subordina a eficácia do contrato à satisfação de uma das partes como uma opção de compra exclusiva sobre as participações societárias durante um período determinado[253]. Neste caso, a eficácia

---

487 do Código Civil. Assim, a determinabilidade torna-se um aspecto concernente ao plano da eficácia do contrato, e não ao plano da existência ou validade (Nonato, Orozimbo. **Curso de obrigações:** generalidades – espécies. Vol. I. Rio de Janeiro: Forense, 1959, p. 150-152).

[252] Marino, Francisco Paulo de Crescenzo. A interpretação dos negócios jurídicos celebrados no contexto de uma compra e venda de participação societária e a responsabilidade limitada de um dos alienantes pelas consequências pecuniárias do ajuste de preço pactuado. *In*: Gouvêa, Carlos Portugal; Pargendler, Mariana; Levi-Minzi, Maurizio (Org.). **Fusões e Aquisições:** pareceres. São Paulo: Almedina, 2022, p. 81-82.

[253] Beviá, Vicente Gimeno. **Las condiciones en el contrato de compraventa de empresa.** Navarra: Thomson Reuters, 2016, p. 215.

Ao tratar somente das condições puramente potestativas genericamente – *i.e.*, sem se referir à compra e venda de participações societárias –, também se prefere qualificar as cláusulas que dependam somente da vontade de um dos contratantes como propostas ou opções: Vasconcelos, Pedro Pais de. **Teoria geral do Direito Civil.** 4ª ed. Coimbra: Almedina,

não dependente essencialmente da condição – *i.e.*, de um evento *externo* – mas sim de uma declaração de vontade. Há incerteza, mas essa incerteza é fundamentalmente *subjetiva*, dependendo do exercício do *direito formativo gerador*[254] do titular.

A opção de compra é um contrato que confere ao optante o direito de, mediante uma simples declaração de vontade dirigida à outra parte, fazer surgir um contrato definitivo entre ambas[255]. Há, então, dois contratos: "o contrato de opção é o que determina o conteúdo ou o mínimo de conteúdo do contrato que constitui com o exercício da opção"[256].

A finalidade da opção é manter o vínculo jurídico de forma diferida, permitindo ao beneficiário a possibilidade de criação do contrato definitivo mediante a manifestação uniliteral, sem a necessidade de cooperação do outorgante[257]. Significa, assim, que a outra parte – *i.e.*, o vinculado – encontra-se em um estado de sujeição perante o optante.

2.1.3. *Obrigação-veículo ao evento condicional*

Como tivemos a oportunidade de analisar, no direito anglo-saxão existem *condições promissórias* ("promissory conditions"), que nada mais são do que condições cujo evento condicional envolve também uma obrigação. Por meio delas, uma das partes se obriga a realizar o fato condicional, para que, então, sejam irradiados os efeitos outrora suspensos. Esta mesma parte assume, no entanto, o risco da não ocorrência da condição, uma vez que deverá indenizar a outra caso o evento condicional não ocorra[258].

2007, p. 611; MARTINS-COSTA, Fernanda. **Condição suspensiva:** função, estrutura e regime jurídico. São Paulo: Almedina, 2017, p. 74.

[254] São direitos formativos geradores, segundo Pontes de Miranda, "os de adquirir direito mediante ato positivo ou negativo do titular, como o de aceitar a oferta de contrato que se lhe fêz, ou de apropriar-se de alguma coisa em virtude de permissão". (PONTES DE MIRANDA, Francisco. **Tratado de Direito Privado.** Tomo V. São Paulo: Revista dos Tribunais, 2013, p. 371).

[255] CORDEIRO, Antonio Menezes. **Tratado de Direito Civil português.** V. 2. Tomo II. Coimbra: Almedina, 2010, p. 537.

[256] PONTES DE MIRANDA, Francisco Cavalcanti. Parecer n. 173. In: **Dez anos de pareceres.** V. 7. Rio de Janeiro: Francisco Alves, 1975, p. 6.

[257] IGLESIAS, Felipe Capana Padin. **Opção de compra e venda de ações.** Almedina: São Paulo, 2018, p. 173.

[258] BEVIÁ, Vicente Gimeno. **Las condiciones en el contrato de compraventa de empresa.** Navarra: Thomson Reuters, 2016, p. 169 e ss.; 323 e ss.

Ainda que estes eventos tenham sua ocorrência incerta, uma parte assume os riscos de sua não realização, respondendo pelo incumprimento da "promise" de que o evento se realizaria. No Direito estadunidense, a consequência do incumprimento da "promise", como visto, implica, primordialmente, a indenização. Assim, devido à natureza híbrida, de obrigação e condição, a não realização da "promissory condition" implica não só a indenização, como a possibilidade de desvinculação do contrato.

Os contratos de *fusões & aquisições* valem-se de diversas condições promissórias, sobretudo no que concerne à *cláusula de cumprimento das obrigações antecedentes*[259], as quais serão analisadas mais detidamente ao longo do próximo capítulo.

Podem, contudo, em um grupo menor de situações, consistir em *condições entrada*, como quando se subordina a eficácia do contrato à obrigação do vendedor de retirar determinado ativo da sociedade-alvo, ou quando se subordina a eficácia do contrato à obrigação do vendedor de renegociar contrato chave da sociedade-alvo que contenha cláusula de resolução por transferência de controle.

No sistema jurídico brasileiro, esta cláusula não é, a rigor, regulada. Isso não significa que não possa ser convencionada, em razão do princípio da atipicidade dos contratos, constante do artigo 425 do Código Civil. Note-se que será necessário considerar essa dupla natureza, de obrigação e condição, à luz do nosso sistema.

Tomemos como exemplo as situações referidas acima. Em ambos os casos, o caráter condicional do evento é o elemento que difere, a rigor, a *assinatura* do *fechamento* da operação, mas a ele é acoplado uma *obrigação*. Trata-se, assim, de uma *obrigação-veículo*[260] ao evento condicional, que se descumprida, implica os efeitos do inadimplemento, e pela consequente não realização do evento condicional, transmuda-se o estado de incer-

---

[259] BEVIÁ, Vicente Gimeno. **Las condiciones en el contrato de compraventa de empresa.** Navarra: Thomson Reuters, 2016, p. 169 e ss.; 327.

[260] Em outra oportunidade, já referimos que: "Se o dever jurídico não for pressuposto de existência do negócio jurídico nem for capaz de alterar a função do negócio central, poderá ser considerado *condição-fato*. É comum, na prática, que uma *obrigação* seja veículo para consecução da *condição-fato*. Exemplifica-se: negócio no qual *condição-fato* é a concessão de licença até a data tal, a ser postulada pela parte *expectada*". (MARTINS-COSTA, Fernanda. **Condição suspensiva:** função, estrutura e regime jurídico. São Paulo: Almedina, 2017, p. 42).

teza para o de certeza: certeza de que não ocorrerá o evento necessário para a plena eficácia do contrato.

As consequências da inexecução de uma obrigação e as da inocorrência da condição suspensiva atuam no *plano da eficácia*, porém, envolvem consequências consideravelmente distintas, em que a da obrigação resulta inadimplemento, enquanto a da condição implica o não disparo em definitivo dos efeitos típicos do contrato.

Essa diferenciação sutil é importante, sobretudo para diferenciar esta figura da *cláusula resolutiva expressa*. Esta última consiste na disposição acidental do contrato bilateral mediante a qual o contrato estará resolvido no caso de o devedor não cumprir, pelo modo previsto, determinada prestação relevante para economia do contrato[261]. O foco da desconstituição do vínculo contratual na cláusula resolutiva expressa está no *inadimplemento*, enquanto na obrigação-veículo o foco da desconstituição do vínculo está na não realização do evento condicional.

O incumprimento da obrigação-veículo sofre, contudo, os efeitos do inadimplemento. Assim, por exemplo, no caso da condição que subordina a eficácia da obrigação do comprador de "fechar" a operação societária à renegociação pelo vendedor dos contratos da sociedade-alvo com cláusula de resolução por transferência de controle, se o vendedor não renegocia em um prazo razoável para tanto, sua obrigação torna-se exigível, podendo o comprador se valer da execução específica da obrigação-veículo (não da obrigação típica, a qual não é dotada ainda de exigibilidade). Trata-se, pois, de uma estipulação atípica, atraindo, em certa medida, o regime condicional, pela preservação parcial do caráter objetivo de incerteza. É, ao mesmo tempo, elemento de diferimento dos efeitos e parte da eficácia do *direito expectativo*[262], razão pela qual o regime de inadimplemento deve levar em conta o caráter *interimístico* da obrigação-veículo.

2.2. Normativa convencional do período de diferimento temporal

Em razão da existência do diferimento contratual, as partes adicionam uma regulamentação específica para este período no contrato, visando,

---

[261] AGUIAR JÚNIOR, Ruy Rosado de. **Comentários ao novo Código Civil.** V. 7. Tomo II. Rio de Janeiro: Renovar, 2011, p. 394.
[262] Sobre direito expectativo, ver premissas ao próximo capítulo.

em termos gerais, a alcançar o *fechamento* nos termos e condições negociadas ("bargained") na data da assinatura. Seguindo-se a divisão exposta no capítulo I, itens 2 e 3, essa normativa diz respeito às *condições e obrigações de manutenção*, que visam a manter as premissas fundantes do negociado pelas partes no momento da assinatura do contrato (*consideration*), às *condições transacionais*, que dizem respeito aos "itens" a serem entregues pelas partes no momento do *fechamento*, às *obrigações de gerenciamento*, que envolvem a coordenação dos atos necessários ao fechamento, e às *obrigações de investigação e compartilhamento de informações*.

Em nosso sistema jurídico, essas figuras podem apresentar diversas estruturas jurídicas, sobretudo de deveres secundários com prestação autônoma. O ponto em comum entre as figuras mencionadas no parágrafo anterior é que constituem *efeito* do *direito expectativo* ou *do direito potestativo* – *i.e.*, constituem a normativa para regular, por ato de autonomia, diversos aspectos do período intercalar, como aqueles que afetam o programa contratual projetado pelas partes, bem como aqueles que dizem respeito às condutas exigidas pelas partes para assegurar ou preparar o *fechamento*. Não se confundem *funcionalmente*, portanto, nem com condições suspensivas em sentido estrito, nem com opções. Conquanto possam (em alguns casos) implicar desvinculação contratual, a condição suspensiva e a opção atuam na motivação de um período de dependência justificando a *eficácia protraída* e o nascimento de um direito *expectativo*, no contrato condicional, ou de um direito potestativo, no contrato optativo.

Já as demais espécies de cláusulas que incidem sobre o período intercalar são efeito do "direito a aquisição de outro direito". Constituem uma normativa de origem convencional que, como se verá nas próximas páginas, tem relação com o regime legal incidente no período de diferimento contratual. A seguir, então, neste trabalho, o foco será justamente compreender dogmaticamente essa normativa convencional incidente no período intercalar no nosso sistema jurídico.

PARTE II
A ACLIMATAÇÃO DA TÉCNICA

CAPÍTULO 1
ASPECTOS PREPONDERANTEMENTE CONTRATUAIS

Premissas: **execução diferida do contrato**

Vimos nos itens precedentes que, em decorrência das *incertezas* quanto à ocorrência, ou não, de situações futuras, as partes dos contratos de aquisição de participação societária optam por mecanismos de diferimento contratual, em que o adimplemento das obrigações típicas do contrato de compra e venda – *i.e.*, transferência da titularidade da participação societárias e o pagamento do preço – se dão em momento posterior à celebração do contrato.

O mecanismo vastamente mais utilizado para promover o diferimento é a *condição suspensiva* a ser realizada em um termo fixo[263]. Assim,

---

[263] Termos e condições são, nas palavras de Pontes de Miranda, determinações inexas (PONTES DE MIRANDA, Francisco. **Tratado de Direito Privado.** Tomo V. São Paulo: Revista dos Tribunais, 2013, p. 159), ambas referindo-se aos efeitos dos negócios jurídicos. Diferenciam-se essencialmente pelo fato de o termo gozar de certeza, enquanto a condição dizer respeito a evento incerto. Situações há que a incerteza do evento nem sempre é fácil de aferir no caso concreto, como explica Caio Mário da Silva Pereira: "Diz-se que o tempo, como fator constitutivo do termo, pode ser certo ou incerto. É tempo certo, e o negócio se diz a termo certo, quando existe uma data fixada, ou se tenha determinado um lapso de tempo. Assim, é certo o termo, quando se diz 'no dia 31 de dezembro dezembro deste ano', ou se fala 'de hoje a 10 dias'. É incerto, e o negócio se diz a termo incerto, quando ao tempo falta determinação, não se estabelecendo por algum meio o momento do começo de exercício ou da extinção do direito (*dies incertus* quando, *e.g.*, o dia da morte de Tito). Se, todavia, a indeterminação for absoluta (*dies incertus an, incertus quando*), tratar-se-á de condição e não de termo, da mesma

do momento da celebração do negócio jurídico irradia-se uma eficácia *interimística*, que não só vincula as partes, mas também regula e conserva o *direito expectativo*[264], a qual poderá se tornar eficácia definitiva, gerando o *direito expectado*[265], se o evento condicional ocorrer dentro do prazo previamente fixado – *i.e.*, até a data do *fechamento*. É o que ocorre, *e.g.*, quando se determina que a eficácia do contrato de aquisição fica subordinada à obtenção pelo adquirente de um financiamento necessário para a compra de participações societárias de determina sociedade, quando se subordina a eficácia do contrato à obtenção de uma concreta autorização ou licença administrativa que permita à sociedade-alvo a realização de uma determinada atividade.

Em um considerável menor número de situações, o diferimento do contrato se dará mediante o contrato de opção, quando não forem estipulados quaisquer critérios objetivos para mensurar a satisfação do credor nas ditas "condições de satisfação". Da celebração do negócio de opção, surge o direito formativo, e não existe ou sequer é eficaz o contrato de compra e venda.

Conquanto o contrato condicional e o contrato de opção se diferenciem – enquanto o contrato condicional origina um *direito expectativo*, o opcional origina um *direito formativo gerador* –, certo é que sua utilização no âmbito dos contratos de *fusões & aquisições* dá ensejo a um período contratual em que há *incertezas* quanto a dados decisivos e quanto a eficácia plena do contrato de compra e venda[266]. Enquanto no contrato

---

forma que na incerteza do evento, embora haja determinação temporal (*dies incertus an certus quando*)". (PEREIRA, Caio Mário da Silva. **Instituições de Direito Civil**. V. 1. 33ª ed. Forense: Rio de Janeiro, 2020, p. 486, edição Kindle).

[264] Discute-se em doutrina a nomenclatura do direito existente durante a pendência de condição, se "expectativa jurídica", "obrigação em germe", "direito condicional", "direito expectativo". Conquanto o Código Civil utilize-se da expressão "direito eventual" no artigo 130, seguimos a linguagem ponteana de que "o direito expectativo", em caso de condição suspensiva, é direito a adquirir, *ipso iure*, outro direito, ao se cumprir a condição". (PONTES DE MIRANDA, Francisco. **Tratado de Direito Privado**. Tomo V. São Paulo: Revista dos Tribunais, 2013, p. 200).

[265] Direito expectado é, nas palavras de Pontes de Miranda, "futuro, ainda não tem efeitos: é efeito, ele mesmo, que ainda não se produziu". (PONTES DE MIRANDA, Francisco. **Tratado de Direito Privado**. Tomo V. São Paulo: Revista dos Tribunais, 2013, p. 349).

[266] Direitos expectativos e direitos formativos, como ensina Pontes de Miranda, não se confundem com expectativas, sendo que em ambos há uma tutela jurídica consolidada: "É de boa metodologia que, ao se falar de (a) expectativas, de (b) direitos expectativos (*Anwarts-*

PARTE II. 1. ASPECTOS PREPONDERANTEMENTE CONTRATUAIS

condicional estas incertezas são de caráter majoritariamente *objetivo*, e a ocorrência do evento condicional dentro do prazo transmudará o estado de incerteza para o de certeza, disparando os efeitos plenos do contrato; no contrato opcional, a incerteza é estritamente *subjetiva*, dependendo o surgimento do contrato de opção somente do exercício do direito formativo pelo seu titular[267]. Ambos, no entanto, são "direitos que se vai adquirir", e em cujos momentos de "espera" há tutela do respectivo direito[268].

À primeira vista, o diferimento temporal não é objeto de capítulo ou seção autônoma em nossa codificação. Há regras esparsas, como as que tratam das impossibilidades da prestação antes da tradição ou pendente condição suspensiva (artigo 234 e 235 do Código Civil), ou da resolução por onerosidade excessiva superveniente em contratos de execução continuada ou diferida (artigo 478 do Código Civil).

A regulação legal pormenorizada de um estágio contratual antes da execução plena diz respeito justamente ao regime condicional, o qual é inclusive o regime supletivo legal[269] para outras situações em que há

---

chaftsrechte) e de (c) direitos formativos (*Gestaltungsrechte*), se exclua em (b) e em (c) a alusão à expectação. Certamente, quem tem direito expectativo espera, expecta, e quem tem direito formativo também espera, expecta. Mas, além da situação de expectante, o titular do direito expectativo já tem 'direito', a tutela dêsse direito, a ação, quiçá exceções: a expectação é atitude que se enche, aí, de certeza, ou, pelo menos, de extrema probabilidade. Além da situação de expectante, o titular do direito formativo também já tem 'direito', a tutela dêsse direito, a ação, quiçá exceções, e o exercê-lo, para que o outro direito se crie, modifique, ou extinga, só depende da sua vontade, ou só dependerá, a dado momento, da sua vontade. Razão há, portanto, para só se falar de expectativa quando o direito ainda não nasceu, quando se espera o direito, sem a intercalação de qualquer outro direito (direito expectativo, ou direito formativo)". (PONTES DE MIRANDA, Francisco. **Tratado de Direito Privado.** Tomo V. São Paulo: Revista dos Tribunais, 2013, p. 351).

[267] Como explica Pontes de Miranda, "Tanto os direitos formativos geradores quanto os direitos expectativos aludem a direito que se vai adquirir; a diferença entre êles está em que, ali, o direito a formar-se depende do exercício do direito formativo gerador, e, aqui, o tempo ou acontecimento é que faz surgir o direito expectado". (PONTES DE MIRANDA, Francisco. **Tratado de Direito Privado.** Tomo V. São Paulo: Revista dos Tribunais, 2013, p. 348).

[268] PONTES DE MIRANDA, Francisco. **Tratado de Direito Privado.** Tomo V. São Paulo: Revista dos Tribunais, 2013, p. 351.

[269] Entendemos, assim, que o regime legal de pendência condicional deve ser aplicado, no que couber, às disposições relativas ao contrato de opção, o qual carece por sua vez de regulação legal.

diferimento, como ao termo inicial e final[270], a venda a contento[271], e a venda sujeita a prova[272].

Este mecanismo condicional tem como seu traço mais peculiar a adição de uma *normativa integrativa* ao regime jurídico do contrato, vale dizer: um distinto regime vem a integrar o período de pendência cujo fundamento é o interesse decorrente da *incerteza* da situação fática[273]. Para tanto, o nosso sistema jurídico oferece um cardápio de normas dispositivas, imperativas e interpretativas, tendo como eixo central a manutenção do curso regular dos acontecimentos no período de pendência.

Conferem-se, assim, medidas conservativas às partes, artigo 130[274]; repelem-se condutas ilícitas que visem à manipulação maliciosa o evento condicional, artigo 129[275]; determina-se a ineficácia das disposições incompatíveis com o negócio condicional, caso a condição vier a se realizar, artigo 126[276]. Trata-se de um regime legal que busca, sobretudo, tutelar o *direito expectativo*[277].

---

[270] "Art. 135. Ao termo inicial e final aplicam-se, no que couber, as disposições relativas à condição suspensiva e resolutiva".

[271] "Art. 509. A venda feita a contento do comprador entende-se realizada sob condição suspensiva, ainda que a coisa lhe tenha sido entregue; e não se reputará perfeita, enquanto o adquirente não manifestar seu agrado".

[272] "Art. 510. Também a venda sujeita a prova presume-se feita sob a condição suspensiva de que a coisa tenha as qualidades asseguradas pelo vendedor e seja idônea para o fim a que se destina".

[273] Martins-Costa, Fernanda. **Condição suspensiva:** função, estrutura e regime jurídico. São Paulo: Almedina, 2017, p. 41.

[274] "Art. 130. Ao titular do direito eventual, nos casos de condição suspensiva ou resolutiva, é permitido praticar os atos destinados a conservá-lo".

[275] "Art. 129. Reputa-se verificada, quanto aos efeitos jurídicos, a condição cujo implemento for maliciosamente obstado pela parte a quem desfavorecer, considerando-se, ao contrário, não verificada a condição maliciosamente levada a efeito por aquele a quem aproveita o seu implemento".

[276] "Art. 126. Se alguém dispuser de uma coisa sob condição suspensiva, e, pendente esta, fizer quanto àquelas novas disposições, estas não terão valor, realizada a condição, se com ela forem incompatíveis".

[277] Martins-Costa, Fernanda. O princípio da boa-fé objetiva nos negócios sob condição suspensiva. *In*: Benetti, Giovana; Côrrea, André Rodrigues; Fernandes, Márcia Santana; Nitschke, Guilherme Carneiro Monteiro; Pargendler, Mariana; Varela, Laura Beck (Orgs.). **Direito, cultura, método**: leituras da obra de Judith Martins-Costa. Rio de Janeiro: GZ, 2019, p. 290.

PARTE II. 1. ASPECTOS PREPONDERANTEMENTE CONTRATUAIS

Conquanto este regime de pendência tenha como pressuposto justificador a *incerteza objetiva* do evento condicional, acreditamos que suas disposições possam ser aplicadas, no que couber, ao contrato optativo. Assim, a análise dos aspectos preponderantemente contratuais levará em conta, muitas vezes, disposições do regime condicional justamente por sua característica supletiva.

1. Regime jurídico da pendência

Entre a celebração do acordo, *assinatura*, e o adimplemento da obrigação típica do contrato (transferência de participação societária e pagamento do preço), *fechamento,* já existe ato jurídico, já se produz o *efeito mínimo* – i.e., efeito de vinculação das partes – *mais* o efeito do direito expectativo[278] ou do direito formativo gerador.

A despeito de este direito já ser tutelado durante a pendência por normas legais, os contratos de *fusões & aquisições* costumam apresentar uma regulação do período intercalar pormenorizada, mediante a alocação dos riscos que possam perturbar a prestação e mediante a imposição de obrigações que visem a assegurar e a promover o *fechamento* nos termos negociados na data da *assinatura*.

Com efeito, poder-se-iam enumerar diversas razões que justificariam do ponto de vista prático a minudência mediante ato de autonomia de vontade da regulação do período intercalar: a complexidade destes contratos, o mimetismo do modelo norte-americano, o risco de mudanças adversas que recai sobre o patrimônio social (e que se reflete no valor das participações societárias)[279]. Mas o cerne da justificativa é que esses

---

[278] Nesse sentido, sobre negócio condicional, Pontes de Miranda afirma: "se há condição suspensiva, já há direito expectativo; não há o direito expectado. Já existe o ato jurídico, já produziu o efeito mínimo mais êsse efeito, que é o direito expectativo". (PONTES DE MIRANDA, Francisco. **Tratado de Direito Privado.** Tomo V. São Paulo: Revista dos Tribunais, 2013, p. 237).

[279] Como Andrew Schwartz explica, o risco de mudanças adversas no período de diferimento temporal é mais agudo, uma vez que: *"first and foremost, they are particularly high-value contracts. Even beyond the mind-boggling dollar value at stake in many deals, a merger – like a weeding – is among the most significant events in a life of a corporation. Furthermore, for a number of reasons, including that the merger price is often tied to the stock price of the acquirer, mergers are particularly prone to swift swings in value during the executory period"*. (SCHWARTZ, Andrew A. A "Standard clause analysis" of the frustration doctrine and the material adverse change clause. **UCLA Law Review**, v. 789, 2010, p. 818).

modelos dos contratos de aquisição de participações societárias visam, sobretudo, a tornar o regime jurídico do contrato autossuficiente e a garantir segurança na aplicação do Direito.

É lícito, pois, às partes estipularem cláusulas que tenham como escopo regular o período de pendência da condição[280]. Vigora, em nosso sistema, o princípio da atipicidade, expresso no artigo 425 do Código Civil[281], permitindo às partes criarem relações vinculantes que não estejam previstas nos tipos legais contratuais ou sociais. O negócio jurídico é, a rigor, fonte de direito, de modo que o tráfico jurídico não só tipiciza ou corrige o tipo, mas também cria novos tipos[282]. Mas, a autonomia privada encontra limites[283], especificando o *supra* mencionado dispositivo legal que a liberdade de contratar arranjos atípicos está sujeita à observância das normas gerais fixadas no Código Civil.

As próximas linhas do trabalho dedicam-se ao estudo do regime jurídico da pendência, a ser realizado mediante três principais perspectivas: distribuição de riscos, direcionamento de condutas, e outros deveres e obrigações. Note-se que esta divisão não é, na prática, estanque, mas por questões de sistematização de manutenção de uma coerência lógica ao trabalho, fracionou-se o seu estudo.

---

[280] Judith Martins-Costa e Paula Costa e Silva apresentam algumas das formas pelas quais a determinação do destino da prestação pode ser realizada no próprio contrato ou na lei civil, quando o seu curso normal para o adimplemento sofre alguma perturbação (Martins-Costa, Judith; Silva, Paula Costa e. **Crise e perturbações no cumprimento da prestação:** estudo de direito comparado luso-brasileiro. São Paulo: Quartier Latin, 2020, p. 64-67). Nessa ordem de ideias, é lícito às partes estipularem cláusulas que tenham por finalidade promover a alocação de riscos acerca de circunstâncias supervenientes ao momento de celebração. Porém, se as próprias contratantes não convencionam as consequências no contrato para situação em que suas bases forem perturbadas, ou convencionarem insuficientemente, o regime legal será o aplicável.

[281] "Art. 425. É lícito às partes estipular contratos atípicos, observadas as normas gerais fixadas neste Código".

[282] Pontes de Miranda, Francisco Cavalcanti de. **Tratado de Direito Privado.** Tomo XXXVIII. Rio de Janeiro: Borsoi, 1962, p. 366.

[283] Como esclarece Luigi Ferri, "*el problema de la autonomia es ante todo un problema de limites, y de limites que son siempre el reflejo de normas jurídicas, a falta de las cuales el mismo problema no podría siquer a plantearse a menos que se quiera identificar la autonomia con la libertad natural o moral del hombre*". (**La autonomia privada.** Granada: Comares, 2001, p. 5).

1.1. Distribuição de riscos exógenos e endógenos

As participações societárias são, a rigor, bens de segundo grau, significando que refletem o valor do patrimônio da sociedade-alvo. A gama, então, de riscos que podem afetar o valor do objeto de prestação não é pequena: o período intercalar pode estar permeado por diversos riscos *exógenos* e *endógenos* suscetíveis de provocar perturbações na prestação[284], influenciando, sobretudo, a relação de equivalência entre a determinação do objeto indireto da prestação e suas qualidades na data da *assinatura* e o seu valor real ou qualidades reais na data do *fechamento*.

Enquanto os *riscos exógenos* são as alterações das circunstâncias externas que podem impactar negativamente o valor do negócio e são independentes de atos do alienante – *e.g.*, ocorrência de um furacão, superveniência de uma pandemia[285] –, os *riscos endógenos* são aquelas mudanças nas circunstâncias do negócio relacionadas ao próprio negócio em questão – *e.g.*, perda de empregadores chave, perda de *market share* para competidor –, cuja ocorrência pode estar, em certa medida, no controle do alienante. Assim, quando a alienação já tenha o preço ajustado[286], o alienante terá reduzido o seu *incentivo* de controlar estes acontecimentos de ordem endógena[287].

1.1.1. *Relações entre regime legal e regime convencional*

Não obstante a "inclinação autossuficiente" do regime convencional acerca do período intercalar nos contratos de *fusões & aquisições*, estes

---

[284] O objeto de estudo deste capítulo são, pois, as perturbações ocorridas por circunstâncias não contemporâneas à formação do contrato, mas sim aquelas surgidas no período intercalar.

[285] HENDERSON, M. Todd. "The use and effect of material adverse change clauses". *In*: ZARFES, David. **Contracts and commercial transactions.** Nova Iorque: Aspen Publishers (Wolters Kluwer Legal), 2011, p. 16119, edição Kindle (paginação irregular).

[286] Note-se, outrossim, que "o 'valor da operação' não se limita ao preço do ativo adquirido. Engloba, também e primordialmente, a moldura que rege a alocação de responsabilidade entre as partes e o design contratual que tem por intuito empregá-la no futuro". (LEVI--MINZI, Maurizio; TORRES FILHO, Sergio Manoel Martins. Prefácio. *In*: GOUVÊA, Carlos Portugal; PARGENDLER, Mariana; LEVI-MINZI, Maurizio. *Fusões e aquisições*: pareceres. São Paulo: Almedina, 2022, p. 13).

[287] HENDERSON, M. Todd. "The use and effect of material adverse change clauses". *In*: ZARFES, David. **Contracts and commercial transactions.** Nova Iorque: Aspen Publishers (Wolters Kluwer Legal), 2011, p. 16119, edição Kindle (paginação irregular).

não podem, ou nem sempre devem ser interpretados sem referência às normas jurídicas que regulam o período de diferimento. E o contrário também não deixa de ser verdade: o regime do Código Civil em matéria de regulação de riscos não está imune ao convencionado pelas partes[288].

Com efeito, como já afirmado, há diversas razões de ordem prática que justificam a busca pelas partes de uma disposição pormenorizada da relação durante o período intercalar. Em matéria de alocação de riscos, o fato de o objeto indireto da prestação ser participações societárias, bens de segundo grau, gera *incertezas* na aplicação do regime legal acerca da alocação de riscos.

Como aplicar o comando legal acerca da deterioração da *coisa* antes da tradição, ou pendente condição suspensiva[289], se a impossibilidade parcial não atingiu diretamente o título de participação societária, mas somente o patrimônio social? Tendo em vista que estamos diante de contratos complexos que giram em torno de uma *empresa*, que consiste numa atividade dinâmica[290], inserida em um mercado dinâmico, sendo, por isso, *previsível* a existência de diversos riscos de variação no valor da participação societária, não se aplicaria, por conta disso, os comandos legais dos artigos 317 e 478 do Código Civil?

Ao lado da dinamicidade do objeto indireto da prestação, reside o interesse do adquirente de *manutenção* dos termos negociados ("bargained") pela aquisição das participações societárias relativas à socie-

---

[288] Raciocínio feito com adaptações ao período intercalar, mas originário do de Teresa Negreiros acerca das declarações e garantias: NEGREIROS, Teresa. Dos vícios redibitórios e da sua articulação com as cláusulas de declarações & garantias em contratos de compra e venda de empresas. *In*: BENETTI, Giovana; CÔRREA, André Rodrigues; FERNANDES, Márcia Santana; NITSCHKE, Guilherme Carneiro Monteiro; PARGENDLER, Mariana; VARELA, Laura Beck (Orgs.). **Direito, cultura, método:** leituras da obra de Judith Martins-Costa. Rio de Janeiro: GZ, 2019, p. 813.

[289] "Art. 234. Se, no caso do artigo antecedente, a coisa se perder, sem culpa do devedor, antes da tradição, ou pendente a condição suspensiva, fica resolvida a obrigação para ambas as partes; se a perda resultar de culpa do devedor, responderá este pelo equivalente e mais perdas e danos".
"Art. 235. Deteriorada a coisa, não sendo o devedor culpado, poderá o credor resolver a obrigação, ou aceitar a coisa, abatido de seu preço o valor que perdeu".

[290] O conceito de empresa consiste, pois, nas palavras de Asquini, em fenômeno econômico poliédrico, entendido justamente no seu perfil funcional como uma *atividade* empresarial (ASQUINI, Alberto. Perfis da empresa. Traduzido por Fábio Konder Comparato. **Revista de direito mercantil**, v. 104, p. 109-126).

dade-alvo no estado financeiro e jurídico que se encontrava na data da *assinatura*.

A escolha das *cláusulas de manutenção* consiste, então, em mecanismo de alocação de riscos *ex ante*[291] das partes, em que se detalham sobretudo as hipóteses de direito de desvinculação do contrato em virtude das modificações de sua base contratual[292] no período intercalar, seja por riscos exógenos, seja por riscos endógenos.

Essa pormenorização implica altos custos de negociação e busca de informações para antecipação de potenciais futuras contingências ("front-end costs"[293]). Porém, permite às partes certo controle sobre o destino da prestação que vem a ser perturbada por vicissitudes.

---

[291] As partes avaliam riscos que derivam da contratação, sobretudo os custos *ex ante* e *ex post*, em que os primeiros decorrem do entendimento, negociação e inserção no contrato de mecanismos de alocação de riscos e os segundos de concreção e eventuais prejuízos que podem decorrer da própria execução do contrato.

[292] Segundo Pontes de Miranda, a "base do negócio jurídico é o elemento circunstancial ou estado geral de coisas cuja existência ou subsistência é essencial a que o contrato subsista, salvo onde o acordo dos figurantes restringiu a relevância do elemento ou do estado geral das coisas". (PONTES DE MIRANDA, Francisco Cavalcanti de. **Tratado de Direito Privado.** Tomo XXV. São Paulo: Revista dos Tribunais, 2012, p. 340).

[293] Como explicam Robert Scott e George Triants: "(...) *the information costs of contracting can be separated according to two distinct stages of contracting. At the front-end stage, parties incur ex ante transaction costs, including the cost of anticipating future contingences and writing a contract that specifies an outcome for each one. At the back-end stage, parties incur ex post enforcement cost, including the costs of observing and proving the existence (or nonexistence) of any relevant fact after uncertainty has been resolved. Both ex ante and ex post contracting costs, then, prevent parties from writing complete contracts and give rise to what economists refer to as the problem of incomplete contracts. (...) What obstacles might prevent the parties from completing their contract by providing explicitly that seller will not produce and deliver the widget in this contingency? In contract theory, incompleteness is due to the fact that information is costly and sometimes unviable to (a) the parties at the time of contracting or (b) the parties or the enforcing court at the time of enforcement. We refer it the form as 'front-end' 'transactions costs and the latter as 'back-end' enforcement costs. In particular, consider the information necessary to identify contingencies and to provide for the optimal trade obligations in each contingency. On the front end, the parties might not foresee all possible contingencies or they would have to incur prohibitively high negotiation and drafting costs to partition all contingencies sufficiently to provide of efficient obligations in each case. On the back end, contracts that provide optimal obligations for all contingencies may be too costly to enforce because they require the court to distinguish among too many possible states of the world, some of which may be known only to one party or known to the parties but not the court".* (SCOTT, Robert; TRIANTS, George. Incomplete contracts and the theory of contract. **Case Western Reserve Law Review**, v. 56, 2005, p. 190-191).

Diversamente, a ausência de detalhamento, e a consequente incidência do regime legal, permitem à autoridade judicial revisar ou extinguir o contrato *ex post*, sempre que haja solicitação do interessado, quando reunidos os requisitos legais para tanto. Esse caminho implica, contudo, custos de eventuais litígios para resolver uma situação prévia de incerteza ("back-end costs"[294]), acrescida pela falta de homogeneidade na doutrina e na jurisprudência brasileiras sobre o tema da acomodação do contrato às circunstâncias supervenientes.

As perspectivas valorativas e estratégicas dos contratantes podem ser bastantes diversas daquelas que serão adotadas pelo juiz quanto à caracterização da circunstância superveniente e à determinação das suas consequências no curso da prestação. Este, então, será o foco das próximas páginas. Além da função descritiva entre os regimes convencional e legal, visa a entender as diferenças e eventuais inter-relações entre eles.

1.1.1.1. *Regime convencional*

A regulamentação convencional dos riscos durante o período intercalar é realizada, sobretudo, mediante o mimetismo contratual das cláusulas típicas da prática da *common law* denominadas: "material adverse clause", "bring-down condition", "compliance with covenants condition". Estas, neste trabalho, serão chamadas: cláusula de depreciação material, cláusula de ratificação das declarações e garantias, cláusula de cumprimento das obrigações antecedentes ao fechamento.

Todas essas cláusulas expressam *condições de manutenção*, que visam a manter os termos negociados (*bargain*) na data da *assinatura*. Sob a ótica do Direito brasileiro, entendemos que estas cláusulas visam a manter as *bases negociais*[295].

Como estas três espécies conferem um direito de desvinculação à contraparte em virtude de sua não satisfação até a data do *fechamento* poder-se-ia, à primeira vista, qualificá-las como *condições*, o que, do ponto de vista estrutural, faz um certo sentido pois implicam a extinção de uma relação jurídica em virtude da superveniência de um evento futuro. Da ótica funcional, contudo, as *condições de manutenção* e as *con-*

---

[294] Scott, Robert; Triants, George. Incomplete contracts and the theory of contract. **Case Western Reserve Law Review**, v. 56, 2005, p. 190-191.

[295] Sobre bases negociais, ver nota de rodapé n. 292, *supra*.

dições em sentido estrito se diferem. Como referido no item 2.1.1 do capítulo 1, as condições *motivam* a existência do diferimento temporal entre *assinatura* e o *fechamento*, dando origem a um *direito expectativo*. As condições de manutenção são efeito desse *direito expectativo*, visam à regulamentação da superveniência dos riscos endógenos e exógenos próprios do período intercalar. Apresentam também eficácia variada, podendo não só desconstituir a relação jurídica, como implicar também *inadimplemento*.

1.1.1.1.1. *Cláusula de evento e/ou mudanças depreciativas ("material adverse change or event")*

As cláusulas de evento e mudanças depreciativas (MAC e MAE) têm como função conferir o direito de desvinculação pela ocorrência de "eventos externos à vontade das partes que produzam efeitos comerciais, financeiros ou legais adversos, de forma a prejudicar substancialmente as bases da operação"[296] – *i.e.*, as vicissitudes do período intercalar que afetem depreciativamente diversos aspectos da contratação: (*i*) eventos relacionados às sociedades-alvo e, consequentemente, também à participação societária; (*ii*) eventos relacionados com o mercado; (*iii*) eventos relacionados com o adquirente; e (*iv*) eventos de força maior[297].

Estas cláusulas servem, então, para que o adquirente projete os riscos acerca de eventos depreciativos sofridos pela sociedade-alvo durante o período intercalar. Costumam ser objeto de intensas negociações, uma vez que o adquirente buscará uma redação o mais ampla possível conferindo-lhe o direito de desvinculação[298]. O alienante objetivará, por sua

---

[296] CRUZ, Pedro Santos. A Cláusula MAC (Material Adverse Change) em Contratos de M&A no direito comparado (EUA e Reino Unido). **Revista de Direito Bancário e do Mercado de Capitais**, v. 45, jul. 2009, p. 149.

[297] CÂMARA, Paulo; BASTOS, Miguel Brito. O direito da aquisição de empresas: uma introdução. *In*: CÂMARA, Paulo; BASTOS, Miguel Brito (Org.). **Aquisição de empresas**. Coimbra: Almedina, 2011, p. 45.

[298] Como explica José Ferreira Gomes: "Diferentemente, as cláusulas MAC específicas, que tipicamente maiores custos de transação na negociação do contrato, oferecem agora maior segurança jurídica e, logo, menores custos de *enforcement*. Em cada caso, haverá que ver em que medida o contrato concretiza o que se deve entender por *alteração material adversa*, seja pela positiva, através das ditas *inclusivas*, seja pela negativa, pelos chamados *carve-outs*". (Contratos de M&A em tempos de pandemia: impossibilidade, alteração das circunstâncias e

vez, redações mais restritivas, impondo exceções ou *standards* de relevância ("materiality thresholds")[299].

Como explica Catarina Monteiro Pires, em sua fisionomia típica, as cláusulas de evento ou mudanças depreciativas implicam uma desvinculação extrajudicial *sem custos*[300], e não "resolução típica". Poderão, em algumas situações, resultar no dever de renegociar o conteúdo contratual ou a alteração do preço, mas estipulações nesse sentido não são usuais.

Em nosso sistema jurídico, o comando legal que mais se aproxima da situação regulada pela cláusula de evento e/ou mudanças depreciativas diz respeito à resolução por excessiva onerosidade nos contratos bilaterais (artigo 478 do Código Civil[301]), cujos elementos do suporte fático são: a existência de válido contrato "de execução continuada ou diferida"[302]; que implique excessiva onerosidade para uma das partes; e com "extrema vantagem" da outra parte; e a onerosidade excessiva ocorrendo em virtude de acontecimentos extraordinários e imprevisíveis. Trata-se, assim, de uma das fontes de regras adaptativas entre o contrato e a realidade modificada por novas circunstâncias, com previsão legal.

Discute-se sobre a possibilidade de as partes renunciarem, ou estabelecerem um procedimento diverso, no momento da contratação, à

cláusulas MAC, *hardship* e força maior. **Revista da Faculdade de Direito da Universidade de Lisboa**, n. 1, 2020, p. 380).

[299] CÂMARA, Paulo; BASTOS, Miguel Brito. O direito da aquisição de empresas: uma introdução. *In*: CÂMARA, Paulo; BASTOS, Miguel Brito (Org.). **Aquisição de empresas**. Coimbra: Almedina, 2011, p. 45.

[300] PIRES, Catarina Monteiro. Cláusulas de preço fixo, de ajustamento de preço e de alteração material adversa ("MAC") e cláusulas de força maior – Revisitando problemas de riscos de desequilíbrio e de maiores despesas em tempos virulentos. **Revista da Ordem dos Advogados**, v. 1, n. 2, jan./jun. 2020, p. 82. Disponível em: <https://portal.oa.pt/media/131416/catarina-monteiro-pires.pdf>. Acesso em: 17.07.2020.

[301] "Art. 478. Nos contratos de execução continuada ou diferida, se a prestação de uma das partes se tornar excessivamente onerosa, com extrema vantagem para a outra, em virtude de acontecimentos extraordinários e imprevisíveis, poderá o devedor pedir a resolução do contrato. Os efeitos da sentença que a decretar retroagirão à data da citação".
No Direito anglo-saxão, a doutrina mais próxima à Teoria da Imprevisibilidade seria a da frustração do contrato.

[302] Como se viu, o contrato condicional e a opção são, a rigor, negócios de execução diferida. Assim, tanto a prestação estipulada no contrato condicional pode ser atingida pela onerosidade, quanto o direito de opção pode se tornar excessivamente oneroso a quem o concedeu (AGUIAR JÚNIOR, Ruy Rosado de. **Comentários ao novo Código Civil**. V. 6. Tomo II. Rio de Janeiro: Forense, 2011, p. 887, apoiado nas lições de Enzo Roppo e Francesco Macario).

normativa legal que regula os riscos nos contratos de execução diferida, sobretudo a revisão e a resolução do contrato por onerosidade excessiva superveniente.

Há quem afirme que, conquanto a resolução e revisão do contrato sejam elementos naturais do negócio (*naturalia negotti*)[303], suscetíveis de serem renunciados, tal renúncia deve ser específica – *i.e.*, o evento superveniente, cujo risco de ocorrer é coberto pela parte, deve estar previsto e especificado, "de modo que não pairem dúvidas acerca da impossibilidade de alegar o desequilíbrio por ele causado"[304]. Significa, assim, que embora possa ser considerada inválida uma renúncia geral acerca do afastamento das soluções da excessiva onerosidade, nada impede que os contratantes assumam riscos relativos a determinados fatos[305].

Conquanto algumas situações, como uma exceção à cláusula de mudança material (*carve-out*), possam implicar uma renúncia pontual ao regime de resolução por onerosidade excessiva, certo é que a cláusula de eventos e/ou mudanças depreciativas e a resolução por onerosidade excessiva diferenciam-se significativamente quanto às suas intensidades e alcances[306].

Enquanto a cláusula de evento e/ou mudanças depreciativas é voluntária, a resolução por onerosidade excessiva depende de apreciação judi-

---

[303] Como explica Antônio Junqueira de Azevedo, os *naturalia negotii* são elementos que resultam da "natureza do negócio, sem que, porém, se afastados pela vontade das partes, o negócio mude de figura", sendo, portanto, "derrogáveis, no sentido de que, mesmo repelidos pelas partes, o seu regime continuará o mesmo". (JUNQUEIRA DE AZEVEDO, Antônio. **Negócio jurídico:** existência, validade e eficácia. São Paulo: Saraiva, 2002, p. 37-38). Diferem-se, então, dos *essentialia negotii*, os quais são "elementos indispensáveis à existência do tipo do negócio, mas aqui eles são entendidos no sentido de efeitos indefectíveis e inderrogáveis". (BETTI, Emílio. **Teoria geral do negócio jurídico.** Tomo II. Traduzido por Fernando de Miranda. Coimbra: Coimbra, 1969, p. 70).

[304] CARDOSO, Luiz Philipe Tavares de Azevedo. **A onerosidade excessiva no direito civil brasileiro.** Dissertação de Mestrado. Orientador Prof. Dr. Claudio Luiz Bueno de Godoy. Faculdade de Direito da Universidade de São Paulo. São Paulo, 2010, p. 156. Em sentido similar: DIAS, Antônio Pedro Medeiros. **Revisão e resolução do contrato por excessiva onerosidade.** Belo Horizonte: Fórum, 2017, p. 172-173.

[305] DIAS, Antônio Pedro Medeiros. **Revisão e resolução do contrato por excessiva onerosidade.** Belo Horizonte: Fórum, 2017, p. 172.

[306] As diferenças entre cláusulas MAC e *rebus sic stantibus* foram apontadas primeiramente de modo sistematizado por: BEVIÁ, Vicente Gimeno. **Las condiciones en el contrato de compraventa de empresa.** Navarra: Thomson Reuters, 2016, p. 227 e ss., as quais tomaremos como exemplo algumas semelhanças.

cial – sempre que o interessado a solicite. A incidência da resolução por onerosidade excessiva exige, como visto, que o evento seja imprevisível e extraordinário[307]. Estas consideráveis exigências não são exigidas na cláusula de evento e/ou mudanças depreciativas, podendo a distribuição de riscos se realizar conforme os critérios de previsibilidade como de possibilidade de materialização do risco. Pense-se, *e.g.*, na inclusão como

---

[307] No modelo acolhido pelo Código Civil, a excessiva onerosidade deve decorrer de eventos extraordinários e imprevisíveis. Como explica Leães, são "extraordinários os eventos que ultrapassam a evolução regular dos fatos e, imprevisíveis, os eventos que exorbitam da álea normal". (LEÃES, Luiz Gastão Paes de Barros. A onerosidade excessiva no Código Civil. **Revista de Direito Bancário e do Mercado de Capitais**, v. 31, n. 31, 2006, p. 12-24), o que é excepcional é o *"par son importance et irrégulier dans sa nécessité ou sa survenance"*. (CORNU, Gérard. **Vocabulaire Juridique**. Association Henri Capitant. Paris: PUF, 1987, v. *extraordinaire*, p. 395), sendo que o critério de extraordinariedade encontra-se no contraste entre ordinário e extraordinário, devendo ser apurado objetivamente, mediante elementos mensuráveis (ANSUINI, Silvia. **Presupposizione e rinegoziazione del contratto**. Tese de Doutorado. Prof. Dr. Orientador Renato Clarizia. Roma: Scuola Dottorale Internazionale di Diritto ed Economia "Tulio Ascarelli", 2011, p. 14-15). Ordinária é, por exemplo a chuva, enquanto uma inundação pode ser extraordinária, se ocorrer em local que historicamente não sofra efeitos de enxurrada (AGUIAR JR, Ruy Rosado de. *Comentários ao Novo Código Civil*. Volume VI. Tomo II. Rio de Janeiro: Forense, 2011. p. 887). Definindo o evento extraordinário como aquele que extrapola o risco próprio do contrato celebrado: ZANETTI, Cristiano. Artigo 478. *In*: NANNI, Giovanni Ettore (Coord.). **Comentários ao Código Civil**. São Paulo: Saraiva, 2018, p. 23625, edição Kindle (paginação irregular); Enunciado 366 da IV Jornada de Direito Civil, em 2006: "O fato extraordinário e imprevisível causador de onerosidade excessiva é aquele que não está coberto objetivamente pelos riscos próprios da contratação"). Note-se, pois, que imprevisibilidade e extraordinariedade não se confundem, sendo o critério diferenciador justamente a análise probabilística de ocorrência do aludido evento (DIAS, Antônio Pedro Medeiros. **Revisão e resolução do contrato por excessiva onerosidade**. Belo Horizonte: Fórum, 2017, p. 64-65). Conquanto um evento ordinário deva ser considerado previsível, nem todo o evento extraordinário é, por sua vez, imprevisível. Tome-se, como exemplo, a passagem do cometa Halley pelo sistema solar (DIAS, Antônio Pedro Medeiros. **Revisão e resolução do contrato por excessiva onerosidade**. Belo Horizonte: Fórum, 2017, p. 64-65). Embora extraordinário, trata-se de um evento previsível, que ocorre a cada 75,3 anos.
Frise-se, além disso, que a determinação da *imprevisibilidade* do evento deve ser averiguada mediante parâmetros *objetivos* e atinentes ao contexto concreto das partes. Isto é, o evento será *imprevisível*, se na conclusão do contrato, os contratantes não poderiam legitimamente esperar a sua ocorrência, consideradas as concretas circunstâncias da contratação, o conjunto de informações disponíveis às partes, as características do setor de atividade no qual a prestação devida se encontra inserida e a natureza do objeto do contrato (DIAS, Antônio Pedro Medeiros. **Revisão e resolução do contrato por excessiva onerosidade**. Belo Horizonte: Fórum, 2017, p. 63).

PARTE II. 1. ASPECTOS PREPONDERANTEMENTE CONTRATUAIS

hipótese da cláusula de evento depreciativo a secessão ou declaração de independência de parte de um território de um Estado de onde se radique a sociedade-alvo e que implique restrições aduaneiras, comerciais e troca de divisas[308]. Para tanto, se já existirem indícios suficientes – convocatória de referendo, pesquisas eleitorais que evidenciam um apoio considerável da população –, o contratante estaria impedido de se eximir de cumprir a obrigação pela incidência da resolução por onerosidade excessiva em virtude da previsibilidade do evento separação.

Conquanto alvo de certas controvérsias[309], a aplicação da resolução por onerosidade excessiva exige ainda a *extrema vantagem* a outra contraparte, o que não é, em princípio, exigido para a aplicação da cláusula de evento e/ou mudanças depreciativas. A magnitude da alteração prevista na cláusula dependerá, sobretudo, da força negociadora das partes: enquanto o alienante pretenderá que a cláusula unicamente compreenda sucessos especialmente gravosos, e que impliquem vantagem excessiva, o adquirente insistirá em uma redação com alcance muito menos amplo, para que possa exercer amplamente o direito de desvinculação contratual[310].

---

[308] Exemplo de Beviá, Vicente Gimeno. **Las condiciones en el contrato de compraventa de empresa.** Navarra: Thomson Reuters, 2016, p. 228.

[309] O diploma legal ainda exige que o evento implique "extrema vantagem" à contraparte. Este requisito restringe a aplicação do artigo, sendo alvo de diversas críticas (Aguiar Junior, Ruy Rosado de. Extinção dos contratos. *In*: Fernandes, Wanderley (Coord.). **Contratos empresariais:** fundamentos e princípios dos contratos empresariais. 2ª ed. São Paulo: Saraiva, 2012, p. 696, edição Kindle (paginação irregular); Schreiber, Anderson. **Equilíbrio contratual e dever de renegociar.** São Paulo: Saraiva, 2020, p. 227 e ss., edição Kindle. A fim de atenuar o rigor do requisito em comento, foi aprovado o Enunciado n. 365, da IV Jornada de Direito Civil, em 2006, determinando que a extrema vantagem deve ser interpretada como "um elemento acidental da alteração de circunstâncias, que comporta a incidência da resolução ou revisão do negócio por onerosidade excessiva, independentemente de sua demonstração plena". A ideia original desta restrição diz respeito a um raciocínio falho segundo o qual se ambos os contratantes perdem com a superveniência do acontecimento o equilíbrio contratual estaria mantido. Parte da doutrina e jurisprudência, porém, já puseram em xeque tal asserção, demonstrando a necessidade de soluções para os casos em que ambos os contratantes são impactados negativamente (Martins-Costa, Judith; Silva, Paula Costa e. **Crise e perturbações no cumprimento da prestação:** estudo de direito comparado luso-brasileiro. São Paulo: Quartier Latin, 2020, p. 217-219).

[310] Beviá, Vicente Gimeno. **Las condiciones en el contrato de compraventa de empresa.** Navarra: Thomson Reuters, 2016, p. 229.

Não foram ainda identificadas, no Direito brasileiro, decisões jurisprudenciais acerca da aplicação da cláusula de evento e/ou mudanças depreciativas, muito embora diversos contratos de *fusões & aquisições* a prevejam. Sugere-se que a falta de apreciação pelo Poder Judiciário se deva à submissão dos litígios às câmaras arbitrais, e em decorrência da confidencialidade normalmente pactuada ou prevista para esses procedimentos, também não são conhecidos os eventuais entendimentos quanto à aplicação das referidas cláusulas.

Seja como for, a escolha e delimitação da cláusula MAC implica distribuição prévia de riscos entre as partes. Observe-se, *e.g.*, uma relação direta entre as exceções previstas nestas cláusulas e o preço estabelecido para a operação: quanto maior o número de exceções ou *standards* de relevância previstos, maior o risco assumido pelo adquirente e, consequentemente, menor o preço que ele estará disposto a assumir[311]. Assim, como explica Mariana Fontes da Costa, a recusa da aplicação do regime fixado na cláusula, ou o estabelecimento de exigências superiores às que resultam da sua interpretação, "implica distorcer o equilíbrio econômico próprio do acordo"[312].

1.1.1.1.2. *Cláusula de ratificação das declarações e garantias ("bring-down provision")*

As declarações e garantias são elemento central dos contratos de *fusões & aquisições*, atuando como meio pelo qual o alienante afirma: "essa é a essência do meu negócio, nesse particular momento no tempo"[313]. São essencialmente suporte fático[314], dizendo respeito ao "detalhamento da própria declaração de vontade das partes, as quais, articuladas com os demais elementos do negócio formam uma efetiva declaração negocial e

---

[311] COSTA, Mariana Fontes da. **Da alteração superveniente das circunstâncias:** em especial à luz dos contratos bilaterais comerciais. Coimbra: Almedina, 2019, p. 413.

[312] COSTA, Mariana Fontes da. **Da alteração superveniente das circunstâncias:** em especial à luz dos contratos bilaterais comerciais. Coimbra: Almedina, 2019, p. 413.

[313] PARGENDLER, Mariana; GOUVÊA, Carlos Portugal. As diferenças entre declarações e garantias e os efeitos do conhecimento. *In*: CASTRO, Rodrigo Rocha Monteiro; AZEVEDO, Luís Andrade; HENRIQUES, Marcus de Freitas (Coords.). **Direito societário, mercado de capitais, arbitragem e outros temas:** homenagem a Nelson Eizirik, São Paulo: Quartier Latin, 2020, p. 154, citando lições de James Freund.

[314] GREZZANA, Giacomo Luiz Maria Oliveira. **A cláusula de declarações e garantias em alienação de participação societária.** São Paulo: Quartier Latin, 2019, p. 68-69.

têm por finalidade ampliar a certeza jurídica do negócio concluído entre as partes"[315].

Os estudos no Direito brasileiro sobre a função das declarações e garantias centram-se no pós-fechamento, momento em que já houve o efeito translativo do negócio[316]. A cláusula de *ratificação* das declarações e garantias, que corresponde a atuação das declarações e garantias no período intercalar, não é, contudo, objeto de exame específico.

A cláusula de *ratificação* das declarações e garantias exige que o alienante reafirme, na data do *fechamento*, as declarações e garantias assumidas na data da *assinatura* do contrato, conferindo ao adquirente o direito de desvinculação do contrato se houver alguma imprecisão, correção ou inveracidade no conteúdo das declarações e garantias.

A racionalidade econômica envolvida nas cláusulas de *ratificação* das declarações e garantias é, então, assegurar que, na data do *fechamento*, a sociedade-alvo será a *mesma* sociedade-alvo, sob um ponto de vista jurídico e financeiro, que o adquirente negociou ("bargained") na data da *assinatura* do contrato[317], conferindo um direito de desvinculação do contrato se as *declarações e garantias* verdadeiras e precisas na data da assinatura se tornarem inverídicas ou imprecisas no período intercalar, seja em razão de ocorrência de certos eventos, seja em virtude da superveniência da ciência de violações às declarações e garantias descobertas após a *assinatura* do contrato.

---

[315] PARGENDLER, Mariana; GOUVÊA, Carlos Portugal. As diferenças entre declarações e garantias e os efeitos do conhecimento. *In*: CASTRO, Rodrigo Rocha Monteiro; AZEVEDO, Luís Andrade; HENRIQUES, Marcus de Freitas (Coords.). **Direito societário, mercado de capitais, arbitragem e outros temas:** homenagem a Nelson Eizirik, São Paulo: Quartier Latin, 2020, p. 157.

[316] Os estudos no Direito brasileiro das declarações e garantias centram-se na função exercida por tais cláusulas no momento pós-fechamento, destacando-se: BUSCHINELLI, Gabriel Saad Kik. **Compra e venda de participações societárias de controle**. São Paulo: Quartier Latin, 2018; GREZZANA, Giacomo Luiz Maria Oliveira. **A cláusula de declarações e garantias em alienação de participação societária**. São Paulo: Quartier Latin, 2019; OLIVEIRA, Caio Raphael Marotti de. **A cláusula pro-sandbagging (conhecimento prévio) em contratos de alienação de participação acionária**. Dissertação de Mestrado. Orientadora Prof. Dra. Juliana Krueger Pela. Faculdade de Direito da Universidade de São Paulo. São Paulo, 2020.

[317] "*Many acquisition agreements contain a bring-down condition to assure the buyer that, on the closing date, the target will be same target, firm a legal and financial perspective, that the buyer bargained for in the contract*". (LAJOUX, Alexandra Reed. **The art of M&A:** a merger, acquisition, and buyout guide. 5ª ed. Nova Iorque: McGraw-Hill Education, 2019, p. 497-498).

Em termos jurídicos, a *função* da cláusula de ratificação das declarações e garantias consiste na regulação dos riscos acerca de superveniências de perdas de qualidades essenciais das participações societárias antes do *fechamento*. Ao conformar o conteúdo da prestação devida[318], evita-se que o adquirente esteja vinculado aos efeitos plenos do contrato se ocorrem perdas das qualidades essenciais da prestação devida durante o período interino.

O nosso regime legal não é indiferente à alocação dos riscos acerca das deteriorações da *coisa* durante o regime de pendência. O artigo 235 do Código Civil determina que, nas obrigações de dar, deteriorada a *coisa* durante a pendência, não sendo culpado o devedor, poderá o credor resolver a obrigação, ou aceitar a coisa, abatido de seu preço o valor que perdeu[319]. O risco da impossibilidade parcial – *i.e.*, "a perda das propriedades ínsitas à coisa ou das qualidades ligadas à prestação em vista do fim a que se destina"[320] – e fortuita durante a pendência não recai sobre o credor[321]. Além disso, o Código Civil também determina que o

---

[318] Sobre a função conformativa no pós-fechamento, ver: GREZZANA, Giacomo Luiz Maria Oliveira. **A cláusula de declarações e garantias em alienação de participação societária.** São Paulo: Quartier Latin, 2019.

[319] A doutrina reconhece que as regras legais acerca do regime da impossibilidade têm caráter dispositivo (PONTES DE MIRANDA, Francisco. **Tratado de Direito Privado.** Tomo V. São Paulo: Revista dos Tribunais, 2013, p. 200; TEPEDINO, Gustavo; BARBOZA, Heloísa Helena; MORAES, Maria Celina Bodin. **Comentários ao Código Civil interpretado conforme a Constituição da República.** V. 1. 2ª ed. Rio de Janeiro: Renovar, 2012, p. 502; MARTINS-COSTA, Fernanda. **Condição suspensiva:** função, estrutura e regime jurídico. São Paulo: Almedina, 2017, p. 146 e ss.), não havendo restrições às partes preverem como única consequência a possibilidade de o credor resolver a obrigação, como o fazem nas cláusulas de ratificação de declaração e garantias.

[320] MARTINS-COSTA, Judith; SILVA, Paula Costa e. **Crise e perturbações no cumprimento da prestação:** estudo de direito comparado luso-brasileiro. São Paulo: Quartier Latin, 2020, p. 159.

[321] Assim, à primeira vista, a função da cláusula de *ratificação das declarações* e *garantias* durante o período intercalar não seria propriamente *assecuratória*, pois a obrigação de garantia é, nas palavras de Fábio Konder Comparato, aquela "que *elimina* um risco que pesa sobre o credor. Eliminar um risco significa 'a fortiori' reparar as consequências de sua realização". (COMPARATO, Fábio Konder. Obrigações de meios, de resultado e de garantia. **Doutrinas essenciais de direito empresarial**, v. 4, dez. 2012, p. 63-78). Pelo regime legal, então, inexiste um risco suportado pelo credor quanto à deterioração do objeto indireto da prestação durante o período de pendência.

credor não é obrigado a receber prestação diversa da que lhe é devida, em seu artigo 313.

Acontece que, nos contratos cujo objeto indireto da prestação é a participação societária, muitas vezes o interesse do credor não se exaure na idoneidade do título, abrangendo aspectos dos bens e atividades da sociedade-alvo[322]. Nesse sentido, Giacomo Grezzana exemplifica, como eventuais interesses do adquirente:

> "manter a sociedade em operação para angariar lucros com sua atividade; ou pode ainda ter interesse apenas em uma determinada patente ou marca que pretende incluir em seu portfólio, dissolvendo depois a sociedade adquirida; pode-se imaginar também a aquisição de participação em uma *shelf company* desprovida de quaisquer ativos ou passivos apenas para adiantar o processo de registro da sociedade perante os órgãos competentes *etc*"[323].

Com efeito, os motivos e interesses do adquirente em realizar a contratação podem ser dos mais variados. Em virtude do *princípio da inseribilidade dos motivos*[324], (Código Civil, artigo 140)[325], os motivos internos, subjetivos, do adquirente não auxiliam na caracterização de sua satisfação. Os motivos, no entanto, tornados relevantes – *i.e.*, elevados a elemento do suporte fático em comum acordo pelas partes – poderão configurar elementos para a configuração da satisfação do credor[326]. Nesse sentido, as declarações e garantias, sendo suporte fático, poderão auxiliar na interpretação do interesse do credor, para os fins da caracterização, por exemplo, da deterioração do objeto indireto da prestação nos contratos de aquisição de participação societária durante o período interino.

---

[322] GREZZANA, Giacomo Luiz Maria Oliveira. **A cláusula de declarações e garantias em alienação de participação societária.** São Paulo: Quartier Latin, 2019, p. 216 e ss.
[323] GREZZANA, Giacomo Luiz Maria Oliveira. **A cláusula de declarações e garantias em alienação de participação societária.** São Paulo: Quartier Latin, p. 104.
[324] PONTES DE MIRANDA, Francisco Cavalcanti. **Tratado de Direito Privado.** Tomo III. São Paulo: Revista dos Tribunais, 2012, p. 163 e ss,
[325] "Art. 140. O falso motivo só vicia a declaração de vontade quando expresso como razão determinante".
[326] Como explica Pontes de Miranda, os motivos podem ganhar relevância jurídica pela vontade das partes, inserindo-os no suporte fático, entrando com esses no mundo jurídico (PONTES DE MIRANDA, Francisco Cavalcanti. **Tratado de Direito Privado.** Tomo III. São Paulo: Revista dos Tribunais, 2012, p. 163 e ss.).

Aí incide a função das *declarações* e *garantias* no período intercalar, de conferir relevância jurídica a tais aspectos. O disparo da plena eficácia da obrigação típica só fará sentido para aquele concreto regulamento contratual, se o objeto indireto da prestação contiver determinadas qualidades, qualidades estas previstas pela cláusula de declarações e garantias. Atribui-se, então, certeza jurídica quanto às qualidades ligadas ao objeto indireto da prestação, ao que propriamente se entende por satisfação do credor, para a devida incidência do direito de desvinculação contratual do credor.

1.1.1.1.3. *Cláusula de cumprimento de obrigações antecedentes ao fechamento ("compliance with covenant provision")*

A cláusula de cumprimento de obrigações antecedentes ao fechamento ("compliance with covenant provision") exige que, para proceder ao *fechamento*, as partes devam ter cumprido todas as suas obrigações do período interino. Conferem, portanto, direito de desvinculação à contraparte, quando a parte obrigada não realiza as obrigações que lhe são exigidas pelo contrato durante o período intercalar, mais as consequências do inadimplemento.

Pense-se, assim, na situação em que o alienante aprove, durante o período interino, financiamento de custo elevado, mas não exorbitante, em nome da sociedade-alvo, afrontando a *obrigação antecedente ao fechamento* segundo a qual o alienante não poderá realizar operações alheias ao curso normal dos negócios da sociedade-alvo sem consentimento do adquirente. Ou na hipótese em que a administração da sociedade não confere acesso a determinado documento ao adquirente, em razão de sigilo, indo de encontro à obrigação antecedente segundo a qual o alienante deverá garantir o acesso do comprador aos livros e documentos sociais da sociedade-alvo, tendo a sociedade atuado como interveniente-anuente no contrato. Poderia o adquirente, nestas situações, se desvincular do contrato com direito à indenização?

Inexistem dúvidas que as *obrigações antecedentes ao fechamento* são exigíveis no período intercalar, e que seu não cumprimento *imputável* pelo obrigado leva aos efeitos da mora. Assim, em linha de princípio, se a inexecução implicou *inadimplemento relativo*, pode o credor pedir a purga da mora, requerendo à autoridade judicial a concessão de tutela inibitória.

Recai, portanto, sobre o moroso a imposição de pena cominatória[327] e, em qualquer caso, pode o prejudicado requerer a indenização devida.

A questão crucial é entender até que ponto a cláusula de cumprimento das obrigações antecedentes pode implicar uma desvinculação da relação jurídica básica automaticamente – *i.e.*, afastando a necessidade da intervenção do Poder Judiciário –, uma vez que as partes definem, de antemão, a importância concreta das obrigações que conferem o poder de extinguir a avença.

À primeira vista, a cláusula de cumprimento de obrigações antecedentes ao fechamento assemelhar-se-ia à *cláusula resolutiva expressa*, conforme artigo 474 do Código Civil[328]. Esta consiste na disposição acidental do contrato bilateral mediante a qual o contrato estará resolvido no caso de o devedor não cumprir, pelo modo previsto, determinada prestação relevante para a economia do contrato[329]. Esta cláusula serve, então, tanto para que as partes definam, desde logo, a importância concreta das obrigações contraídas e o direito de dar por extinta a avença, caso ocorra o inadimplemento, quanto para afastar a necessidade da intervenção do Poder Judiciário, uma vez que a superveniência do inadimplemento é suficiente para que o vínculo chegue ao fim[330], caso o beneficiário da cláusula manifeste a vontade de extinguir a relação.

A cláusula resolutiva expressa exige que se especifique a obrigação que enseja a resolução do contrato, e ainda que esta obrigação seja *essencial* ao concreto regulamento de interesses das partes[331]. Por outros termos, a cláusula resolutiva expressa não pode ser subentendida, de modo

---

[327] MARTINS-COSTA, Judith. A obrigação de diligência: sua configuração na obrigação de prestar melhores esforços e efeitos do seu inadimplemento. *In*: GUEDES, Gisela Sampaio da Cruz; TERRA, Aline Miranda Valverde (Coords.). **Inexecução das obrigações:** pressupostos, evolução e remédios. V. 1. Rio de Janeiro: Processo, 2020, p. 168.

[328] "Art. 474. A cláusula resolutiva expressa opera de pleno direito; a tácita depende de interpelação judicial".

[329] AGUIAR JÚNIOR, Ruy Rosado de. **Comentários ao novo Código Civil.** V. 7. Tomo II. Rio de Janeiro: Renovar, 2011, p. 394.

[330] ZANETTI, Cristiano de Souza. A cláusula resolutiva expressa na lei e nos tribunais: o caso do termo e da ocupação. *In*: **Temas relevantes do Direito Civil contemporâneo.** São Paulo: Atlas, 2012, p. 356.

[331] TERRA, Aline de Miranda Valverde. **Cláusula resolutiva expressa.** Belo Horizonte: Fórum, 2017, p. 1186, edição Kindle (paginação irregular).

que o seu propósito resolutório deve estar sempre claro no instrumento contratual[332]. A análise dos eventos passíveis de integrar o suporte fático da cláusula resolutiva expressa deverá levar em conta uma análise total do acordo, conforme as lições de Aline de Miranda Valverde Terra:

> "O exame não prescinde da consideração do programa contratual e dos concretos interesses perseguidos pelas partes. Imperativo considerar que a cláusula resolutiva encerra uma das várias peças do intrincado quebra-cabeças que é o arranjo negocial, de modo que apenas partindo da visão global do ajuste é possível ter a exata noção dos reais termos do regulamento de interesses[333]".

Assim, em situações em que a cláusula de cumprimento de obrigações antecedentes ao fechamento definir especificamente quais as obrigações antecedentes ao fechamento serão essenciais ao mesmo estar-se-ia perante uma cláusula resolutiva expressa. Eventuais *standards* exercem especial função na análise da *importância* da obrigação não cumprida. Pense-se, *e.g.*, na situação em que se determina que as obrigações do vendedor serão consideradas descumpridas, materialmente, se implicarem uma saída de caixa da sociedade-alvo de uma cifra determinada ou quando produzam um decréscimo no EBITDA de determinado percentual. Assim, se o vendedor realiza, sem autorização do comprador, um empréstimo em nome da sociedade-alvo que implique uma saída de caixa em valor que exceda a cifra determinada, poderá estar descumprindo materialmente esta obrigação e, com isso, conferindo o direito de desvinculação ao comprador.

O critério de significância, contudo, nem sempre é adotado pelas partes. Também pode ocorrer que não seja possível apurar, com precisão, quais as obrigações antecedentes ao fechamento que a cláusula de cumprimento das obrigações antecedentes esteja conferindo o efeito resolutório. Essas situações não significam que qualquer violação a uma

---

[332] NANNI, Giovanni Ettore. **Inadimplemento absoluto e resolução contratual:** requisitos e efeitos. Tese de livre-docência em Direito Civil. Pontifícia Universidade Católica de São Paulo, 2020, p. 532.
[333] TERRA, Aline de Miranda Valverde. **Cláusula resolutiva expressa.** Belo Horizonte: Fórum, 2017, p. 1109-1110, edição Kindle (paginação irregular).

obrigação antecedente implicará resolução contratual automática. Isto porque, embora o artigo 474 do Código Civil confira ampla liberdade às partes, é preciso que o contrato especifique quais obrigações do período intercalar são suficientes para implicar o desvinculamento contratual. Caso contrário, como refere Araken de Assis, uma cláusula resolutiva expressa sem especificações mínimas tornaria simples e inútil cláusula de estilo[334].

Assim, uma cláusula de cumprimento de obrigações antecedentes que somente refira "que é condição do contrato que o vendedor cumpra todas as obrigações previstas no contrato que são necessárias para se proceder ao fechamento", sem especificar minimamente quais dessas obrigações antecedentes são essenciais para o programa contratual, não exerce uma função de resolução automática, como aquela da cláusula resolutiva expressa.

Além disso, a cláusula de cumprimento de obrigações antecedentes não pode ser mecanismo utilizado para retirar as consequências de normas imperativas. Como será demonstrado mais à frente neste trabalho, o artigo 129 do Código Civil tem natureza imperativa, obstando a manipulação maliciosa do evento condicional. Assim, o não cumprimento malicioso das obrigações antecedentes que sejam veículo para realização de evento condicional está submetido aos efeitos legais do referido artigo, uma vez que constituem o "curso regular e ordinário" do evento condicional.

1.2. Direcionamento de condutas

Adentra-se, agora, na análise das normativas concernentes ao direcionamento de condutas no período intercalar. É possível adiantar que aqui reside uma maior inter-relação entre normativa legal e convencional, uma vez que a primeira tem em sua composição um certo número de regras de natureza cogente. Esse dado normativo é motivo de atenção sobretudo quando o contrato preveja uma cláusula de acordo integral ("entire agreement"), que visa a afastar outros elementos que não o

---

[334] Assis, Araken de. **Resolução por contrato por inadimplemento.** 6ª ed. São Paulo: Revista dos Tribunais, 2019, p. 1026, edição Kindle (paginação irregular), citando lições de Busnelli e João Calvão da Silva.

texto do acordo[335], ou uma cláusula de solução única[336], a qual objetiva limitar os meios de reação que o credor terá à sua disposição em caso se qualquer perturbação contratual.

Tendo em vista que o eixo central da normativa legal condicional é regular o estado de *incerteza*, de modo a preservar o interesse das partes segundo o qual o evento condicional se desenvolverá no curso normal dos acontecimentos, poder-se-ia, em uma primeira aproximação, adotar-se uma concepção mediante a qual somente se *protege* eventual execução plena do contrato. Esta concepção do regime condicional entraria em choque com o regime convencional transplantado da *common law*, o qual não visa somente a *proteger* eventual execução plena do contrato, mas também a assegurar a realização de condutas *proativas* das partes tanto para a consecução do fim contratual, quanto para criar mecanismos de incentivos para diminuição do *risco moral*, próprio do período intercalar. Por outros termos, a exigência de condutas proativas para a consecução de uma condição, em uma visão estrita do modelo condicional, implicaria interferência no curso normal dos acontecimentos da condição, o que poderia resultar disparo da vicissitude fictícia da condição, artigo 129 do Código Civil – *i.e.*, seria reputada não verificada a condição levada a efeito por aquele a quem aproveita o seu implemento – pois teria ocorrido interferência na incerteza, característica primordial do regime condicional[337].

Esta concepção estrita do regime condicional está, em nosso ponto de vista, equivocada. Entendemos não haver incompatibilidade entre

---

[335] Pires, Catarina Monteiro. Cláusula de acordo integral e cláusulas de solução única ou de "remédio" único. *In*: Castro; Rodrigo Rocha Monteiro de; Azevedo, Luís André; Henriques, Marcus de Freitas (Coords.). **Direito societário, mercado de capitais e arbitragem e outros temas:** homenagem a Nelson Eizirik, São Paulo: Quartier Latin, 2020, p. 907.

[336] Pires, Catarina Monteiro. Cláusula de acordo integral e cláusulas de solução única ou de "remédio" único. *In*: Castro; Rodrigo Rocha Monteiro de; Azevedo, Luís André; Henriques, Marcus de Freitas (Coords.). **Direito societário, mercado de capitais e arbitragem e outros temas:** homenagem a Nelson Eizirik, São Paulo: Quartier Latin, 2020, p. 908-909.

[337] Essa parece ser uma das razões pelas quais Vicente Gimeno Beviá reconhece como parcialmente incompatível o regime condicional típico às condições anglo-saxãs, sobretudo no que diz respeito às promissory conditions. Diferentemente do sistema jurídico brasileiro, o sistema espanhol não exige a malícia como pressuposto da vicissitude fictícia da condição (art. 1119 do Código Civil espanhol). (Beviá, Vicente Gimeno. **Las condiciones en el contrato de compraventa de empresa.** Navarra: Thomson Reuters, 2016, p. 168).

uma exigência de conduta proativa do obrigado e o regime legal condicional. Em primeiro lugar, como se verá, há um dever de o contratante realizar uma conduta que seja indispensável para verificação da condição, quando assim as circunstâncias exigirem, em razão da incidência da boa-fé objetiva no período da pendência. Note-se que realizar uma conduta necessária não implica, necessariamente, interferência na incerteza. Tome-se, *e.g.*, a obrigação de o vendedor protocolizar pedido de autorização de algum órgão público. O evento condicional incerto será o fato da autorização, ou não, do órgão. A obrigação de o vendedor protocolizar será o *veículo* para a consecução do evento incerto, razão pela qual a realização do protocolo durante o período intercalar não consiste em interferência na incerteza, mas requisito necessário para se alcançar uma situação incerta.

Em segundo lugar, a interferência na incerteza só será vedada quando for *maliciosa*, elemento do suporte fático do artigo 129 do Código Civil. Assim, quando uma obrigação de fazer é prevista no contrato para ser realizada durante o período de pendência, a caracterização da malícia estará sendo afastada por determinação prévia das partes. Assegura-se, então, a não incidência do *efeito obstativo* do artigo 129 do Código Civil; o mesmo não se diz quanto ao *efeito reverso* do mesmo artigo – *i.e.*, a inércia poderá ser caracterizada como atitude maliciosa, se for injustificada.

Em suma, apesar de o foco da normativa legal consistir na proteção do *direito expectativo*, ela não obsta a convenção pelas partes de regulação com a função não só de assegurar o *direito expectativo* quanto também a função de *promover* o estado de "fatos" propício à execução plena do contrato e de criar *incentivos* para que as partes ajam no interesse da outra. Esta será, então, uma das preocupações centrais das páginas subsequentes: mais do que descrever as normativas legais e convencionais, busca-se analisar suas interligações e correlações.

1.2.1. *Regime legal*

1.2.1.1. *Vicissitude fictícia da condição (artigo 129 do Código Civil)*

A *incerteza* é o pressuposto primordial do regime condicional, de modo que o implemento da condição deve seguir, a rigor, o curso ordinário dos acontecimentos[338]. Trata-se, portanto, de um *interesse legítimo* das partes que a realização da condição seguirá o caminho natural dos eventos.

A violação maliciosa deste interesse legítimo é sancionada pela realização da vicissitude fictícia da condição, consoante o artigo 129 do Código Civil: reputando-se "verificada, quanto aos seus efeitos jurídicos, a condição cujo implemento for maliciosamente obstado pela parte a quem desfavorecer, considerando-se, ao contrário, não verificada a condição maliciosamente levada a efeito por aquele a quem aproveita o seu implemento".

A lei estabeleceu, portanto, um importante desestímulo à realização de ato voluntário, malicioso, capaz de obstar ou forçar a realização de uma condição em proveito próprio, mediante a transferência dos riscos da incerteza para o contratante manipulador. Esta regra consiste em uma baliza de *licitude*, impondo vedações ao exercício inadmissível de posições jurídicas e agindo como norma de eficácia, uma vez que fictamente determina o disparo, ou a impossibilidade, da produção dos efeitos da relação obrigacional típica[339].

A aplicação desta regra apresenta, contudo, certas limitações discutidas pela doutrina.

Em primeiro lugar, há controvérsias acerca do alcance do advérbio *maliciosamente*, se abrange somente atuação dolosa ou também atos gravemente culposos[340]. Como já tivemos oportunidade de nos manifestar,

---

[338] VELOSO, Zeno. **Condição, termo e encargo.** São Paulo: Malheiros, 1997, p. 63.

[339] MARTINS-COSTA, Fernanda. **Condição suspensiva:** função, estrutura e regime jurídico. São Paulo: Almedina, 2017, p. 132.

[340] Considerando imprescindível o elemento dolo para o artigo 129 do Código Civil (artigo 120 do Código Civil de 1916): AZEVEDO, Álvaro Villaça de. **Código Civil comentado.** São Paulo: Atlas, 2003, p. 148; p. 48; OLIVEIRA, Eduardo Ribeiro. **Comentários ao novo Código Civil.** V. 2. Rio de Janeiro: Forense, 2008, p. 347; MENKE, Fabiano. Art. 129. *In*: NANNI, Giovanni Ettore (Coord.). **Comentários ao Código Civil.** São Paulo: Saraiva, 2018, p. 8167, edição Kindle (paginação irregular); PONTES DE MIRANDA, Francisco. **Tratado de Direito Privado.** Tomo V. São Paulo: Revista dos Tribunais, 2013, p. 227-228; RÁO, Vicente. **Ato jurídico.** 2ª ed. São Paulo: Saraiva, 1979, p. 343; RODRIGUES, Silvio. **Direito Civil.** V. 1. 32ª ed. São Paulo: Saraiva, 2002, p. 252.
Considerando prescindível o elemento dolo para o artigo 129 do Código Civil (artigo 120 do Código Civil de 1916): GOMES, Orlando. **Introdução ao Direito Civil.** 22ª ed. Rio de Janeiro: Forense, 2019, p. 284, edição Kindle; MARTINS-COSTA, Judith. Contrato de cessão de transferência de quotas. Acordo de sócios. Pactuação de parcela variável do preço contratual denominada earn out. Características e função ("causa objetiva") do earn out. **Revista**

PARTE II. 1. ASPECTOS PREPONDERANTEMENTE CONTRATUAIS

entendemos que uma leitura sistemática do Código Civil levaria à conclusão que o *maliciosamente* inclui tanto a conduta dolosa quanto aquela frontalmente contrária à boa-fé objetiva, desde que gravemente culposa[341]. Isto porque, como explicam Gustavo Tepedino, Heloísa Helena Barboza e Maria Celina Bodin de Moraes, este princípio impõe um comportamento proativo aos contratantes, de modo que aquele que não colabora (mediante ato voluntário que lhe seja imputável) interferindo na evolução do evento condicional – *i.e.*, forçando ou obstando sua ocorrência –, age culposamente, e eis o suficiente para que o ordenamento imponha a vicissitude fictícia[342].

Tome-se, por exemplo, uma alienação de participação societária cuja eficácia fica subordinada à renegociação de um contrato de arrendamento – de um ativo chave da sociedade-alvo – para supressão da cláusula a reconhecer como justa causa ao exercício de direito de denúncia pelo arrendador a transferência de controle da sociedade arrendatária. Ou seja, a condição da operação é que seja renegociado o contrato de arrendamento a fim de suprimir a cláusula de justa causa à denúncia cheia. Para a consecução dessa condição, é necessário um comportamento proativo das partes direcionados à renegociação, como estudos e reuniões com o arrendador. Imagine-se, então, que o comprador adota um comportamento neste sentido, marcando reuniões com o arrendador, propondo arranjos contratuais factíveis, enquanto o vendedor não comparece às reuniões, não entrega documentos solicitados pelo arrendador, cria obstáculos meramente formais para realização do acordo. Estaria, pois, o vendedor, nestes casos, agindo contrariamente ao *standard* comportamental ditado pela boa-fé objetiva, razão pela qual poderia incidir o artigo 129 do Código Civil.

---

de arbitragem e mediação, v. 42, jul./set. 2014, p. 153-188; Tepedino; Gustavo; BARBOZA, Heloísa Helena; MORAES, Maria Celina Bodin de. **Código Civil interpretado conforme a Constituição da República**. V. 1. 2ª ed. Rio de Janeiro: Renovar, 2007, p. 262; TEPEDINO, Gustavo; OLIVA, Milena Donato. **Teoria geral do Direito Civil**. V. 1. Rio de Janeiro: Forense, 2020, p. 298 e ss., edição Kindle.

[341] MARTINS-COSTA, Fernanda. **Condição suspensiva**: função, estrutura e regime jurídico. São Paulo: Almedina, 2017, p. 134.

[342] TEPEDINO; Gustavo; BARBOZA, Heloísa Helena; MORAES, Maria Celina Bodin de. **Código Civil interpretado conforme a Constituição da República**. V. 1. 2ª ed. Rio de Janeiro: Renovar, 2007, p. 262. Mais recentemente: TEPEDINO, Gustavo; DONATO, Milena. **Teoria geral do Direito Civil**. V. 1. Rio de Janeiro: Forense, 2020, p. 298 e ss., edição Kindle.

Em segundo lugar, esta regra sofre limitações quanto à espécie de condição: condições legais e condições simplesmente potestativas. Nas primeiras, embora tenhamos reconhecido que possam ser qualificadas como condições – no sentido de criar uma vinculação jurídica –, seu regime jurídico sofre pontuais adaptações, de modo que, por falta de viabilidade jurídica, não será possível a verificação da vicissitude fictícia positiva. Nada impede que o contratante inocente seja ressarcido pela regra geral de responsabilidade civil, artigo 927, *caput*, do Código Civil. Nas segundas, o poder de escolha da realização da condição é uma faculdade atribuída ao contratante, configurando seu exercício legítimo. Isto é, o poder de escolha consiste em um elemento do curso natural e ordinário da condição.

Delimitado esse panorama geral da vicissitude fictícia, passaremos a seguir a analisar as possíveis questões que nos parecem mais recorrentes e prováveis de ocorrer em contratos de *fusões & aquisições*.

A primeira diz respeito às *expectativas* do curso ordinário dos negócios. Como visto, uma das funções das *obrigações antecedentes* ao fechamento é criar obrigações de fazer para que as partes cooperem para realização de exigências necessárias para proceder ao fechamento, gerenciando a conduta devida por elas. A convenção de *obrigações antecedentes* que exercem essa função é uma forma de modelar e alargar o que deve ser entendido como curso ordinário e normal dos acontecimentos naquele programa contratual específico.

Significa, assim, que a realização de uma conduta exigida por uma *obrigação antecedente ao fechamento* não implica forçar o cumprimento do evento condicional, mas sim realizar um ato que consta do curso ordinário dos acontecimentos, e conforme o programa contratual idealizado pelas partes para incidir neste período contratual. No exemplo acima exposto, o fato de o comprador propor arranjos contratuais factíveis não se trataria de uma conduta a forçar o cumprimento da condição, mas sim exercer uma ação justamente condizente com o curso natural desse período.

Já a não realização maliciosa de uma *obrigação antecedente* poderá configurar uma situação de implemento obstado da condição, que poderá implicar os efeitos da vicissitude fictícia? A resposta à questão implica uma atenta análise da função da obrigação antecedente durante o período intercalar. Se esta obrigação antecedente consiste numa obrigação-

PARTE II. 1. ASPECTOS PREPONDERANTEMENTE CONTRATUAIS

-veículo à realização de um evento condicional[343], a sua não realização poderá atrair os efeitos do artigo 129 do Código Civil. Se a obrigação antecedente exercer uma função de *manutenção* das bases negociais, parece-nos que o regime do inadimplemento será o mais adequado.

Tome-se, assim, a *obrigação antecedente* segundo a qual o vendedor disponibilizará no *data room*[344] a documentação necessária para que o comprador e seus analistas precifiquem a sociedade até tal data, o que consistiria numa das condições do contrato. Digamos que o vendedor se "arrependa" de realizar o contrato, e então, a fim de obstar a realização da condição, não disponibilize a documentação necessária para a sua satisfação, ou o tenha feito de modo insatisfatório (retirando do acesso conjunto certos documentos por longo período de tempo, mas que "formalmente" teriam sido disponibilizados). Imagine-se, também, a situação em que a condição seja a aprovação da operação no Conselho Administrativo de Defesa Econômica e, para tanto, estipula-se obrigação antecedente de que as partes diligenciem, por meio de seus melhores esforços, para que a operação seja aprovada pelo referido órgão. Assim, se o Conselho Administrativo de Defesa Econômica solicitar informações e manifestações das partes no processo (digamos que as informações sejam a respeito da sociedade-alvo), e o vendedor injustificadamente não as fornece ou/e deixa de se manifestar no processo. Trata-se, nestes dois exemplos, de situações em que se cuida de obrigação-veículo, havendo manipulação maliciosa do evento condicional pelo alienante, podendo implicar, então, os efeitos fictícios da condição, tal qual definido no artigo 129 do Código Civil.

A segunda questão diz respeito novamente à clausula de solução única. Esta cláusula teria o condão de afastar a consequência legal de vicissitude fictícia?

A vicissitude fictícia consiste em uma norma de caráter preventivo e ético-sancionatório relativa à atuação *maliciosa*, entendida quando a conduta é contrária à boa-fé objetiva. Dessa forma, a afronta à ordem pública e ao princípio da boa-fé objetiva impossibilita o afastamento das consequências próprias do artigo 129 do Código Civil. O fundamento é, pois, similar à impossibilidade de se convencionar cláusulas excludentes

---

[343] Sobre obrigação-veículo, ver item 2.1.3. deste trabalho.
[344] Uma sala de dados virtual é um repositório *online* de informações usadas para armazenamento e distribuição de documento.

e limitativas do dever de indenizar para situação de dolo e culpa grave[345] uma vez que a permissão da limitação antecipada da responsabilidade por comportamentos dolosos e gravemente culposos configuraria "uma atitude manifestamente contrária ao espírito de lealdade e de colaboração que deve presidir ao cumprimento do contrato"[346].

Significa, assim, que a cláusula de solução única não pode ser usada para afastar as consequências previstas no artigo 129 do Código Civil. Isto não importa, no entanto, que o credor, após a realização da conduta obstativa da condição, não possa escolher o remédio indenizatório. Tome-se o exemplo referido acima, acerca da condição de renegociar o contrato com cláusula de mudança de controle relativa a um ativo chave da sociedade-alvo. Se o vendedor maliciosamente obsta a realização dessa condição, a perda deste ativo-chave pode frustrar o escopo contratual visado pelo comprador com a aquisição do controle da sociedade-alvo. Nesse sentido, o remédio indenizatório pode lhe ser preferível. Como o artigo 129 do Código Civil tem efeito de ficção jurídica, pela qual a eficácia é o implemento – ficto da condição – com o consectário de tornar um direito expectativo em expectado, exigível e certo, entendemos que o valor indenizatório deverá levar em conta também esta ficção[347].

A terceira refere-se à situação em que a manipulação do evento condicional não é realizada diretamente pelo contratante, mas por terceiro, em conluio com aquele. Imagine-se, *e.g.*, a situação em que o vendedor, durante o período intercalar, arrepende-se de realizar a venda, e o administrador da sociedade-alvo, em ardil com o vendedor, obsta a ocorrência de uma condição precedente. Se provado o conluio, nada impede a incidência do artigo 129 do Código Civil, bem como a responsabilidade extracontratual do terceiro pelo eventual prejuízo causado ao comprador[348]. Este entendimento está em conformidade com a teoria da tutela

---

[345] MONTEIRO, António Pinto. **Cláusulas limitativas e de exclusão de responsabilidade civil.** Coimbra: Almedina, 2003, p. 233.

[346] MONTEIRO, António Pinto. **Cláusulas limitativas e de exclusão de responsabilidade civil.** Coimbra: Almedina, 2003, p. 245-255; NORONHA, Fernando. **Direito das obrigações.** 3ª ed. São Paulo: Saraiva, 2010, p. 552.

[347] MARTINS-COSTA, Fernanda. **Condição suspensiva:** função, estrutura e regime jurídico. São Paulo: Almedina, 2017, p. 137.

[348] MARTINS-COSTA, Fernanda. **Condição suspensiva:** função, estrutura e regime jurídico. São Paulo: Almedina, 2017, p. 138-140; SOUTULLO, Carmen. **Los efectos de las obligaciones sometidas a condición suspensiva**. Granada: Comares, 2000, p. 166.

externa do crédito[349], que encontra seu fundamento no abuso de direito, artigo 187 do Código Civil. Elementar, pois, que em uma situação destas será necessário demonstrar o conluio entre o membro do órgão de administração e o alienante, o que nem sempre será fácil.

1.2.1.2. *Deveres oriundos do princípio da boa-fé objetiva (artigo 422 do Código Civil)*

A boa-fé objetiva tem incidência, como se sabe, em todo o *iter* contratual, razão pela qual, naturalmente, se faz presente na fase de pen-

---

[349] O princípio da relatividade das convenções, que limita os efeitos dos contratos às suas partes, não prejudicando nem beneficiando terceiros, não é mais entendido como o foi no século XIX, com absoluta rigidez, conferindo a terceiros liberdade ampla (LIMA, Alvino. A interferência de terceiros na violação do contrato. **Revista de Direito Civil Contemporâneo**, v. 5, out./dez., 2015, p. 307-325). Sofre, pois, limitações, dentre estas, a *doutrina do terceiro cúmplice*, originalmente difundida na França, por meio da qual se reconhece a responsabilidade de terceiro que colabora para o inadimplemento do devedor (AZEVEDO, Antonio Junqueira de. Diferenças de natureza e efeitos entre negócio jurídico sob condição suspensiva e o negócio jurídico a termo inicial. A colaboração de terceiro para o inadimplemento de obrigação contratual. A doutrina do terceiro cúmplice. A eficácia externa das obrigações. *In:* **Estudos e pareceres de Direito Privado**. São Paulo: Saraiva, 2004, p. 215, citando lições de Demogue).

No Direito brasileiro, a doutrina tem encontrado o fundamento na conjugação dos artigos 186 e 927 do Código Civil (AZEVEDO, Antonio Junqueira de. Diferenças de natureza e efeitos entre negócio jurídico sob condição suspensiva e o negócio jurídico a termo inicial. A colaboração de terceiro para o inadimplemento de obrigação contratual. A doutrina do terceiro cúmplice. A eficácia externa das obrigações. *In:* **Estudos e pareceres de Direito Privado**. São Paulo: Saraiva, 2004, p. 220-221; MARTINS, Fábio Floriano Melo. **A interferência lesiva de terceiro na relação obrigacional**. São Paulo: Almedina, 2017, p. 219; MARTINS-COSTA, Judith. Le contrat et les tiers au Brésil. **Journees Panameenses de l'Association Henri Capitant des amis de la aculture juridique française**, mai., 2015. Disponível em: <http://www.henricapitant.org/storage/app/media/pdfs/evenements/les_tiers_2015/bresil5.pdf>. Acesso em: 07.07.2020), tendo natureza extracontratual subjetiva (AZEVEDO, António Junqueira de. Diferenças de natureza e efeitos entre negócio jurídico sob condição suspensiva e o negócio jurídico a termo inicial. A colaboração de terceiro para o inadimplemento de obrigação contratual. A doutrina do terceiro cúmplice. A eficácia externa das obrigações. *In:* **Estudos e pareceres de Direito Privado**. São Paulo: Saraiva, 2004, p. 220-221; MARTINS, Fábio Floriano Melo. **A interferência lesiva de terceiro na relação obrigacional**. São Paulo: Almedina, 2017, p. 163), e sendo necessário o conhecimento ou possibilidade de conhecido da existência do direito de crédito pelo terceiro (MARTINS, Fábio Floriano Melo. **A interferência lesiva de terceiro na relação obrigacional**. São Paulo: Almedina, 2017, p. 172 e ss.).

dência. Esse princípio visa a estabelecer um comportamento, correto e probo das partes na execução do contrato (boa-fé *in executivis*, artigo 422 do Código Civil).

A concretização deste princípio é, contudo, uma tarefa dificultosa, tendo diversos critérios sido criados para auxiliar a sua aplicação, destacando-se entre eles o das fases da relação jurídica e campo da incidência[350]. Essa incidirá, então, se concretizadas certas peculiaridades concernentes a esta fase contratual.

A primeira delas diz respeito ao grau de intensidade, dependente da categoria do interesse a que se relacionam: localizando-se em uma fronteira entre o interesse ao *mea res agitur* e o interesse ao *tua res agitur*[351]. Nessa diferenciação, como explica Clóvis do Couto e Silva, a boa-fé contribui para fixação dos limites da prestação: nos negócios bilaterais, havendo contraposição de interesses, como na compra e venda, "o interesse conferido a cada participante da relação jurídica (*mea res agitur*), encontra sua fronteira nos interesses do outro figurante, dignos de serem protegidos", operando o princípio então primordialmente como "mandamento de consideração"[352]; já nos contratos cujo "vínculo se dirige a atividade em proveito de terceiro (...) o dever de levar em conta o interesse da outra parte (*tua res agitur*) é conteúdo do dever do gestor ou do fiduciário"[353].

Especificamente na compra e venda de participação societária com fechamento diferido, a posição inicial, sem dúvida, é de um contrato de intercâmbio, de modo que o interesse, conferido a cada parte, encontra

---

[350] MARTINS-COSTA, Judith. **A boa-fé no Direito Privado:** critérios para a sua aplicação. 2ª ed. São Paulo: Saraiva, 2018; MARTINS-COSTA, Judith. Critérios para aplicação do princípio da boa-fé objetiva (com ênfase nas relações empresariais). *In*: MARTINS-COSTA, Judith; FRADERA, Véra Jacob de (Orgs.). **Estudos de direito privado e processual civil em homenagem a Clóvis do Couto e Silva.** São Paulo: Revista dos Tribunais, 2014; TEPEDINO, Gustavo; SCHREIBER, Anderson. A boa-fé objetiva no Código de Defesa do Consumidor e no novo Código Civil. *In*: TEPEDINO, Gustavo (Coord.). **Obrigações:** estudos na perspectiva civil-constitucional. Rio de Janeiro: Renovar, 2005, p. 29-44.

[351] COUTO E SILVA, Clóvis. **A obrigação como processo.** Rio de Janeiro: FGV Editora, 2006, p. 556, edição Kindle (paginação irregular); MARTINS-COSTA, Judith. **A boa-fé no Direito Privado:** critérios para a sua aplicação. 2ª ed. São Paulo: Saraiva, 2018, p. 347 e ss.

[352] COUTO E SILVA, Clóvis. **A obrigação como processo.** Rio de Janeiro: FGV Editora, 2006, p. 556, edição Kindle (paginação irregular).

[353] COUTO E SILVA, Clóvis. **A obrigação como processo.** Rio de Janeiro: FGV Editora, 2006, p. 556, edição Kindle (paginação irregular).

sua fronteira no interesse do outro (*mea res agitur*). Porém, no decorrer do período intercalar, o comprador poderá paulatinamente, e nos limites legais e contratuais, adentrar na gestão da sociedade, até que cumpridas as exigências ao fechamento, sendo a titularidade transferida ao comprador[354]. Nestas situações, nas palavras de Judith Martins-Costa, haveria "progressivamente, a prevalência do interesse alheio (*tua res agitur*)" sendo correto afirmar "um escalonamento dos deveres de lealdade, cooperação e informações decorrentes da boa-fé específicos a essa fase"[355].

Essa fase contratual exige condutas proativas das partes tendentes à realização das diversas exigências legais e convencionais necessárias para proceder ao fechamento. A boa-fé incide, assim, pautando o *standard* comportamental exigido, impondo às partes a colaboração para o implemento das condições precedentes e obrigações antecedentes ao fechamento[356], para assim se alcançar "o escopo em vista do qual existiu o *signing*, qual seja: o *closing* do contrato"[357]. Por outros termos, o curso ordinário dos acontecimentos que leva à realização do evento condicional envolve o arquétipo comportamental exigido pela boa-fé objetiva.

Significa, assim, que independentemente de previsão contratual, se uma conduta da parte é necessária para realização da exigência do fechamento, estará esta parte, pela incidência do princípio, obrigada a realizá-la.

---

[354] MARTINS-COSTA, Judith. **A boa-fé no Direito Privado:** critérios para a sua aplicação. 2ª ed. São Paulo: Saraiva, 2018, p. 432.

[355] MARTINS-COSTA, Judith. **A boa-fé no Direito Privado:** critérios para a sua aplicação. 2ª ed. São Paulo: Saraiva, 2018, p. 432.

[356] Note-se que o dever de cooperar também se aplica àquele grupo menor de situações em que a intitulada "condição de satisfação" é, na verdade, uma opção. Isso porque, como explica Pietro Perlingieri, ao tratar do direito formativo: "se for verdade, porém, que o titular da sujeição não pode impedir a produção dos efeitos na própria esfera, é também, verdade que ele é titular de um dever específico (*obbligho*) ou, se se preferir, de um dever genérico de não impedir ao titular do poder não somente de realizar o ato, mas também de alcançar o resultado. O titular da situação de sujeição deve também cooperar para que o titular do poder formativo possa exercê-lo utilmente. Não se trata de simples sujeição: é, ao revés, presente um dever de cooperação. A sujeição é a situação de um momento: o efetivo exercício por parte do titular do direito potestativo". (PERLINGIERI, Pietro. **O Direito Civil na legalidade constitucional.** Rio de Janeiro: Renovar, 2008, p. 687).

[357] MARTINS-COSTA, Judith. **A boa-fé no Direito Privado:** critérios para a sua aplicação. 2ª ed. São Paulo: Saraiva, 2018, p. 432.

Ainda que o dever de colaboração e cooperação seja "ínsito a qualquer contrato, em função da boa-fé objetiva, prevista no art. 422 do Código Civil"[358], não é incomum que as partes o prevejam como *dever expresso contratual*, gerenciando de certa forma os riscos do contrato. Assim ocorreu, *e.g.*, em caso prático analisado por Erasmo Valladão, em que havia se estabelecido, em contrato de alienação de ações, que o comprador deveria celebrar arranjos contratuais adequados de forma que, até a data do fechamento, as garantias prestadas pelos vendedores em benefício da sociedade-alvo fossem totalmente liberadas, bem como que as partes deveriam cooperar entre si e agir de forma diligente e expedita de forma a negociar com todos os terceiros os termos de liberação de garantia dos vendedores[359].

Questiona-se, ainda, como se opera a exigência desta atuação proativa sobretudo quando envolver votação do alienante em assembleia geral da sociedade-alvo. Os aspectos societários desta hipótese serão mais bem avaliados no capítulo 2 da parte II. Perante uma perspectiva contratual, certo é que o obrigado não poderá exercer sua posição jurídica na sociedade em violação aos termos do contrato. No entanto, o exercício de sua posição jurídica como sócio está pautado por diversos deveres, sobretudo votar conforme o interesse social[360]. Significa, assim

---

[358] FRANÇA, Erasmo Valladão Azevedo e Novaes. Parecer. Limites do dever de cooperação e boa-fé objetiva. Dever de cooperação expressamente previsto em cláusula contratual. Possibilidade de o judiciário intervir para assegurar o cumprimento do contrato. Endividamento da companhia e controle externo. *In*: FORGIONI, Paula; A. NERO, Patrícia Aurélia del; MARQUES, Samantha Ribeiro Meyer-Pelug (Coords.). **Direito empresarial, direito do espaço virtual e outros desafios do direito:** homenagem ao professor Newton de Lucca. São Paulo: Quartier Latin, 2018, p. 844.

[359] FRANÇA, Erasmo Valladão Azevedo e Novaes. Parecer. Limites do dever de cooperação e boa-fé objetiva. Dever de cooperação expressamente previsto em cláusula contratual. Possibilidade de o judiciário intervir para assegurar o cumprimento do contrato. Endividamento da companhia e controle externo. *In*: FORGIONI, Paula; A. NERO, Patrícia Aurélia del; MARQUES, Samantha Ribeiro Meyer-Pelug (Coords.). **Direito empresarial, direito do espaço virtual e outros desafios do direito:** homenagem ao professor Newton de Lucca. São Paulo: Quartier Latin, 2018, p. 843-844.

[360] Registre-se distinção entre interesse social *stricto sensu* (interesse da companhia) e interesse social *lato sensu*, em que o primeiro consiste "no interesse dos sócios à realização do escopo social, abrangendo, portanto, qualquer interesse que diga respeito à causa do contrato de sociedade, seja o interesse à melhor eficiência da empresa, seja à maximização dos lucros, seja à maximização dos dividendos". (FRANÇA, Erasmo Valladão Azevedo e Novaes. **Conflito de interesses nas assembleias de S.A.** 2ª ed. São Paulo: Malheiros, 2014, p. 68),

que, enquanto convergentes, a exigência da atuação proativa e o interesse social da sociedade-alvo, a votação em sentido contrário implicaria ilicitude, nos termos do art. 115, *caput*, da LSA, e do art. 186 do Código Civil.

Além disso, os deveres informativos tornam-se intensos e exercem uma função distinta dos deveres de informação da fase pré-contratual, em que estes visam a permitir o consentimento informado a contratar[361], e aqueles visam a promover, em sua maioria, o *fechamento* e a alertar sobre as eventuais perturbações na prestação. Assim, o dever de informar no período intercalar relaciona-se, sobretudo, às informações acerca da realização das exigências necessárias ao fechamento, especialmente sobre alterações fáticas ocorridas acerca da condição e obrigações antecedentes, como a de manutenção do curso regular dos negócios. Tomando uma das partes conhecimento acerca de algum empecilho relativo à consecução de uma condição ou obrigação antecedente, tem o dever de informar, o quanto antes possível, à contraparte, para que esta possa exercer seu direito de desvinculação contratual ou de renegociação, conforme o previsto no instrumento contratual.

Lógico que o dever de informar precisa ser concretamente considerado[362], de modo que nunca pode se esquecer que a característica primordial da condição é a sua incerteza, motivo pelo qual não se pode exigir da parte dados que não sejam previsíveis. De toda forma, esta parte não pode se valer da incerteza da condição para deixar de prestar uma informação previsível e relevante sobre a situação fática concernente ao evento condicional.

Também os deveres informacionais relacionados à sociedade-alvo podem ter seu grau de intensidade elevado, especialmente quando se

---

enquanto o segundo diz respeito ao interesse na realização do escopo comum, pois o objetivo da sociedade é alcançado pelo exercício da atividade empresarial, especificamente prevista no estatuo (FRANÇA, Erasmo Valladão Azevedo e Novaes. **Conflito de interesses nas assembleias de S.A.** 2ª ed. São Paulo: Malheiros, 2014, p. 62).

[361] MARTINS-COSTA, Judith. **A boa-fé no Direito Privado:** critérios para a sua aplicação. 2ª ed. São Paulo: Saraiva, 2018, p. 540-541.

[362] MARTINS-COSTA, Fernanda. O princípio da boa-fé objetiva nos negócios sob condição suspensiva. *In*: BENETTI, Giovana; CÔRREA, André Rodrigues; FERNANDES, Márcia Santana; NITSCHKE, Guilherme Carneiro Monteiro; PARGENDLER, Mariana; VARELA, Laura Beck (Orgs.). **Direito, cultura, método**: leituras da obra de Judith Martins-Costa. Rio de Janeiro: GZ, 2019, p. 285.

realizar, ou se aprofundar, o procedimento de diligência legal durante este período, ou quando for necessário prestar informações para obtenção da aprovação da operação perante terceiros, tais como o Conselho Administrativo de Defesa Econômica. Elementar que as situações de sigilo[363] e vedação à integração prematura de sociedades concorrentes devem ser respeitadas. Afinal, a *licitude* da informação é pressuposto para a caracterização do dever de informar[364]. No entanto, aquele que tem o dever de informar não poderá utilizar-se, abusivamente, deste argumento para não fornecer informações pertinentes e lícitas para a contraparte.

1.2.1.3. *Medidas conservativas (artigo 130 do Código Civil)*

Consoante o artigo 130 do Código Civil, durante a pendência da condição, é conferido ao contraente o exercício de medidas conservatórias de seu direito condicional. Este artigo evidencia a tutela do *expectante* perante riscos manifestos que impliquem ameaça ao cumprimento da obrigação típica em suspenso.

Especificamente nos contratos de *fusões & aquisições*, o risco poderá estar presente quando o alienante, durante o período interino, adotar comportamento que ponha em perigo o cumprimento da obrigação típica do contrato, no sentido de elevar o passivo da sociedade-alvo, estipular direitos reais de terceiros sobre ativos-chave, transmitir clientela[365].

O dispositivo legal adota, contudo, uma tipificação aberta do conceito de "atos destinados a conservar [o direito eventual]", não elencando nem sequer exemplificando quais são essas medidas. A doutrina civilista costuma reconhecer a legitimidade dos atos que não adotem um *caráter executório*[366], *i.e.*, que não interfiram no exercício atual e legí-

---

[363] Nas companhias abertas, existem regras de mercado de capitais e societárias que determinam o sigilo das informações confidenciais da sociedade.

[364] BENETTI, Giovana. **Dolo no Direito Civil:** uma análise da omissão de informações. São Paulo: Quartier Latin, 2019, p. 231. Especificamente sobre o dever de informar na compra e venda de participação societária: BUSCHINELLI, Gabriel Saad Kik. **Compra e venda de participações societárias de controle**. São Paulo: Quartier Latin, 2018, p. 324 e ss. Também trata do sigilo empresarial como limite do dever de informar: FABIAN, Christoph. **O dever de informar no Direito Civil**. São Paulo: Revista dos Tribunais, 2002, p. 162-163.

[365] Exemplos de BEVIÁ, Vicente Gimeno. **Las condiciones en el contrato de compraventa de empresa**. Navarra: Thomson Reuters, 2016, p. 249.

[366] PEREIRA, Caio Mário da Silva. **Instituições de Direito Civil**. V. 1. 33ª ed. Rio de Janeiro: Forense, 2020, p. 472, edição Kindle; BEVILAQUA, Clovis. **Código Civil dos Estados Unidos do Brasil**. V. 1. Rio de Janeiro: Francisco Alves, 1927, p. 367; TEPEDINO, Gustavo; BARBOZA,

timo do *objeto indireto* da prestação pelo expectado. Sugerem, assim, exemplificativamente, as seguintes medidas conservatórias: a ação declaratória, atos de registro, sequestro.

A ideia central é a de que o *direito expectativo* traduz-se em um "direito a crédito"[367], carente de exigibilidade. Como não é conferindo um direito exigível e certo ao adquirente, é lógico que a sua tutela encontra limitações, a saber: não pode implicar o exercício atual do *direito expectado* ao credor. Por outros termos, as medidas conservatórias não podem interferir no exercício legítimo do *objeto indireto* da prestação pelo alienante.

O alcance das medidas conservatórias não depende, contudo, somente da natureza do *direito expectativo*, mas também da natureza do objeto indireto da prestação e das eventuais convenções contratuais estipuladas pelas partes.

Com efeito, há limitações próprias da natureza da transferência de participação societária. Conquanto o patrimônio social possa ganhar relevância jurídica pelo contrato para fins da cláusula de declaração e garantia, o seu alcance, a depender da medida conservativa adotada, pode transcender à existência da interposição da personalidade jurídica. Assim, por exemplo, seria questionável o sequestro de bens do patrimônio social, ainda que houvesse risco sério de o vendedor deteriorá-los ou aliená-los indevidamente.

A existência de medidas relacionadas à manutenção da atividade e do patrimônio social é, contudo, essencial para preservação de *incentivos* para que o alienante empreenda esforços para diminuir o risco moral próprio do período intercalar. Assim, costuma ser mais eficiente a utilização das medidas contratuais estipuladas pelas partes, como o exercício de direito à desvinculação da relação jurídica básica, ou previsão de renegociação[368].

Heloisa Helena; MORAES, Maria Celina. **Código civil interpretado conforme a Constituição da República.** V. 1. 2ª ed. Rio de Janeiro: Renovar, 2007, p. 262; CARVALHO SANTOS, J. M. **Código Civil brasileiro interpretado.** V. 3. 14ª ed. Rio de Janeiro: Freitas Bastos, 1991, p. 83.

[367] PONTES DE MIRANDA, Francisco. **Tratado de Direito Privado.** Tomo V. São Paulo: Revista dos Tribunais, 2013, p. 198.

[368] BEVIÁ, Vicente Gimeno. **Las condiciones en el contrato de compraventa de empresa.** Navarra: Thomson Reuters, 2016, p. 249.

É possível questionar se a estipulação destas medidas excluiria a possibilidade de o comprador se valer de outras medidas conservatórias. Para tanto, será imprescindível analisar globalmente o acordo, sobretudo a existência e o alcance de uma cláusula de solução única (*sole remedy clause*), convenção pela qual as partes determinam ou limitam os meios de reação (remédios) que o credor terá ao seu dispor em caso de qualquer *perturbação contratual*[369] – *i.e.*, incumprimento absoluto, incumprimento relativo, alteração nas circunstâncias e invalidade do negócio por vícios de vontade.

Conquanto a estipulação mais usual seja no sentido de que indenização será a única e exclusiva reação disponível ao comprador em virtude de violação de declarações e garantias do vendedor, poder-se-ia imaginar uma cláusula mais abrangente, estipulando que o meio de reação à violação ou a ameaça às perturbações da prestação será somente o estipulado no contrato.

A principal finalidade desta cláusula será dar certeza e previsibilidade dos riscos assumidos pelas partes, evitando a aplicação de todos os efeitos previstos pela lei como consequência das numerosas situações que podem se verificar[370].

A validade da cláusula de remédio único tem sido alvo de discussões nos países de tradição continental, sobretudo nas hipóteses envolvendo exclusão da anulação por erro, execução específica e resolução do contrato[371]. Com efeito, a questão principal gira em torno de identificar a

---

[369] GONÇALVES, José Luís Dias. A validade da(s) cláusula(s) de *sole remedy* nos contratos de distribuição comercial. **Revista do direito de responsabilidade,** ano 1, 2019, p. 1.232. Disponível em: <https://revistadireitoresponsabilidade.pt/2019/a-validade-das-clausulas-de-sole-remedy-nos-contratos-de-distribuicao-comercial-jose-luis-dias-goncalves/>. Acesso em: 25.07.2020.

[370] DI GRAVIO, Valerio. Clausola di único rimedio. *In:* CONFORTINI, Massimo (Coord.). **Clausole negoziali.** Vicenza: UTET, 2017, p. 1603.

[371] PIRES, Catarina Monteiro. Cláusula de acordo integral e cláusulas de solução única ou de "remédio" único. *In:* CASTRO; Rodrigo Rocha Monteiro de; AZEVEDO, Luis André; HENRIQUES, Marcus de Freitas (Coords.). **Direito societário, mercado de capitais e arbitragem e outros temas:** homenagem a Nelson Eizirik. São Paulo: Quartier Latin, 2020, p. 908 e ss.; BARBOSA, Mafalda Miranda. Ainda o problema da fixação contratual dos direitos do credor: as cláusulas *sole remedy, basket amout* e *consequential loss.* **Revista da Ordem dos Advogados,** v. 1, n. 2, p. 141 e ss. Disponível em: <https://portal.oa.pt/comunicacao/noticias/2020/07/roa-online-ano-80-vol-iii-janjun-2020/>. Acesso em: 25.07.2020; GONÇALVES, José Luís Dias. A validade da(s) cláusula(s) de *sole remedy* nos contratos de distribuição comercial.

derrogabilidade ou inderrogabilidade das normas de cuja aplicação as partes pretendem afastar – *i.e.*, individuar quais os efeitos que as partes pretendem prevenir e, então, verificar se estes são ditados por normas imperativas, ou não[372].

Especificamente em relação às medidas conservativas em contratos de *fusões & aquisições*, a limitação de seu escopo a mecanismos como direito à desvinculação da relação jurídica e dever de renegociação não vai de encontro a normas de ordem pública. Como nem sempre o objeto da prestação dos contratos em exame é facilmente delimitado, podendo surgir dúvidas acerca do alcance das características do patrimônio e atividade sociais, a limitação do alcance das medidas conservativas pode exercer um papel fundamental de conferir previsibilidade e segurança jurídica.

1.2.2. *Regime convencional*

1.2.2.1. *Obrigações antecedentes ao fechamento*

Na própria análise do regime legal já se adiantou diversas inter-relações entre este regime e a normativa covencional das partes. Essas inter-relações são necessárias, pois ambas se direcionam não só no sentido de assegurar o *direito expectativo*, mas também promover o estado de fatos propício à execução plena do contrato e criar incentivos para que as partes ajam no interesse da outra. Serão agora especificadas sob o crivo prevalecente do regime convencional.

1.2.2.1.1. *Obrigação de manter o curso regular dos negócios*

A maioria das obrigações antecedentes ao fechamento diz respeito a obrigações do alienante em relação à gestão da sociedade-alvo, visando à diminuição do *risco moral* que pode existir durante o período intercalar. Por outros termos, é um mecanismo a garantir que o alienante levará em conta o interesse do adquirente de que, no momento em que

---

Revista do direito de responsabilidade, ano 1, 2019, p. 1249 e ss. Disponível em: <https://revistadireitoresponsabilidade.pt/2019/a-validade-das-clausulas-de-sole-remedy-nos-contratos-de-distribuicao-comercial-jose-luis-dias-goncalves/>. Acesso em: 25.07.2020.

[372] Di Gravio, Valerio. Clausola di unico rimedio. *In*: Confortini, Massimo (Coord.). **Clausole negoziali**. Vicenza: UTET, 2017, p. 1603.

assumir a titularidade das participações, a situação patrimonial e financeira da sociedade-alvo não seja diferente daquela apresentada no curso das tratativas e da assinatura do contrato.

A mesma finalidade é encontrada em nossa legislação quando regula as impossibilidades da prestação da *coisa* enquanto pendente condição suspensiva, em seus artigos 234 e 236 do Código Civil. O Código Civil determina que, se a coisa se perder, com *culpa* do devedor, pendente condição suspensiva, responderá este pelo equivalente e mais perdas e danos. Também impõe que, deteriorada a coisa, sendo *culpado* o devedor, poderá o credor exigir o equivalente, ou aceitar a coisa no estado em se acha, com direito de reclamar, em um ou em outro caso, indenização das perdas e danos.

É reconhecido, assim, legalmente, haver durante a pendência um *dever de diligência* imputado ao devedor condicional, o qual deve proceder "de tal maneira que não dificulte nem impossibilite o surgimento do crédito"[373]. Assim, não poderá o obrigado praticar atos, positivos ou negativos, que façam impossível o cumprimento do seu dever[374], e caso descumpra este dever estará obrigado a pagar indenização por perdas e danos.

Especificamente em relação à compra e venda de participação societária, o alienante deverá, pois, empregar a diligência necessária para conservar o conteúdo da prestação, evitando os riscos que possam torná-la impossível durante o período interino. A diligência atua aqui como um esforço que inclui condutas que visam a prevenir a impossibilidade.

Questiona-se, assim, até que ponto o *dever de diligência* abrange aspectos que não são estritamente relacionados à participação societária. Poder-se-ia adotar um critério formal, impondo que o vendedor deverá apresentar a sociedade-alvo na data do *fechamento* com um balanço que

---

[373] PONTES DE MIRANDA, Francisco. **Tratado de Direito Privado.** Tomo V. São Paulo: Revista dos Tribunais, 2013, p. 200. Diez-Picazo, ao tratar de dispositivo legal similar no Direito espanhol, afirma que: "(...) *o deudor soporta, incluso durante la fase de pendencia de la condición de conservación de la prestación y, al mismo tiempo, un deber de evitación de los posibles eventos que puedan impedirla o hacerla imposible. Una aplicación particular de tales deberes es la que produce en orden a la diligente conservación de las cosas debidas en la obligación condicional de dar (art. 1122, 2 y 4). El deudor debe evitar, empleando para ello la diligencia necesaria, la perdida de las cosas y su deterioro o menoscabo*". (DIEZ-PICAZO, Luis. **Fundamentos del derecho civil patrimonial.** V. 1. 5ª ed. Madrid: Editora Civitas, 1996, p. 535).

[374] PONTES DE MIRANDA, Francisco. **Tratado de Direito Privado.** Tomo V. São Paulo: Revista dos Tribunais, 2013, p. 200.

PARTE II. 1. ASPECTOS PREPONDERANTEMENTE CONTRATUAIS

coincida com aquele apresentado na data da assinatura? Ou adotar-se-ia um critério material, que a sociedade não poderá ter sofrido mudanças endógenas que resultem em determinada magnitude – como, *e.g.*, saída de ativos ou trabalhadores chaves, empréstimos de valores altos?

A questão é complexa. A doutrina civilista já registrou que nada impede que as partes estabeleçam atenuações a este *dever de diligência*, desde, é claro, que não se retire todo o efeito ao negócio jurídico[375]. Assim, aumentá-lo para abranger vicissitudes da sociedade-alvo, no caso de compra e venda de participação acionária, ou especificá-lo, não pareceria ir de encontro a qualquer regra imperativa, tanto que já se reconheceu o caráter dispositivo das referidas normas[376].

Não se pode esquecer que o alienante nos contratos de *fusões & aquisições* é titular de um feixe de direitos e deveres perante a sociedade-alvo[377], não sendo proprietário de seus bens ou atividade social. Sua atuação na sociedade está circunscrita, sobretudo, ao seu direito de voto, o qual deve ser exercido sempre no interesse da sociedade, cf. artigo 115 da Lei n. 6.404/76[378]. Os direitos e deveres do acionista, como se verá na premissa do próximo capítulo, são funcionalizados justamente pelo interesse social[379], de modo que a atuação *diligente* do acionista perante a sociedade-alvo é aquela de acordo com tal interesse.

---

[375] PONTES DE MIRANDA, Francisco. **Tratado de Direito Privado** Tomo V. São Paulo: Revista dos Tribunais, 2013, p. 200.
[376] TEPEDINO, Gustavo; BARBOZA, Heloísa Helena; MORAES, Maria Celina Bodin. **Comentários ao Código Civil interpretado conforme a Constituição da República.** V. 1. 2ª ed. Rio de Janeiro: Renovar, 2012, p. 502: "Embora a lei tenha indicado as consequências da inexecução de forma expressa [artigo 234], trata-se de norma dispositiva e, portanto, nada impede que as partes, por convenção, distribuam de forma diversa os riscos na obrigação de dar coisa certa".
[377] "O sistema jurídico da sociedade define os direitos e obrigações integrantes da posição jurídica de sócio, que é termo das relações jurídicas internas do sistema". (PEDREIRA, José Luiz Bulhões; LAMY FILHO, Alfredo. Conceito e Natureza. In: LAMY FILHO, Alfredo; PEDREIRA, José Luis Bulhões (Coords.). **Direito das companhias.** 2ª ed. Rio de Janeiro: Forense, 2017, p. 31).
[378] "Art. 115. O acionista deve exercer o direito a voto no interesse da companhia; considerar-se-á abusivo o voto exercido com o fim de causar dano à companhia ou a outros acionistas, ou de obter, para si ou para outrem, vantagem a que não faz jus e de que resulte, ou possa resultar, prejuízo para a companhia ou para outros acionistas".
[379] FRANÇA, Erasmo Valladão Azevedo e Novaes; e ADAMEK, Marcelo Vieira von. *Affectio societatis*: um conceito jurídico superado no moderno direito societário pelo conceito de fim

Essa distinção é importante para diferenciar o *nexo de imputação*[380], uma vez que o compromisso assumido pelo alienante nem sempre terá o mesmo sentido. Isto é: conquanto o *dever de diligência* legal tenha como fator de imputação a *culpa*, as partes podem convencionar obrigações durante o período intercalar que tenham o *risco* como fator de imputação[381].

Assim, pode o alienante se obrigar a despender os esforços necessários para que a sociedade-alvo seja gerida conforme o *curso regular dos negócios*[382] durante o período intercalar, atuando a *culpa* como fator de

---

social. *In*: FRANÇA, Erasmo Valladão Azevedo e Novaes (Coord.). **Direito societário contemporâneo.** V. 1. São Paulo: Quartier Latin, 2009, p. 147.

[380] Fator de imputação, ou "nexo de imputação", segundo Serpa Lopes, atine a um problema de *imputatio iuris*, ao contrário do nexo causal, respeitante a uma questão de *imputatio facti*. (SERPA LOPES, Miguel Maria de. **Curso de Direito Civil.** Vol. V. 2ª ed. Rio de Janeiro: Freitas Bastos, 1962, p. 252). Como ainda explicam outros autores: "O Direito Civil acolhe (...) distintos fatores ou 'razões' de imputação de responsabilidade. O critério não é naturalista. A Lei, tomando com base considerações como justiça, ou agindo para privilegiar determinada política pública, pode atar diretamente dois eventos. Mas, no mais das vezes, o legislador não desce à casuística, e a razão é dada por meio de um fator de imputação, isto é: um critério amplo pré-fixado que justifica a atribuição da responsabilidade a alguém. Dentre eles, encontramos, v.g., a própria vontade das partes, cuja declaração negocial pode já atribuir um determinado efeito a um evento dentro dos limites gerais do Ordenamento; a culpa (art. 392) que, como acima se viu, é o mais geral e comum fator de imputação na responsabilidade civil contratual, tendo presença – embora cada vez mais restrita – na responsabilidade extracontratual; o risco da atividade econômica (v.g., art. 927, par. único) ou a garantia, como, por exemplo, no contrato de seguro (art. 757, *caput*)". (MARTINS-COSTA, Judith; GIANNOTTI, Luca. A culpa no Direito das Obrigações: notas para uma história de conceitos jurídicos fundamentais. *In*: PIRES, Fernanda Ivo (Org.). **Da estrutura à função da responsabilidade civil:** uma homenagem do Instituto Brasileiro de Responsabilidade Civil (IBERC) ao Professor Renan Lotufo. São Paulo: Foco, 2021, p. 163-178).

[381] Sobre obrigações de garantia, ver: COMPARATO, Fábio Konder. Obrigações de meios, de resultado e de garantia. **Doutrinas essenciais de Direito Empresarial,** v. 4, 2012, p. 8.

[382] Ideal é que as partes definam o que entendem por *curso ordinário dos negócios*, enumerando, pois, as situações em que o alienante deverá requerer o consentimento do adquirente para realização de operações que exorbitem tal curso (como, *e.g.*, alienações ou financiamentos relevantes, que excedam o valor de X). No entanto, como a elaboração destas cláusulas implica altos custos de negociação e disponibilização de informações, também são comuns estipulações vagas no sentido de que operações destoantes do curso ordinário devem se submeter ao consentimento do adquirente.

Surge, então, para o intérprete, a questão de como definir se determinada atividade transcende, ou não, ao *curso regular dos negócios*. Esta definição não consiste, pois, tarefa fácil, uma vez que o significado da expressão é suscetível de diversas variações: pode ir de uma concepção extensiva segundo a qual engloba qualquer ato constante do objeto da sociedade-alvo; até um significado restritivo segundo o qual abrange somente atos de gestão do dia-a-dia da sociedade. Sobre o assunto, Didier Leclercq propõe uma solução mediana, entendendo que o *curso regular dos negócios* diz respeito "a todo ato ou operação, compreendida ou não no quadro da gestão cotidiana, que apresenta um certo grau de recorrência – e não um caráter excepcional – e que também se insere numa perspectiva de continuidade quanto às atividades efetivamente exercidas pela sociedade no passado, sem, no entanto, se estender a todas aquelas que naturalmente se adaptam às circunstâncias". (LECLERCQ, Didier. **Les conventions de cession d'actions:** analyse juridique et conseils pratiques de rédaction. 2ª ed. Bruxelas: Larcier, 2017, p. 304-305). A consistência das práticas em relação àquelas adotadas no passado da sociedade-alvo também foi uma importante consideração no precedente julgado pela Corte de Delaware, *Ab Stable VIII LLC v. Maps Hotels and Ressorts One LLC*, em que é dito, ao comentar precedente anterior que *"an ordinary course covenant is not a straitjacket, but it nevertheless constrains the seller's flexibility to the business's normal range of operations"*, bem como frisou-se o uso pelas partes do advérbio "somente" na cláusula referente a "consistente com as práticas passadas" (Disponível em: <https://law.justia.com/cases/delaware/court-of-chancery/2020/c-a-no-2020-0310-jtl.html>. Acesso em: 20 de junho de 2022). Situações há, contudo, difíceis de serem apuradas a regularidade, ou não, da condução dos negócios. Pense-se, numa situação extrema ocorrida durante o período interino, que exija do vendedor a adoção de medidas consideráveis na condução do negócio. Uma apuração meramente retrospectiva será suficiente, ou o método de comparação não faria sentido frente a "normalidade" exigida em situação agravada pelas circunstâncias externas? Pensamos que, nesta situação, a concreção da normalidade deverá ser aquela pautada no standard da boa-fé, perquirindo-se a partir daí se seria exigível do vendedor adotar conduta mais gravosa para manter a "normalidade" em uma situação "anormal".

Para tanto, as regras hermenêuticas do negócio jurídico, que são cogentes, expressas nos artigos 112 e 113 do Código Civil, devem ser observadas, cabendo a averiguação acerca da intenção "consubstanciada" na declaração, avaliando-a, ademais, à luz dos elementos contextuais: a boa-fé e os usos negociais.

Além disso, a Lei de Liberdade Econômica ainda inclui como outro critério hermenêutico a ser observado a racionalidade econômica subjacente ao negócio jurídico. Sobre o assunto, ver: NITSCHKE, Guilherme Carneiro Monteiro. Comentário ao artigo 113 § 1º e 2º do Código Civil: interpretação contratual a partir da Lei de Liberdade econômica. *In:* MARTINS-COSTA, Judith; NITSCHKE, Guilherme Carneiro Monteiro (Coords.). **Direito privado na Lei da Liberdade Econômica:** comentários. São Paulo: Almedina, 2022, p. 277-433.

A análise etimológica também pode ter valia na apuração do significado da expressão "curso ordinário dos negócios". Por extraordinário, entende-se tudo o que não é conforme o uso ou costume geral ou ordinário, aquilo anormal (FREIRE, Laudelino. **Grande e novíssimo dicionário da língua portuguesa.** V. 3. 2ª ed. Rio de Janeiro: José Olympio, 1954, p. 2460). Assim, não estará abarcado no curso normal todo aquele ato que não se verifica no comum dos casos, do que é comum perante uma certa situação.

Além disso, o conteúdo da expressão *manutenção do curso ordinário dos negócios* tem sido mais aprofundado nos estudos da cláusula de contingenciamento de preço ("earn-out clause"),

imputação, como obrigação de meio. Pode-se obrigar a que a sociedade-alvo será gerida conforme o *curso normal dos negócios*, atuando a *culpa* como fator de imputação, na modalidade de obrigação de resultado. Ou, por fim, pode-se garantir a verificação de determinados fatos, obrigando-se às consequências da mora, se a sociedade-alvo, por qualquer razão, não quiser ou não puder praticá-lo, atuando a *garantia* como fator de imputação.

Imagine-se, então, a situação em que o adquirente não dá o seu consentimento para o alienante exercer seu voto em determinada deliberação capaz de alterar o *curso regular dos negócios*. No entanto, a votação positiva é exigida para a consecução do interesse social da companhia-alvo. Se o alienante se comprometeu somente a despender seus melhores esforços ou ao resultado, não garantindo contra o risco da superveniência de deliberação, não estará incumbido do dever de indenizar perante o adquirente, pois a votação contrária ao interesse social não está abarcada na obrigação de diligência. Se, pelo contrário, garantiu o alienante perante os riscos, estará obrigado a indenizar ainda nas situações de fortuito ou força maior.

a qual submete a exigibilidade do pagamento de parcela do preço da aquisição ao atingimento de certas metas pela sociedade-alvo (PIVA, Luciano Zordan. **O earn-out na compra e venda de empresas.** São Paulo: Quartier Latin, 2019). Também a disposição relativa à manutenção do curso dos negócios visa à diminuição do risco moral, mas em uma perspectiva inversa, em que o adquirente costuma estar no controle da sociedade. Há, assim, o receio que o ajuste de preço *ex post* promovido pela cláusula *earn-out* possa criar *incentivos* ao adquirente para adotar comportamentos oportunistas, como reter ganhos durante o período de apuração com objetivo único de obter vantagens do novo negócio adquirido somente após o término de tal período (BAINBRIDGE, Stephen M. **Bainbridge's mergers and acquisitions.** 3ª ed. Nova Iorque: West Academic, 2012, p. 75, edição Kindle), "administrando" o não atingimento das metas e, consequentemente, o não pagamento da parcela adicional do preço de aquisição da sociedade. Por outro lado, se o alienante é mantido na administração da sociedade-alvo durante o período de apuração do *earn-out*, há o receio de que este priorize estratégias de curto prazo, somente para o atingimento das metas condicionais, descurando do interesse social. Sobre o assunto, a doutrina tem indicado serem o *dever de diligência* e o *dever de lealdade* dos administradores métrica para a avaliação do comportamento das partes na administração dos negócios sociais durante o período de apuração do *earn-out* (BUSCHINELLI, Gabriel Saad Kik. **Compra e venda de participações societárias de controle.** São Paulo: Quartier Latin, 2018, p. 232).

1.2.2.1.2. *Outras obrigações*

Como visto, uma particular função das *obrigações antecedentes* ao fechamento é a de gerenciamento, especificando as obrigações de cada parte necessárias para proceder ao fechamento. Conquanto a incidência da boa-fé objetiva já imponha o dever de colaboração e informação para realização dos atos necessários ao fechamento, as partes inspiradas em contratos anglo-saxões minudenciam as obrigações de cada parte para o fim de obter autorizações ou realizações de outros atos necessários ao fechamento.

Assim, é comum a previsão da cooperação do vendedor para ajudar nos trâmites necessários à aprovação da operação perante órgãos públicos ou à obtenção de financiamento pelo comprador[383], pois serão necessárias informações acerca das características, natureza, e dimensão da operação, bem como informações sobre o mercado afetado, informações estas que concretamente podem ser detidas pelo alienante. Em contrapartida, é usual se limitar a transmissão das informações a um *standard* de *razoabilidade*, evitando assim requerimentos injustificados de solicitação de informação[384].

Em relação ao comprador, quando a obtenção de financiamento é uma condição precedente, é comum que se estabeleçam condutas proativas dele em relação à obtenção, tais como, dever de negociar e celebrar os termos de compromisso de financiamento o mais breve possível, desde que em termos razoáveis para ele. Também é possível exigir a renegociação pelo comprador dos contratos de garantias prestados pelo vendedor em favor da sociedade-alvo[385] a fim de liberá-lo de tais compromissos.

---

[383] Isso ocorre, sobretudo, nas hipóteses em que o comprador não tem liquidez e realiza uma operação alavancada *"leveraged buyout"*, em que o posterior pagamento aos financiadores é realizado por fluxos ou ativos da sociedade-alvo. Assim, para obtenção do financiamento serão necessárias informações acerca da rentabilidade da sociedade-alvo (BEVIÁ, Vicente Gimeno. **Las condiciones en el contrato de compraventa de empresa**. Navarra: Thomson Reuters, 2016, p. 293-294).

[384] BEVIÁ, Vicente Gimeno. **Las condiciones en el contrato de compraventa de empresa**. Navarra: Thomson Reuters, 2016, p. 289; American Bar Association. **Model stock purchase agreement with commentary**. V. 1. 2ª ed. Chicago: ABA, 2010, p. 208.

[385] FREUND, James. **Anatomy of a merger**: strategies and techniques for negotiating corporate acquisitions. Nova Iorque: Law Journal Press, 1975, p. 250.

Geralmente, estas obrigações envolvem fatos estranhos à vontade do obrigado, razão pela qual se qualificam como obrigações de meios[386] – *i.e.*, em que a prestação prometida compreende tão somente um *comportamento* diligente e honesto do devedor em vista da consecução de um resultado (*i.e.*, a utilidade econômico-social para o credor), e não o resultado em si[387]. Nas obrigações de meio, o resultado não é compreendido no vínculo como elemento da prestação, sendo tão-somente a sua causa no sentido teleológico[388]. Por outros termos, a diligência é elemento mediante o qual se avalia o cumprimento do esforço empregado pelo devedor para realização de um certo resultado e, consequentemente, também medida de avaliação da responsabilidade pelo incumprimento. É comum a utilização nos contratos de adjetivações destas obrigações como "melhores esforços", "razoáveis esforços"[389]. Tratam-se

---

[386] A distinção entre obrigações de meio e de resultado está na aleatoriedade do resultado esperado: "Toda a prestação compreende normalmente dois elementos um objetivo, que corresponde ao bem ou resultado (que não é forçosamente material) a ser produzido em benefício do credor, e um elemento subjetivo, consistente no comportamento do devedor em vista deste resultado. Algumas vezes, porém, esse resultado final não pode entrar no vínculo, pelo fato de depender normalmente, segundo o critério do 'id quod plerumque acedit', de fatores estranhos à vontade do devedor. A prestação então compreenderá tão-só um comportamento diligente e honesto do devedor em vista da obtenção desse resultado". (COMPARATO, Fábio Konder. Obrigações de meios, de resultado e de garantia. **Doutrinas essenciais de direito empresarial,** v. 4, dez. 2012, p. 63-78).

[387] Como explica Fábio Konder Comparato: "tôda obrigação comporta naturalmente um resultado, que corresponde à sua utilidade econômico-social para o credor. Mas nem sempre êste resultado é compreendido no vínculo como elemento da prestação", prosseguindo "tratando-se de uma obrigação de meios, o devedor só será responsável na medida em que se provar não a falta de resultado (que não entra no âmbito da relação), mas a total ausência do comportamento exigido, ou um comportamento pouco diligente e leal". (Obrigações de meios, de resultado e de garantia. **Doutrinas essenciais de direito empresarial**, v. 4, dez. 2012, p. 63-78).

[388] COMPARATO, Fábio Konder. Obrigações de meios, de resultado e de garantia. **Doutrinas essenciais de direito empresarial,** v. 4, dez. 2012, p. 63-78.
COMPARATO, Fábio Konder. Obrigações de meios, de resultado e de garantia. **Doutrinas essenciais de direito empresarial,** v. 4 dez. 2012, p. 63-78.

[389] Conquanto tal adjetivação seja comum na prática nacional, escassas são as análises sobre a viabilidade e alcance dessas cláusulas: COSTA, Márcio Henrique da. **Cláusula de melhores esforços:** da sua incidência e efetividade nos contratos. Curitiba: Juruá, 2016, p. 53; LEÃES, Luiz Gastão Paes de Barros. Acordo de acionistas e contrato de opção de venda (*"put"*) em *"joint venture"*. In: **Novos pareceres.** São Paulo: Singular, 2018, p. 43-66; MARTINS-COSTA, Judith. A obrigação de diligência: sua configuração na obrigação de prestar melhores

de cláusulas abertas[390] cuja função reside em *reforçar* e *precisar* a intensidade de uma *obrigação* de meio[391]; *elevando-se* a diligência – *i.e.*, elemento mediante o qual se avalia o cumprimento do esforço empregado pelo devedor para a realização do interesse do credor – a um patamar deliberadamente alto.

Padrão de diligência e boa-fé objetiva não se confundem, não se podendo igualar a adstrição a uma cláusula de melhores esforços – impositiva de diligência – com a incidência de deveres laterais decorrentes da boa-fé objetiva, e assim considerar irrelevante a inclusão da primeira no contrato[392]. O raciocínio pelo antônimo ajuda a esclarecer o ponto: o contrário da diligência é a negligência, isto é, a culpa. O contrário do comportamento segundo a boa-fé objetiva é o comportamento desleal. Além do mais, a cláusula de melhores esforços constitui o conteúdo próprio da prestação[393], atuando diretamente na estipulação do padrão do cumprimento do esforço empregado pelo devedor para a realização do resultado. Os deveres comportamentais exsurgentes do princípio da boa-fé objetiva, conquanto relevantes para avaliação do comportamento adequado na execução de determinado ajuste, não

---

esforços e efeitos do seu inadimplemento. *In*: GUEDES, Gisela Sampaio da Cruz; TERRA, Aline Miranda Valverde (Coords.). **Inexecução das obrigações:** pressupostos, evolução e remédios. V. 1. Rio de Janeiro: Processo, 2020, p. 133-174; SCARDOA, Renato. **A obrigação de melhores esforços:** uma análise à luz do direito anglo-saxão e sua aplicação no Brasil. Belo Horizonte: Arraes, 2018, p. 48-49; TEPEDINO, Gustavo. A cláusula de melhores esforços e a lealdade contratual. *In:* **Soluções práticas.** V. 2. São Paulo: Revista dos Tribunais, p. 151-172; VENOSA, Silvio de Salvo. A cláusula de "melhores esforços" nos contratos. *In*: HIRONAKA, Gisela Maria Fernandes (Coord.). **Novo Código Civil:** interfaces no ordenamento jurídico brasileiro. Belo Horizonte: Del Rey, 2004, p. 219-222.

[390] Abertas no sentido de constituírem uma escolha voluntária das partes em não fixar todos os detalhes e resultados definitivos no contrato, assumindo deliberadamente a possibilidade de advirem eventuais custos *ex post* para concreção destas cláusulas (COSTA, Márcio Henrique da. **Cláusula de melhores esforços:** da sua incidência e efetividade nos contratos. Curitiba: Juruá, 2016, p. 30).

[391] GAY, Bruno. Clause de *best efforts*. **Les principal clauses des contrats d'affaires.** 2ª ed. Paris: LGDJ, 2018, p. 81.

[392] Esse entendimento foi expresso por: VENOSA, Silvio de Salvo. A cláusula de "melhores esforços" nos contratos. *In*: HIRONAKA, Gisela Maria Fernandes (Coord.). **Novo Código Civil:** interfaces no ordenamento jurídico brasileiro. Belo Horizonte: Del Rey, 2004, p. 219-222.

[393] COSTA, Márcio Henrique da. **Cláusula de melhores esforços:** da sua incidência e efetividade nos contratos. Curitiba: Juruá, 2016, p. 67.

constituem o conteúdo próprio da prestação[394]. Isso não significa que não se possa utilizar a boa-fé objetiva como meio de interpretação da conduta prevista na cláusula de melhores esforços[395].

Mediante as cláusulas de melhores esforços busca-se, pois, o comportamento "diligente especificamente aplicado aos fatos concretos que cercam o conteúdo da obrigação definida, considerando as qualidades e atributos do devedor e também a natureza e conteúdo dos atos a ser[em] praticados para tal obrigação"[396]. Assim, a averiguação do grau de diligência implicando expressões "melhores esforços", "esforços comercialmente exigíveis" ou similares, utilizadas no mesmo instrumento contratual revela que as primeiras "não se trata[m] de uma diligência comum (já por si só devida e a ser aferida segundo os usos comerciais), mas de uma diligência revestida por especial intensidade, de um esforço que supera o habitualmente exigível em similares circunstâncias"[397].

Quanto ao inadimplemento das obrigações de melhores esforços, por serem qualificadas como obrigações de meio, prevalece o entendimento de que não há presunção de culpa, sendo o credor quem deve provar a culpa do devedor da obrigação[398]. Embora inexistam dúvidas que o *inadimplemento relativo* de uma obrigação de diligência durante o período

---

[394] COSTA, Márcio Henrique da. **Cláusula de melhores esforços:** da sua incidência e efetividade nos contratos. Curitiba: Juruá, 2016, p. 66.

[395] COSTA, Márcio Henrique da. **Cláusula de melhores esforços:** da sua incidência e efetividade nos contratos. Curitiba: Juruá, 2016, p. 67.

[396] COSTA, Márcio Henrique da. **Cláusula de melhores esforços:** da sua incidência e efetividade nos contratos. Curitiba: Juruá, 2016, p. 55.

[397] MARTINS-COSTA, Judith. A obrigação de diligência: sua configuração na obrigação de prestar melhores esforços e efeitos do seu inadimplemento. *In:* **Inexecução das obrigações:** pressupostos, evolução e remédios. V.1. Rio de Janeiro: Processo, 2020 p. 154.

[398] COSTA, Márcio Henrique da. **Cláusula de melhores esforços:** da sua incidência e efetividade nos contratos. Curitiba: Juruá, 2016, p. 55; MARTINS-COSTA, Judith. A obrigação de diligência: sua configuração na obrigação de prestar melhores esforços e efeitos do seu inadimplemento. *In:* GUEDES, Gisela Sampaio da Cruz; TERRA, Aline Miranda Valverde (Coords.). **Inexecução das obrigações:** pressupostos, evolução e remédios. V.1. Rio de Janeiro: Processo, 2020, p. 159. Em sentido contrário, apoiado em jurisprudência canadense e no art. 373, 1º do Código de Processo Civil, Renato Scardoa reconhece, pela maior facilidade de o devedor de uma obrigação de melhores esforços comprovar sua conduta, ser justificável lhe impor o ônus da prova (SCARDOA, Renato. **A obrigação de melhores esforços:** uma análise à luz do direito anglo-saxão e sua aplicação no Brasil. Belo Horizonte: Arraes, 2018, p. 48-49).

intercalar permite ao credor pedir a purga da mora, questiona-se acerca das consequências de seu inadimplemento definitivo. Tratando-se do incumprimento de uma obrigação secundária do contrato, e não da obrigação principal – a qual está em suspenso – poderá o credor exigir a execução específica ou a resolução do contrato por inadimplemento?

A questão é complexa, exigindo sempre uma interpretação global do acordo, sobretudo para verificar se a obrigação de melhores esforços não está englobada em alguma *cláusula de manutenção*. Pense-se, *e.g.*, na combinação das seguintes cláusulas: o vendedor obriga-se a realizar seus melhores esforços para conseguir a obtenção de uma determinada autorização, ao mesmo tempo em que é prevista uma condição de cumprimento pelo vendedor de *todas* as obrigações pré-fechamento.

Elementar que, para ensejar a resolução, a violação de um dever de melhores esforços tenha que se revestir de importância e gravidade, comprometendo efetivamente o interesse do credor[399].

2. Regime jurídico do fechamento

2.1. Delimitação do fechamento

O fechamento é um momento complexo do *iter* dos contratos com execução diferida. Conquanto indique a finalização do período intercalar, não implica necessariamente a produção dos efeitos obrigacionais típicos. Para tanto, será necessário verificar a satisfação de todas as *exigências* ao fechamento, o que não se trata de um procedimento simples nem sempre realizável num mesmo e único lapso temporal. Pelo contrário, o fechamento relativo a uma contratação complexa é geralmente dividido em três etapas: *procedimento pré-fechamento* ("preclosing process"); *fechamento propriamente dito* ("closing itself"); *aspectos do pós-fechamento* ("postclosing matters")[400].

---

[399] MARTINS-COSTA, Judith. A obrigação de diligência: sua configuração na obrigação de prestar melhores esforços e efeitos do seu inadimplemento. *In:* GUEDES, Gisela Sampaio da Cruz; TERRA, Aline Miranda Valverde (Coords.). **Inexecução das obrigações:** pressupostos, evolução e remédios. V. 1. Rio de Janeiro: Processo, 2020, p. 172.

[400] LAJOUX, Alexandra Reed. **The art of M&A:** a merger, acquisition, and buyout guide. 5ª ed. Nova Iorque: McGraw-Hill Education, 2019, p. 755 e ss. Também tratando do sentido amplo do termo "fechamento": LECLERCQ, Didier. **Les conventions de cession d'actions:** analyse juridique et conseils pratiques de rédaction. 2ª ed. Bruxelas: Larcier, 2017, p. 380-381.

No *procedimento pré-fechamento* as partes realizam, de modo geral, diversos atos de caráter procedimental e negocial para viabilizar a avaliação do cumprimento das exigências, bem como para negociar e resolver pontos eventualmente em aberto. As partes e seus representantes distribuem, então, entre si, minutas de documentos para revisão e aprovação final; avaliam se as exigências do fechamento – principalmente as condições suspensivas – foram satisfeitas ou "renunciadas"; e renegociam questões fundamentais da operação, sobretudo quando ocorrerem eventos imprevistos no período intercalar que tenham modificado a relação de equivalência entre a prestação prometida na *data da assinatura* e a efetiva prestação a ser entregue no *fechamento*.

Com efeito, em virtude da pluralidade e da complexidade dos fatos eleitos como exigências ao fechamento, é usual que haja algumas imprecisões entre estes fatos e aqueles efetivamente ocorridos durante o período intercalar, permitindo o exercício do direito à desvinculação da relação jurídica básica com base no incumprimento ou não satisfação desta exigência. Assim, o *fechamento* pode ser um momento de confirmação ou de eventual modulação nos termos do contrato celebrado na assinatura[401].

Este fenômeno de modulação ocorre, sobretudo, quando uma *condição de manutenção* não é integralmente atendida. Assim, o receio sobre a existência destes imprevistos e a manutenção da correspondência entre o prometido e o objeto a ser entregue justificam a importância conferida pelas partes a este momento contratual[402], pois consiste na última oportunidade para o exercício do direito de desvinculação contratual ou para a realocação dos riscos perante estas novas circunstâncias.

Após eventual realocação de riscos e revisão dos documentos do *fechamento* e da *closing checklist* – *i.e.*, documento apartado que define o passo a passo do fechamento, indicando a ordem cronológica de cada ato – as partes podem proceder ao *fechamento propriamente dito*, que se inicia com a preparação da documentação final, executando-se os atos finais eventualmente necessários, e que se finda com o pagamento

---

[401] FONTAINE, Marcel. La théorie de la formation du contrat et la pratique du *"closing"*. **Mélanges en l'honneur de Camille Jauffret-Spinosi.** Paris: Dalloz, 2013, p. 366 e ss.
[402] BEVIÁ, Vicente Gimeno. **Las condiciones en el contrato de compraventa de empresa.** Navarra: Thomson Reuters, 2016, p. 300.

do preço pelo comprador e a entrega das participações societárias pelo vendedor, se as exigências ao fechamento forem satisfeitas ou renunciadas.

Por fim, os *aspectos do pós-fechamento* usualmente referem-se à distribuição de documentos e à realização de atos burocráticos remanescentes, como, *e.g.*, correção ou alterações de documentos auxiliares, o registro do cancelamento de alguma garantia.

O *fechamento* consiste, portanto, em um termo *polissêmico*. Em sentido amplo, significa o procedimento de *avaliação* das *exigências necessárias* a se proceder à execução das obrigações típicas do contrato, que pode desencadear vários possíveis cenários: a execução plena do contrato por cumprimento e satisfação das *exigências*, ou por "renúncia" aos seus efeitos desvinculativos e indenizatórios; a execução plena do contrato com direito a indenização de uma das partes por incumprimento de uma obrigação – que, conforme o caso, pode-se substituir por uma redução de preço; a inexecução plena do contrato por ineficácia automática de condição suspensiva; a inexecução do contrato por denúncia unilateral motivada ("denúncia cheia") com ou sem direito a indenização; e a resolução convencional.

Em sentido estrito, o *fechamento* significa a *execução* plena do contrato – *i.e.*, o adimplemento da obrigação típica –, tal qual pactuada nos termos contratuais originais da data da celebração (*signing*) ou nos eventuais termos renovados na data do *fechamento*, se as *exigências* forem cumpridas/satisfeitas ou renunciadas durante o termo contratual estabelecido para tanto.

A seguir, analisaremos a série de situações em que a relação jurídica básica pode ser transmudada em relação jurídica obrigacional ou, ao revés, pode ser simplesmente desfeita, bem como as suas respectivas consequências. Isso porque, a depender do fundamento da extinção do vínculo jurídico, distintas são as consequências jurídicas.

2.2. Análise ampla e conjuntiva da satisfação e cumprimento das *exigências* ao *fechamento*

A *avaliação* do cumprimento das *exigências* ao fechamento consiste, em termos gerais, na verificação da congruência entre os fatos descritos como *exigência* ao *fechamento*, e aqueles que efetivamente ocorreram no período intercalar[403]. Situações há em que esta congruência não se mostra fácil de apurar. Imagine-se, *e.g.*, a hipótese em que, convencionada uma condição que subordine a eficácia típica da contratação à aprovação da operação pelo Conselho Administrativo de Defesa Econômica, este órgão aprove a operação, mas submetendo tal aprovação à realização de diversas exigências; ou na situação em que a condição diga respeito à liberação do vendedor de garantias em favor da sociedade-alvo, de modo que o documento de extinção de penhor tenha sido assinado no período intercalar, mas o cancelamento do registro venha a ser realizado após a data do fechamento.

Embora os autores clássicos[404] (assim já no Esboço do Código Civil de Teixeira de Freitas) determinassem, quanto ao negócio condicional, ser indivisível a satisfação da condição, ainda quando seu objeto fosse divisível, certo é que o Código Civil não regulou com detalhamento a verificação da condição. Há amplo espaço para a autonomia das partes.

Note-se, além disso, que o fato de as exigências serem muitas vezes *unilaterais* – *i.e.*, em benefício de uma parte – seria possível questionar até que ponto estamos perante um critério naturalístico – ou seja, ocorrência estrita de um acontecimento no mundo dos fatos – ou também perante um certo grau de critério normativo – *i.e.*, há um elemento de satisfação do beneficiário envolvido.

Ainda que o principal objeto da interpretação seja o texto do contrato, nem sempre as partes terão regulado precisamente todas essas situações; e, mesmo se o fizerem, podem ter utilizado termos vagos, como cumprimento *substancial* ou *material* das exigências, justamente para evitar os altos custos de negociação de termos mais específicos.

De qualquer forma, será necessário, então, estabelecer certos critérios para a averiguação da congruência. Em primeiro lugar, reitera-se, será sempre necessário perquirir a vontade das partes e "a intenção consubstanciada na declaração", analisando o acordo globalmente. Em segundo lugar, é preciso identificar a natureza, em si, da imprecisão: se ato meramente burocrático, ou não.

---

[403] LAJOUX, Alexandra Reed. **The art of M&A:** a merger, acquisition, and buyout guide. 5ª ed. Nova Iorque: McGraw-Hill Education, 2019, p. 752.
[404] TEIXEIRA DE FREITAS, Augusto. **Esboço do Código Civil.** V. 1. Brasília: Fundação Universidade de Brasília, 1983, p. 181-183; CARVALHO DE MENDONÇA, Manoel Ignacio. **Doutrina e prática das obrigações.** V. 1. 2ª ed. Rio de Janeiro: Francisco Alves, [s.d.], p. 268.

PARTE II. 1. ASPECTOS PREPONDERANTEMENTE CONTRATUAIS

Os exemplos acima referidos são pertinentes para realização de tal distinção. No primeiro caso, se as exigências do Conselho Administrativo de Defesa Econômica envolverem, por exemplo, mudanças significativas no modo de operação da sociedade-alvo, certamente se transcenderá a caracterização de atos meramente burocráticos, e se estará na própria caracterização da declaração da vontade. No segundo caso, o registro é ato meramente *declarativo* da extinção[405], consubstanciando-se num aspecto comum do *pós-fechamento*, razão pela qual não se deve considerar como parte integrante da verificação da condição.

A averiguação da satisfação das exigências não deve ser confundida com a avaliação de uma *obrigação antecedente* que atue como veículo para ocorrência de uma exigência. Tome-se, como exemplo, uma situação em que seja prevista uma *condição precedente* consistente na celebração de arranjos contratuais com os credores para a liberação do vendedor das garantias prestadas em benefício da sociedade-alvo em combinação com uma *obrigação antecedente* consubstanciada nos deveres de melhores esforços das partes para negociar tais arranjos contratuais. A avaliação dos melhores esforços diz respeito tão-somente ao cumprimento, ou não, da obrigação antecedente; a avaliação da celebração, ou não, dos arranjos contratuais interessará para fins de disparo da eficácia plena do acordo.

Além da congruência individual entre determinado fato descrito e determinado fato ocorrido, há a questão de perquirir se a pluralidade de imprecisões não substanciais pode implicar a desvinculação contratual. Além da interpretação da intenção das partes, será necessário averiguar se a finalidade concreta do contrato é comprometida pela pluralidade destas não satisfações. Em determinadas cláusulas, *e.g.*, nas cláusulas de declaração e garantia, é comum que as partes tenham especificado um *standard* de verificação, ao determinar se a imprecisão de uma declaração deve ser analisada em bases individuais, ou não.

Por fim, a avaliação das *exigências* deve ainda seguir um padrão cronológico, conforme proposto por Vicente Gimeno Beviá[406]. Primeiramente, as *condições de entrada* devem ser avaliadas justamente por serem

---

[405] Conquanto o registro do penhor de ações seja, nos termos do parágrafo 1º do art. 39 da Lei 6.404/76, constitutivo da garantia, certo é que sua extinção obedece aos artigos 1.436 e seguintes do Código Civil, sendo ato meramente declarativo.

[406] BEVIÁ, Vicente Gimeno. **Las condiciones en el contrato de compraventa de empresa.** Navarra: Thomson Reuters, 2016, p. 311 e ss.

os requisitos imprescindíveis para eficácia plena do acordo, bem como para o cumprimento das demais exigências. Em seguida, devem ser averiguadas as *condições de manutenção*, pois seu objeto é justamente neutralizar os riscos existentes no período intercalar.

A eficácia contratual é, então, conjuntiva. Significa, *e.g.*, que a obtenção da autorização do Conselho Administrativo de Defesa Econômica não implica, automaticamente, os efeitos obrigacionais típicos. Por vontade das partes, a suspensão dos efeitos é mantida até a averiguação da *totalidade* das exigências ao fechamento.

2.3. Operatividade dos mecanismos de diferimento temporal

2.3.1. *Condições suspensivas*

Antes de adentrar nas questões específicas da operatividade da condição suspensiva nos contratos de *fusões & aquisições*, uma breve diferenciação a respeito das etapas do mecanismo condicional se faz pertinente. Como já dito, a etapa da pendência (*conditio pendent*) inicia-se com a celebração do contrato (*assinatura*) surtindo os efeitos próprios do regime condicional, e estando suspensos os efeitos contratuais eleitos pela parte. Esta etapa é permeada pela *incerteza* da realização do evento condicional, chegando ao cabo quando este estado de incerteza se desfaz: seja pela constatação da ocorrência do evento seja pela constatação da impossibilidade da ocorrência deste evento.

A *verificação da condição* será uma das etapas que pode finalizar a incerteza, na qual se dispara os efeitos outrora suspensos. Por outros termos, passa-se à execução plena do contrato. Se o evento condicional consiste na alteração de um estado anterior de coisas (*condição positiva*) – *e.g.*, "se o atual presidente for reeleito, vender-te-ei minha participação societária na sociedade X" – a verificação se dará no momento em que o evento futuro e incerto acontecer no mundo fático, no tempo e modo convencionado pelas partes[407]. Se o evento condicional consiste na não alteração de uma situação de coisas preexistente (*condição negativa*), a verificação decorrerá da constatação da impossibilidade de ocorrência do evento no mundo dos fatos, tempo e modo acordado pelas partes.

---

[407] Ráo, Vicente. **Ato jurídico.** 2ª ed. São Paulo: Saraiva, 1979, p. 336.

Lógico é perceber, então, que a *não verificação da condição* será o reverso da moeda, em que a superveniência da certeza implicará a desvinculação das partes do negócio. Se *condição positiva*, ocorrerá quando da constatação da impossibilidade de sua ocorrência. Se *condição negativa*, ocorrerá quando se constatar a sua efetiva ocorrência no mundo fático.

2.3.1.1. *Satisfação da condição: (i) retroatividade dos efeitos*

O implemento das condições suspensivas implica, a rigor, disparo automático dos efeitos típicos outrora suspensos. Nos contratos de *fusões & aquisições*, pelo exercício da autonomia privada, as partes flexibilizam esta automaticidade do disparo, de modo a atuar conjuntivamente com a realização das demais exigências ao fechamento previstas no contrato, como, *e.g.*, eventuais *opções* e *obrigações pré-requisito*.

Verificadas, então, as condições suspensivas, questiona-se acerca da retroatividade, ou não, de seus efeitos à data da celebração do contrato. Isto é, admitindo-se a eficácia *ex tunc*, a validade e a eficácia dos atos perpetrados pelo expectado, criadores de direito para terceiros, são perdidas; limitando-se a eficácia *ex nunc*, convalidam-se os atos praticados pelo expectado assim como os direitos dele decorrentes para terceiros[408].

A retroação não é, a rigor, uma consequência lógica; pelo contrário, consiste numa "fórmula normativa de regulamentação de interesses", da qual não se devem extrair generalizações[409]. A questão gira em torno, portanto, de indagação acerca de se, na proteção a ser dada ao titular condicional, seus interesses devem ter preferência aos de terceiros e aos do devedor, e, no caso afirmativo, em que medida"[410]. Significa, assim, que é necessário averiguar a situação jurídica existente na pendência, a

---

[408] Não existem sistemas jurídicos absolutos acerca do assunto, de modo que em nenhum deles a integralidade dos efeitos condicionados se direcionará somente a um sentido, cada qual admitindo substanciais e assemelhadas exceções aos seus comandos gerais. Sobre as diferenças entre os sistemas, ver: AMARAL, Francisco. **Da irretroatividade da condição suspensiva no Direito Civil brasileiro.** Rio de Janeiro: Forense, 1984; MARTINS-COSTA, Fernanda. **Condição suspensiva:** função, estrutura e regime jurídico. São Paulo: Almedina, 2017.

[409] MARTINS-COSTA, Fernanda. **Condição suspensiva:** função, estrutura e regime jurídico. São Paulo: Almedina, 2017, p. 145, citando Diez-Picazo.

[410] GOMES, Orlando. **Introdução ao Direito Civil.** 19ª ed. Rio de Janeiro: Forense, 2008, p. 356.

fim de que exista uma compatibilidade entre a direção do efeito e a função da condição[411].

O Direito brasileiro não adotou a retroatividade da condição, mas tão-somente algumas vicissitudes pontuais nas hipóteses dos artigos 126[412] e 1.359 do Código Civil[413]. Valorando a situação jurídica existente – *i.e.*, o ato de disposição incompatível com o negócio –, o legislador criou uma proteção ao credor, determinando a ineficácia do ato.

O sistema impõe, portanto, uma limitação não só do poder do devedor condicional dispor do bem, mas também de qualquer outra fonte produtora de um ato de disposição incompatível com o negócio condicional[414], desde que o bem seja infungível[415] e que o negócio condicional esteja refletido no registro competente[416].

2.3.1.2. Não implemento: o caso da renúncia e da multa por desistência motivada ("break up fee")

A condição suspensiva opera no plano da eficácia, de modo que, a não satisfação de uma *exigência ao fechamento* que tenha natureza jurídica de condição suspensiva implicará, em princípio, automática desvinculação

---

[411] MARTINS-COSTA, Fernanda. **Condição suspensiva:** função, estrutura e regime jurídico. São Paulo: Almedina, 2017, p. 145.

[412] "Art. 126. Se alguém dispuser de uma coisa sob condição suspensiva, e, pendente esta, fizer quanto àquelas novas disposições, estas não terão valor, realizada a condição, se com ela forem incompatíveis".

[413] "Art. 1.359. Resolvida a propriedade pelo implemento da condição ou pelo advento do termo, entendem-se também resolvidos os direitos reais concedidos na sua pendência, e o proprietário, em cujo favor se opera a resolução, pode reivindicar a coisa do poder de quem a possua ou detenha".

[414] Já sob a égide do Código Civil de 1916, juristas como Pontes de Miranda e Carvalho Santos reconheciam a incidência do artigo 122 (correspondente ao atual artigo 126) às alienações incompatíveis com o negócio condicional que não emanassem do próprio devedor, como, *e.g.*, no arresto, sequestro, execuções forçadas (PONTES DE MIRANDA, Francisco. **Tratado de Direito Privado.** Tomo V. São Paulo: Revista dos Tribunais, 2013, p. 241; CARVALHO SANTOS, J. M. **Código Civil brasileiro interpretado.** V. 3. 14ª ed. Rio de Janeiro: Freitas Bastos, 1991, p. 90).

[415] AMARAL, Francisco. **Da irretroatividade da condição suspensiva no Direito Civil brasileiro.** Rio de Janeiro: Forense, 1984, p. 243; RIBEIRO, Eduardo; TEIXEIRA, Sálvio de Figueiredo (Coord.). **Comentários novo Código Civil.** V. 2. Rio de Janeiro: Forense, 2008, p. 335.

[416] AMARAL, Francisco. **Da irretroatividade da condição suspensiva no Direito Civil brasileiro.** Rio de Janeiro: Forense, 1984, p. 243; RIBEIRO, Eduardo; TEIXEIRA, Sálvio de Figueiredo (Coord.). **Comentários novo Código Civil.** V. 2. Rio de Janeiro: Forense, 2008, p. 336.

da relação jurídica básica. Trata-se da constatação da impossibilidade de se transmudar um *direito expectativo* em *direito expectado*, desfazendo a relação jurídica básica existente desde a data da *assinatura*.

É comum que seja prevista a possibilidade de *"renúncia* da condição", o que reconduz a discussões acerca do desvirtuamento da automaticidade do funcionamento condicional – *i.e.*, a desvinculação opera sem a necessidade de declaração ulterior de vontade[417].

Este assunto não é debatido na doutrina nacional, muito embora o seja na doutrina de diversos sistemas jurídicos europeus. Conquanto haja diversas teorias de cariz italiana que visam a explicar a renunciabilidade da condição[418], a questão parece-nos diversa. Não se trata, como aponta Ana Afonso, "de renúncia, mas sim de declaração de vontade

---

[417] BALDINI, Gianni. La condizione unilaterale: implicazioni e problemi. *In:* ALCARO, Francesco (Coord.). **La condizione nel contrato:** tra 'atto'e 'attività'. Milão: CEDAM, 2008, p. 129-130; AFONSO, Ana Isabel. **A condição:** reflexão crítica em torno de subtipos de compra e venda. Coimbra: Coimbra, 2015, p. 337 e ss.

[418] Conquanto muito utilizada na prática dos negócios, a condição unilateral não é objeto de estudo da doutrina brasileira. É possível identificar, porém, investigações sobre sua natureza e possibilidade de renúncia em outros sistemas jurídicas continentais.
Para explicar esta faculdade de renúncia à condição unilateral, diversas teorias foram criadas. Em primeiro lugar, há quem entenda que a condição unilateral e sua renunciabilidade estão abrangidas no regime condicional típico (LOPILATO, Vicenzo. La condizione unilaterale. **Questioni attuali sul contratto.** Milão: Giuffrè, 2004, p. 167-168). Em segundo lugar, há a teoria do duplo condicionamento, mediante a qual se reconhece uma dupla conexão condicional – *i.e.*, uma de natureza causal (o fato) e outra de natureza potestativa (condição resolutiva potestativa) (GERALDES, João de Oliveira. **Tipicidade contratual e condicionalidade suspensiva.** Coimbra: Coimbra, 2010, p. 243-244).
A consequência prática entre as teorias diz respeito à oponibilidade a terceiros dos efeitos da renúncia (TATARANO, Giovanni; ROMANO, Carmine. Condizone e modus. *In:* PERLINGIERI, Pietro. **Trattato di Diritto Civile del consiglio nazionale del notariato.** Nápoles: Edizioni Scientifiche Italiane, 2009, p. 173-174; AFONSO, Ana Isabel. **A condição:** reflexão crítica em torno de subtipos de compra e venda. Coimbra: Coimbra, 2015, p. 337).
Mais precisamente: configurando opção, a renúncia teria apenas efeitos *ex nunc*, prevalecendo os direitos de terceiro adquiridos antes do exercício da renúncia; consistindo em condição resolutiva potestativa, a renúncia teria efeitos *ex tunc*, produzindo-se os efeitos do contrato condicional desde a celebração do negócio. Embora o nosso sistema jurídico não tenha adotado o princípio da retroeficácia da condição, previu uma limitação ao poder de dispor do alienante condicional durante o período de pendência (art. 126 do Código Civil) (AMARAL, Francisco. **Da Irretroatividade da Condição Suspensiva no Direito Civil Brasileiro.** Rio de Janeiro: Forense, 1984, p. 243), o que levaria ao mesmo problema prático, já que a relação optativa não retroage à data da formação da opção pelas partes (IGLESIAS,

mediante a qual se intenta transformar o negócio condicionado num negócio simples e puro"[419].

Sendo o vínculo contratual limitado à relação entre as partes, elementar que as mesmas partes estejam legitimadas para modificar o regulamento de interesses estabelecido no contrato, quando sobrevenha uma diferente apreciação de sua conveniência[420]. Inexistem, pois, obstáculos para reconhecer integração e inclusão do pacto modificativo no contrato.

Embora, via de regra, a modificação tenha que ser bilateral, nada obsta que o exercício da faculdade de modificação unilateral de um contrato tenha legitimidade por uma previsão contratual[421]. Por outros termos, a declaração unilateral de modificação do contrato estará legitimada por ter sido previamente acordada, de modo que esta modificação poderá ter lugar tanto durante o momento da pendência, quanto o da verificação da falta da condição[422].

Entendemos, pois, que a modificação opera *funcionalmente* como a eliminação de uma incerteza – *i.e.*, de modo análogo à realização da condição – razão pela qual os efeitos retroativos do artigo 126 do Código Civil também podem atuar nessas situações.

A modificação do negócio condicional encontra, contudo, certos limites quanto à natureza da condição. Não se aplicará quando envolver uma *condição legal*, pois se trata de uma condição *sine qua non* para a "eficácia do contrato não podendo prevalecer o direito de disposição das partes acerca do caráter imperativo das normas"[423]. Assim, *e.g.*, será inválida eventual cláusula de "renúncia" acerca da obtenção da aprovação

---

Felipe Campana Padin. **Opção de compra ou venda de ações.** São Paulo: Almedina, 2018, p. 122).

[419] AFONSO, Ana Isabel. **A condição:** reflexão crítica em torno de subtipos de compra e venda. Coimbra: Coimbra, 2015, p. 34, apoiada nas lições de Petra Pohlmann.

[420] BETTI, Emílio. **Teoria geral do negócio jurídico.** Tomo 2. Traduzido por Fernando de Miranda. Coimbra: Coimbra, 1969, p. 76-79.

[421] AFONSO, Ana Isabel. **A condição:** reflexão crítica em torno de subtipos de compra e venda. Coimbra: Coimbra, 2015, p. 341.

[422] AFONSO, Ana Isabel. **A condição:** reflexão crítica em torno de subtipos de compra e venda. Coimbra: Coimbra, 2015, p. 342.

[423] BEVIÁ, Vicente Gimeno. **Las condiciones en el contrato de compraventa de empresa.** Navarra: Thomson Reuters, 2016, p. 319.

PARTE II. 1. ASPECTOS PREPONDERANTEMENTE CONTRATUAIS

do Conselho Administrativo de Defesa Econômica, pela incidência do inciso II do artigo 104 do Código Civil.

Questiona-se, além disso, se a modificação poderá ser realizada mediante manifestações tácitas de vontade ou manifestações de vontade pelo silêncio[424]. Pense-se, *e.g.*, no recebimento de *anexos* ao contrato contendo termos negociados de modo diferente do conteúdo do contrato previamente assinado, em que se comunica a não realização da condição e, mesmo assim, prossegue-se no curso normal do período intercalar. O recebimento do anexo sem reservas vale como aceitação da modificação?

Dever-se-á, como ensina Betti, reconhecer o valor de negócio, quer ao comportamento que se configure como declaração, ainda que silenciosa, ou se concretize numa conduta concludente, se ao comportamento andam ligados efeitos jurídicos, em consideração da sua conformidade com a intenção normal que o determina[425]. Frisa o autor a análise contextual: "para que o silêncio adquira significado de negócio, é suficiente uma apreciação, que é contingente e variável, conforme o ambiente histórico, os usos, a consciência social, bem como segundo a qualidade das pessoas (...) e conforme as circunstâncias em que elas atuam"[426].

---

[424] Segundo Pontes de Miranda, a manifestação tácita de vontade decorre de ato que não se haja de considerar suficientemente expressivo, enquanto o silêncio é a abstenção de qualquer expressão de consentimento (**Tratado de Direito Privado.** Tomo XXXVIII. 2ª ed. Rio de Janeiro: Borsói, 1962, p. 23-24). Miguel Maria de Serpa Lopes também estudou o silêncio sob a égide do Código Civil de 1916, tendo concluído que "o silêncio constitui elemento capaz de aquisição, modificação e extinção de direito", sendo "uma manifestação de vontade, por meio de um comportamento negativo, deduzida de circunstâncias concludentes, caracterizadas pelo dever e possibilidade de falar quando ao silente e pela convicção da outra parte, indicando uma inequívoca direção da vontade incompatível com a expressão de uma vontade oposta". (**O silêncio como manifestação de vontade.** 3ª ed. Rio de Janeiro: Freitas Bastos, 1961, p. 165-166).

[425] BETTI, Emílio. **Teoria geral do negócio jurídico.** Tomo II. Traduzido por Fernando de Miranda. Coimbra: Coimbra, 1969, p. 273.

[426] BETTI, Emílio. **Teoria geral do negócio jurídico.** Tomo II. Traduzido por Fernando de Miranda. Coimbra: Coimbra, 1969, p. 275. Nessa linha, Vicente Ráo afirma que: "o silêncio só produz efeitos jurídicos quando, devido às circunstâncias ou condições de fato que o cercam, a falta de resposta a interpretação, ato ou fatos alheios, ou seja, a abstenção, a atitude omissiva e *voluntária* de quem silencia induz a outra parte, como a qualquer pessoa normalmente induziria, à crença legítima de haver o silente revelado, desse modo, uma

O nosso Código Civil seguiu essa posição, ao determinar que o silêncio importa "anuência, quando as circunstâncias ou os usos o autorizarem, e não for necessária a declaração de vontade expressa", conforme o artigo 111. E, ao comportamento concludente também a doutrina exige a consideração do que ordinariamente ocorre, "devendo ser averiguado conforme os usos e costumes"[427]. Em suma, "para desprezar o ajuste, é preciso comprovar que o comportamento gerou indubitável alteração nos termos negociados"[428], sendo importante "a observação dos padrões de mercado".

Além destas questões acerca da "renúncia" da condição, outro aspecto a ser perquirido diz respeito à natureza das chamadas *break-up fees* ou *reverse break-up fees* ("multas por desistência motivada"), que são cláusulas que instituem o pagamento de uma soma pecuniária em virtude da não realização de determinada exigência ao fechamento. Assim ocorre, *e.g.*, quando se vincula o pagamento de um montante a ser pago pelo comprador na hipótese em que a instituição de crédito não concede o financiamento previsto no contrato de aquisição como condição de fechamento.

As razões práticas envolvidas nessa convenção dizem respeito ao fato de que, embora a decisão de conceder o crédito seja de terceiro, certo é que esta recai sobre característica exclusiva do comprador, como sua situação financeira[429]. Além disso, para se ter convencionado o financiamento como condição suspensiva, o comprador provavelmente demonstrou ao vendedor uma aparência prévia de solvência, incentivando-o a acreditar que a obtenção daquele não seria dificultosa[430].

Outra situação exemplificativa é vincular o pagamento de uma multa por desistência do comprador caso a aprovação da operação pelo

---

vontade seguramente identificada". (Ráo, Vicente. **Ato jurídico.** 2ª ed. São Paulo: Saraiva, 1979, p. 142).

[427] Tutikian, Priscila David Sansone. Silêncio como declaração negocial na formação dos contratos (sob a perspectiva dos modelos hermenêuticos de Miguel Reale). *In*: Martins-Costa, Judith (Coord.). **Modelos de Direito Privado.** São Paulo: Marcial Pons, 2014, p. 156.

[428] Forgioni, Paula A. **Contratos empresariais:** teoria geral e aplicação. 5ª ed. São Paulo: Revista dos Tribunais, 2020, p. 101.

[429] Beviá, Vicente Gimeno. **Las condiciones en el contrato de compraventa de empresa.** Navarra: Thomson Reuters, 2016, p. 207.

[430] Beviá, Vicente Gimeno. **Las condiciones en el contrato de compraventa de empresa.** Navarra: Thomson Reuters, 2016, p. 207.

Conselho Administrativo de Defesa Econômica seja condicionada a diversas exigências[431].

Ao vincular uma soma pecuniária à não realização de um evento condicional, o obrigado estará assegurando, a rigor, um determinado resultado, assumindo o risco da não realização da condição, razão pela qual a natureza da convenção é de cláusula de garantia[432].

Por meio da obrigação de garantia elimina-se um risco[433] que pesa sobre o credor – *i.e.*, reparam-se as consequências de sua realização[434]. Não se trata, portanto, de uma cláusula penal[435], pois esta exige um "incumprimento imputável e culposo, pois nem todo o tipo de incumprimento ativa a exigibilidade da cláusula penal, mas só aquele atribuível à culpa do devedor"[436]. Por outros termos, enquanto a cláusula de garantia exige a ocorrência do *risco*, a cláusula penal exige a *culpa*[437].

---

[431] Nesse sentido, ver CADE. Procedimento Administrativo para Apuração de Ato de Concorrência n. 08700.005408/2016-68. Relator Consultor Paulo Bunier da Silveira. J. em 17.08.2016; ALMEIDA, Fabricio A. Cardim de. Pagamento antecipado, sinal e break-up fees em operações de M&A uma análise do APAC 08700.005408/2016-68 e o tema do gun jumping. *In*: BAGNOLI, Vicente; CRISTOFARO, Pedro Paulo Salles. **Jurisprudência do CADE comentada**. São Paulo: Revista dos Tribunais, 2020, edição Kindle (paginação irregular); CARVALHOSA, Modesto; KUYVEN, Fernando (Coords.). **Tratado de direito empresarial**. V. 3. São Paulo: Revista dos Tribunais, 2016, p. 690.

[432] Reconhecendo o caráter de garantia: RODA, Jean-Christophe. Clause de *break-up fees*. *In*: BUY, Frédéric; LAMOUREUX, Marie; MESTRE, Jacques; RODA, Jean-Christophe. **Les principales clauses de contrats d'affaires**. 2ª ed. Paris: LGDJ, 2018, p. 92.

[433] COMPARATO, Fábio Konder. Obrigações de meios, de resultado e de garantia. **Doutrinas essenciais de Direito Empresarial**, v. 4, 2012, p. 8.

[434] COMPARATO, Fábio Konder. Obrigações de meios, de resultado e de garantia. **Doutrinas essenciais de Direitos Empresarial**, v. 4, 2012, p. 7.

[435] Também entende que "break-up fee" não consiste numa cláusula penal, por se tratar de uma contrapartida do direito de resilir unilateralmente o contrato: LECLERCQ, Didier. **Les conventions de cession d'actions:** analyse juridique et conseils pratiques de rédaction. 2ª ed. Bruxelas: Larcier, 2017, p. 537. Por outro lado, considerando a break-up fee como cláusula penal: WALD, Arnoldo; BLATTNER, Marina Gaensly. *A break-up fee e o business judgment rule* na incorporação ou mudança de controle de S.A. *In:* GOUVÊA, Carlos Portugal; PARGENDLER, Mariana; LEVI-MINZI, Maurizio. **Fusões e aquisições***:* pareceres. São Paulo: Almedina, 2022, p. 19-46.

[436] MARTINS-COSTA, Judith. **Comentários ao novo Código Civil**. V. 5. Tomo II. 2ª ed. Rio de Janeiro: Forense, 2009, p. 634.

[437] MARTINS-COSTA, Judith. **Comentários ao novo Código Civil**. V. 5. Tomo. II. 2ª ed. Rio de Janeiro: Forense, 2009, p. 634.

Também não se confunde com arras penitenciais, pois enquanto as arras são entregues por ocasião da conclusão do contrato, as *multas por desistência motivada* são devidas posteriormente, no momento (e se) o evento garantido ocorrer. Além disso, o arrependimento nas arras penitenciais ocorre *ad nutum*, enquanto nas *multas por desistência motivada* deve ser motivado, no sentido de ter ocorrido, ou não, o evento condicional. Ambas as figuras se assemelham, contudo, no sentido de serem permissão de não cumprir o prometido jurídico, enfraquecendo a eficácia do negócio jurídico não por um incumprimento, mas sim pelo exercício de um direito de arrependimento[438].

As *multas por desistência motivada* quando vinculadas a condições suspensivas são, em nosso ponto de vista, cláusulas de garantia, que atuam como preço da desistência e pré-liquidação dos prejuízos daí decorrentes.

2.3.2. Opções

Em situações muito pontuais, a chamada "condição precedente" ao fechamento poderá configurar uma opção, quando, *e.g.*, submeter o fechamento à satisfação do comprador em relação ao resultado do processo de diligência legal sem delimitar critérios objetivos para tal satisfação.

O direito a opção consiste, como explica Pontes de Miranda, propriamente num efeito[439] da outorga, derivando, pois, de um contrato prévio, chamado de contrato de opção, o qual pode ter caráter unilateral ou bilateral[440].

---

[438] Especificamente sobre as arras: PONTES DE MIRANDA, Francisco Cavalcanti. **Tratado de Direito Privado.** Tomo XXIV. Rio de Janeiro: Borsoi, 1955, p. 171-172.

[439] PONTES DE MIRANDA, Francisco Cavalcanti. **Tratado de Direito Privado.** Tomo XXXIX. 3ª ed. São Paulo: Revista dos Tribunais, 1983, § 4.311, 4.

[440] Há certa discussão em doutrina acerca da natureza jurídica da opção, se contrato preliminar unilateral (GOMES, Orlando. **Contratos.** 27ª ed. Rio de Janeiro: Forense, 2019, p. 56, edição Kindle; AZEVEDO, Antonio Junqueira de. Contrato de opção de venda de participações societárias. Variação imprevisível do valor da coisa prometida em relação ao valor de mercado. Possibilidade de revisão com base nos arts. 478 a 480 do Código Civil em contrato unilateral. *In*: **Novos Ensaios e Pareceres de Direito Privado.** São Paulo: Saraiva, 2009, p. 210), contratato semicompleto (COMPARATO, Fábio Konder. Reflexões sobre as promessas de cessão de controle societário. *In*: **Novos Pareceres de Direito Empresarial.** Rio de Janeiro: Forense, 1981 p. 229); ou negócio *sui generis* (FERREIRA, Mariana Martins Costa. **Buy or Sell e Opções de Compra e Venda para Resolução de Impasse Societário.** São Paulo: Quartier Latin, 2018, p. 181).

PARTE II. 1. ASPECTOS PREPONDERANTEMENTE CONTRATUAIS

O titular da opção terá, a rigor, um *direito formativo* de optar pela formação, ou não, do contrato optativo, isto é constituir ou desconstituir uma relação jurídica. Este direito é exercido por manifestação unilateral de vontade[441] ao obrigado. Isto é, o titular do direito formativo pode constituir, unilateralmente, a relação jurídica[442], pois o que dependeria de acordo, já se deu e dele se irradiou o direito formativo, é efeito do exercício do direito de que se trata[443].

Considerando como premissa que a qualificação exige a perquirição da função, importante notar que a opção no *interim period* é diferente, por exemplo, de uma opção de compra de ações, a qual pode ter uma finalidade especulativa[444]. A opção no período interimístico terá uma função assemelhada a última, mas dela também se difere, devendo ser entendida como a estipulação de um *right to walk away*, conferindo propriamente um *direito formativo* da parte escolher extinguir o vínculo contratual em razão de uma específica incongruência de aspectos fáticos, estipulados previamente no contrato. A parte titular do direito formativo pode, *e.g.*, escolher extinguir a operação de M&A se o resultado da diligência legal realizada na sociedade-alvo se mostrar insatisfatória. Em termos práticos, trata-se de um mecanismo de caráter muito sensível para estipulação em operações com grande magnitude, razão pela qual devem as partes negociar sua inclusão no contrato com muita cautela.

Tendo em vista esta qualificação, analisar-se-ão, em seguida, as consequências tanto do exercício deste exercício formativo gerador, quanto do não exercício dentro do prazo.

---

[441] PONTES DE MIRANDA, Francisco Cavalcanti. **Tratado de Direito Privado.** Tomo VI. Rio de Janeiro: Borsoi, 1955, p. 73.
[442] PONTES DE MIRANDA, Francisco Cavalcanti. **Tratado de Direito Privado.** Tomo XXII. Rio de Janeiro: Borsoi, 1955, p. 26.
[443] PONTES DE MIRANDA, Francisco Cavalcanti. **Tratado de Direito Privado.** Tomo XXII. Rio de Janeiro: Borsoi, 1955, p. 26.
[444] CARVALHOSA, Modesto. **Acordo de Acionistas:** homenagem a Celso Barbi Filho. 2ª ed. São Paulo: Saraiva, 2015, p. 298-299.

2.3.2.1. *Exercício do direito formativo gerador*

A manifestação da vontade do titular concordante dentro do prazo já é o suficiente para que se aperfeiçoe o contrato definitivo[445]. Assim, o exercício do direito formativo gerador implica, concomitantemente, extinguir o contrato de opção e dar origem ao contrato optativo[446], o qual se encontra limitado ao conteúdo estabelecido no contrato de opção. Por outros termos, não terá o titular exercido seu direito formativo gerador, se houver alguma alteração do que fora anteriormente convencionado pelas partes[447].

A manifestação do titular da opção consiste, a rigor, em uma *declaração receptícia de vontade*, produzindo, assim, *efeito* somente quando chega ao conhecimento do destinatário[448]. Sublinhe-se, não por acaso, que a recepção é essencial tão somente à eficácia, e não à existência ou à validade da manifestação[449].

Como na prática os contratos envolvem uma pluralidade de exigências ao fechamento – *i.e.*, estão submetidos também à ocorrência de condições e obrigações pré-requisito –, o disparo dos efeitos plenos da obrigação típica só terá lugar quando todas as exigências ao fechamento forem observadas. Isto é, o recebimento pelo destinatário apesar de originar o contrato optativo pode não implicar a automática execução de sua obrigação típica, se alguma condição suspensiva ou obrigação pré-requisito não tenha sido satisfeita.

Questiona-se acerca da retroatividade do efeito do contrato optativo – *i.e.*, retroagem à data da celebração do contrato de opção (*ex tunc*) ou fluem somente a partir do exercício do direito formativo gerador

---

[445] COMPARATO, Fábio Konder. Reflexões sobre as promessas de cessão de controle acionário. In: **Novos ensaios e pareceres de Direito Empresarial**. Rio de Janeiro: Forense, 1981, p. 229.
[446] IGLESIAS, Felipe Capana Padin. **Opção de compra e venda de ações**. Almedina: São Paulo, 2018, p. 237.
[447] IGLESIAS, Felipe Capana Padin. **Opção de compra e venda de ações**. Almedina: São Paulo, 2018, 237.
[448] LEÃES, Luís Gastão Paes de Barros. Pacto de opção de compra (*call*) de ações em acordo de acionistas. In: **Pareceres**. V.1. São Paulo: Singular, 2009, p. 1135, edição Kindle (paginação irregular); SZTAJN, Rachel. Sobre a natureza jurídica das opções negociadas em bolsas. **Revista de Direito Mercantil, Industrial, Econômico e Financeiro**, v. 105, jan.-mar./1997, p. 61.
[449] PONTES DE MIRANDA, Francisco Cavalcanti. **Tratado de Direito Privado**. Tomo II. Rio de Janeiro: Borsoi, 1954, p. 402.

(*ex tunc*)? A doutrina dominante defende a irretroatividade à data da celebração do contrato de opção[450] uma vez que, neste hiato, o contrato optativo sequer é existente, vigorando somente o direito potestativo derivado do contrato optativo.

2.3.3.2. Não exercício do direito formativo

Por se tratar de um direito potestativo, o prazo para seu exercício tem natureza decadencial[451], de sorte que o não exercício do direito formativo pelo beneficiário, dentro do prazo, implica tanto a extinção do direito de opção quanto o não nascimento do contrato optativo. Por outros termos, optando o beneficiário pela não formação do contrato optativo, a relação jurídica se desfaz, estando as partes desvinculadas do contrato.

Assim, submetida a "obrigação de fechar" do comprador à sua satisfação em relação ao relatório de diligência legal acerca da sociedade-alvo, e não havendo critérios objetivos que definam tal satisfação, o não exercício da opção no prazo do fechamento desfaz o contrato de opção e não faz nascer o contrato optativo.

A manifestação do beneficiário deve ser nos exatos termos do contrato de opção. Se exercida em termos diversos, não restará configurado o exercício do direito formativo, não fazendo nascer o contrato optativo. Pense-se, assim, na opção relativa à satisfação do comprador quanto ao relatório da diligência legal, se este ficar "parcialmente" satisfeito com o relatório, e quiser prosseguir à aquisição, mas com alteração do preço: o vendedor não estará sujeito à realização do contrato em tais termos. Necessária será nova manifestação de vontade dos contratantes para constituição do vínculo jurídico.

2.3.3. Obrigação-veículo

Como tivemos a oportunidade de analisar, as obrigações-veículo configuram, essencial e concomitantemente, dever e condição, distinguindo-se da condição em sentido estrito, uma vez que, nas obrigações-veículo, o obrigado sofrerá os efeitos do inadimplemento caso não realize o

---

[450] IGLESIAS, Felipe Capana Padin. **Opção de compra e venda de ações.** Almedina: São Paulo, 2018, p. 242.

[451] IGLESIAS, Felipe Capana Padin. **Opção de compra e venda de ações.** Almedina: São Paulo, 2018, p. 244.

evento condicional e os demais requisitos da responsabilidade civil estejam presentes. O obrigado encontra, assim, *desincentivos* de duas ordens para abster-se de cumprir o fato: o direito à desvinculação da relação jurídica básica e o direito à indenização, ambos conferidos à outra parte.

O desenvolvimento da relação obrigacional, em todas as suas fases, é polarizado pelo *adimplemento*[452] – *i.e.*, seu cumprimento oportuno e satisfativo. As obrigações pré-requisito atuam especificamente na determinação da composição das circunstâncias fática e jurídica delineada pelas partes como exigíveis à prestação da obrigação típica. Diferentemente do que ocorre na condição, que também atua na referida delimitação, na obrigação pré-requisito, o obrigado assume, normalmente, uma *obrigação de fazer* determinado evento necessário para a exigibilidade da obrigação típica.

Conquanto seja evidente que no período intercalar os *deveres primários da prestação* não são exigíveis, poder-se-ia questionar se os deveres decorrentes das obrigações *pré-requisito* o seriam. O Código Civil inadmite a cobrança pelo credor de dívida antes de vencido o prazo estipulado ou determinado em lei, impondo, em seu artigo 939, a responsabilidade por danos de quem assim tenha agido. O prazo para a realização das obrigações pré-requisito deve estar disposto no contrato, e quando assim acontece, costuma ser relacionado justamente ao prazo do *fechamento*.

Nem sempre, contudo, esta regulação convencional é realizada. Questiona-se, então, se na ausência de prazo, haveria uma *exigibilidade* presumida da obrigação pré-requisito antes do *fechamento*, permitindo que o credor se valesse de meios legais tendentes a provocar a realização da obrigação pré-requisito pelo devedor durante o período interino. A solução, em nosso ponto de vista, deve justamente considerar a natureza híbrida desta figura: tendo caráter de obrigação, ela implica *satisfação do credor*; tendo caráter de condição, ela deve ser materialmente realizável. Significa assim que, provando-se que a espera até a data do *fechamento* tornaria a realização da obrigação pré-requisito não satisfativa aos interesses do credor ou materialmente impossível de ser realizada, seria deduzível um prazo mais enxuto do que o do *fechamento* para sua realização.

---

[452] COUTO E SILVA, Clóvis do. **A obrigação como processo**. Rio de Janeiro: FGV Editora, 2006, p. 361, edição Kindle (paginação irregular).

PARTE II. I. ASPECTOS PREPONDERANTEMENTE CONTRATUAIS

Outra questão diz respeito às consequências do não cumprimento de uma obrigação pré-requisito, determinando-se se abriga ressarcimento, e por qual rubrica, e ainda – caso a vicissitude fictícia da condição venha a operar (artigo 129) –, se abrigaria pedido de execução específica. Pense-se, *e.g.*, na situação em que o vendedor assumiu a obrigação pré-requisito de renegociar a cláusula sobre mudança de controle em um contrato chave da sociedade e venha a inadimplir a sua obrigação durante o período interino.

Para bem delinear a solução ao caso, imprescindível sempre ter em mente a natureza híbrida do ajuste, condição e natureza, de modo a questionar a compatibilidade das medidas legais ao convencionado. Por outros termos, o não cumprimento das obrigações pré-requisito pelo obrigado, durante o meio do período intercalar, autorizaria quais medidas a serem tomadas pelo credor expectante?

Certo é que as medidas legais verificadas para as situações de inadimplemento das obrigações contratuais (artigo 475 do Código Civil), e as de ocorrência de uma manipulação maliciosa da condição (artigo 129 do Código Civil), não são de certo compatíveis, muito embora situações fáticas possam atrair, à primeira vista, ambas as normativas. Necessário, pois, fazerem-se distinções.

Sendo exigível a obrigação-veículo durante o período intercalar, e havendo inexecução imputável ao obrigado, nada obsta que o credor persiga a satisfação do seu crédito (diga-se, aquele relativo à obrigação-veículo, e não à obrigação típica) mediante medidas coercitivas aplicadas pelo Estado-Juiz, tal como a multa do artigo 537 do Código de Processo Civil. Eventual pedido de execução específica, se não personalíssima a obrigação, também não se mostra incompatível com esta situação se não envolver a obrigação típica, a qual ainda não se encontra exigível nesse momento.

Havendo, nesse cenário, persistência da recusa injustificada do obrigado para realizar a sua obrigação poder-se-á, conforme as circunstâncias concretas, verificar, então, a vicissitude fictícia do artigo 129 do Código Civil. Trata-se, pois, como antes referido, de tutelar o interesse da parte em que o curso normal dos acontecimentos seja verificado, e a previsão da obrigação-veículo na normativa do período intercalar a inclui no curso normal dos acontecimentos daquele negócio específico.

Poderá ocorrer, contudo, que em razão da dinamicidade e da rapidez do mundo dos negócios somado à morosidade do sistema judiciário, as medidas coercitivas e o efeito fictício não sejam satisfativos ao credor. No exemplo acima, com a perda de valor da sociedade-alvo, o negócio pode se tornar não interessante ao adquirente, de modo a se perquirir se outras soluções são disponíveis no sistema. O comprador, nessas situações, poderia além de não proceder ao *fechamento* do negócio, por descumprimento de uma obrigação-veículo do vendedor, postular indenização? E como se daria a quantificação do dano em tais situações?

À vista de um pedido indenizatório, necessário será indagar se houve efetivamente *dano*. Significa, assim, que a indenização não resulta necessariamente do inadimplemento da obrigação. O inadimplemento, que é ilícito relativo, realiza o requisito da ilicitude do ato. Mas é preciso saber se, além da ilicitude, havendo inadimplemento, este causou efetivamente dano ao credor, é dizer: se houve dano e nexo causal entre o inadimplemento e o dano (artigo 403, Código Civil). Dano diz respeito a uma *noção normativa*, correspondente à diminuição ou subtração de interesses juridicamente protegidos[453]. Deve, ainda, para ser indenizável, apresentar as características de *certeza, imediatidade* e *injustiça*[454].

Será necessário responder: o não cumprimento da obrigação-veículo pelo alienante interfere em que medida no interesse do adquirente? Qual efetivamente é o interesse juridicamente protegido do adquirente no período interino?

O interesse juridicamente protegido das partes durante o período interino diz respeito, em sentido lato, a que as *exigências* do cumprimento sejam realizadas conforme tanto o curso ordinário dos acontecimentos quanto a normativa de regulação de condutas constantes no contrato. Em sentido estrito, o interesse juridicamente protegido do adquirente neste período refere-se à aquisição da sociedade, tal qual definida na assinatura, se todas as exigências do fechamento forem satisfeitas e cumpridas.

No exemplo acima descrito, pode-se constatar que há, no mínimo, uma diminuição do valor ou das características da sociedade-alvo esti-

---

[453] MARTINS-COSTA, Judith. **Comentários ao novo Código Civil.** Rio de Janeiro: Forense, 2009, p. 166 e 190, reportando lições de Clóvis do Couto e Silva.
[454] SANSEVERINO, Paulo de Tarso Vieira. **Princípio da reparação integral.** São Paulo: Saraiva, 2011, p. 164-183.

puladas na assinatura, correspondendo a um dano sofrido pelo adquirente, imputável ao alienante, ao descumprir uma obrigação-veículo. Com o exercício da desvinculação da relação jurídica pelo adquirente, tal qual ocorre no caso de resolução por inadimplemento das obrigações (artigo 475 do Código Civil), exsurge o direito à indenização pelo *interesse negativo* – *i.e.*, recomposição da situação patrimonial do adquirente se não tivesse realizado o contrato[455] – cuja composição envolve as duas facetas do dano patrimonial: dano emergente e lucro cessantes[456]. O lucro cessante, nestas hipóteses, como explicam Aline Terra e Gisela Guedes, não diz respeito ao prejuízo que o credor razoavelmente deixou de ganhar com aquele contrato em particular que fora descumprido, "mas sim o que ele deixou de auferir por ter celebrado o tal contrato, isto é, o que ele ganharia se tivesse, por exemplo, dado continuidade a outro negócio já em curso e interrompido, ou então, com o próprio investimento financeiro de capital"[457]. Na rubrica de danos emergentes, por sua vez, estariam os gastos com auditores, advogados, etc. despendidos durante o período intercalar.

2.4. Operatividade das demais exigências ao fechamento

Conquanto a normativa convencional e a legal tenham sua existência justificada durante o transcurso do período intercalar, é sobretudo durante o momento do *fechamento* que as partes se reúnem para perquirição do suporte fático da norma em análise. A desvinculação do vínculo jurídico pode ter fundamentos diversos, pode ser *resolução convencional, resolução legal*. A seguir, serão analisadas as situações de maior ocorrência.

---

[455] Oportuno esclarecer que, ao optar pelo desfazimento do vínculo jurídico, estando no exercício regular de seu direito, nenhuma *multa por desistência* ("reverse break-up fee") poderá ser exigida pelo vendedor perante o comprador.
[456] TERRA, Aline de Miranda Valverde; GUEDES, Gisela Sampaio da Cruz. Efeito indenizatório da resolução por inadimplemento. *In*: TERRA, Aline de Miranda Valverde; GUEDES, Gisela Sampaio da Cruz (Coords.). **Inexecução das obrigações:** pressupostos, evolução e remédios. V. 1 Rio de Janeiro: Processo, 2020, p. 410.
[457] TERRA, Aline de Miranda Valverde; GUEDES, Gisela Sampaio da Cruz. Efeito indenizatório da resolução por inadimplemento. *In*: TERRA, Aline de Miranda Valverde; GUEDES, Gisela Sampaio da Cruz (Coords.). **Inexecução das obrigações:** pressupostos, evolução e remédios. V. 1. Rio de Janeiro: Processo, 2020, p. 410.

2.4.1. Cláusula de evento e/ou mudanças adversas

Como visto, as cláusulas MAC e MAE não consistem em condições em sentido estrito do termo, pois não motivam o diferimento temporal, mas tratam do efeito do *direito expectativo*, e visam à alocação dos riscos próprios do período intercalar. Trata-se, pois, de hipótese de *resolução convencional* ou *denúncia cheia*, cessando a eficácia da relação contratual, com eficácia *ex nunc*, mas nada impede que as partes pactuem eficácia em sentido diverso[458].

Conquanto, no mais das vezes, não se possa falar em indenização por inadimplemento, não há restrições às partes preverem que, exercendo o denunciante o seu poder denunciatório, indenize a contraparte pelo interesse negativo[459], conforme ocorre com as multas de desistência.

2.4.2. Cláusula de ratificação de declarações e garantias

A cláusula de ratificação de declarações e garantias diz respeito, essencialmente, à incidência das declarações e garantias durante o período intercalar. Esta cláusula se inter-relaciona com regime das impossibilidades do Código Civil, artigo 234, minudenciando o que há de se entender por *coisa* na obrigação de dar, e delimitando a consequência da desvinculação do contrato quando ocorrer a deterioração da coisa durante o período intercalar. A resolução da obrigação não nasce *ex vi legis*, mas sim do exercício de direito formativo extintivo pelo titular.

Estas cláusulas costumam ser objeto de intensas negociações entre as partes, sobretudo pelo fato de conferirem um mecanismo de desvinculação contratual poderoso ao adquirente. Conquanto algumas vezes seja prevista pelas partes um *standard* de *materialidade* (*rectius*: substancialidade ou importância) ao exercício deste direito, a cláusula da ratificação de declarações e garantias pode também ser redigida de modo abrangente, comprometendo-se as partes a que "toda e qualquer" declaração e garantia seja verdadeira e completa na *data do fechamento*.

---

[458] Martins-Costa, Judith; Silva, Paula Costa e. **Crise e perturbações no cumprimento da prestação:** estudo de direito comparado luso-brasileiro. São Paulo: Quartier Latin, 2020, p. 138.

[459] Martins-Costa, Judith; Silva, Paula Costa e. **Crise e perturbações no cumprimento da prestação:** estudo de direito comparado luso-brasileiro. São Paulo: Quartier Latin, 2020, p. 139.

Figure-se, *e.g.*, a superveniência de um erro irrelevante no livro contábil tendo declaração no contrato de que "os livros e registros da sociedade--alvo não contêm imprecisões". Mesmo nesta última hipótese, em que se revela uma superveniência de falsidade das declarações e garantias ínfima, caberá reconhecer o direito do adquirente de desvinculação do contrato de aquisição?

A boa-fé objetiva incide em toda a relação contratual. Assim, embora as partes tenham a liberdade de determinar o que deve se entender por qualidades devidas do objeto indireto da prestação, a sua liberdade no que respeita à definição de *deterioração* da coisa para efeitos do artigo 235 do Código Civil não pode ser irrestrita, a ponto de conferir na prática um exercício disfuncional[460], similar ao vedado pela *condição simplesmente potestativa*[461], artigo 121 do Código Civil.

2.4.3. Cláusula de cumprimento de obrigações antecedentes ao fechamento

A cláusula de cumprimento de obrigações antecedentes ao fechamento assimila-se à cláusula resolutiva expressa, se detalhar as hipóteses de inadimplemento que conferem resolução. Nessas situações, a cláusula opera de pleno direito, como determina o artigo 474 do Código Civil. Significa, assim, que o vínculo contratual se extingue automaticamente, *ipso iure*, por meio de intervenção direta da parte interessada, sem a necessidade de intervenção judicial.

No entanto, conquanto as partes tenham, na resolução, expressa liberdade para determinar o que se entenderá por inadimplemento sério o suficiente para desconstituir o vínculo, a sua liberdade "no que respeita à definição da *importância do inadimplemento* para efeitos da resolução pactuada na forma do art. 474, 1.ª parte, do Código Civil, não pode ser absoluta – isto é, não pode ir ao ponto de permitir estipular que até um inadimplemento levíssimo, de todo insignificante possa dar lugar à

---

[460] Isto é, abuso do direito, conforme o artigo 187 do Código Civil.
[461] Condição simplesmente potestativa é aquela sujeita puramente ao arbítrio de uma das partes, sem interferência de qualquer fato externo, cuja satisfação não depende de motivos apreciáveis e sérios (MARTINS-COSTA, Fernanda. **Condição suspensiva:** função, estrutura e regime jurídico. São Paulo: Almedina, 2017, p. 71).

resolução"[462]. Significa, assim, que caberá à autoridade judicial ou arbitral examinar, apenas, se a invocação da cláusula resolutiva foi abusiva[463].

Como visto anteriormente, quando a cláusula de cumprimento das obrigações for formulada em termos muito genéricos, sem minudenciar as obrigações antecedentes que afetem o programa contratual, inexistirá o efeito automático da resolução. A parte deverá, então, promover intervenção de autoridade judicial ou arbitral, que apreciará a conduta da parte acusada de inadimplência, proferindo decisão sobre o assunto.

A doutrina brasileira, influenciada pelo Direito italiano[464], considera que o inadimplemento de escassa importância não implica desfazimento do vínculo contratual[465], razão pela qual o juiz apreciará se o descumprimento da obrigação antecedente é dotado de suficiente gravidade. O julgador deverá considerar o *standard objetivo-subjetivo* na apreciação do interesse atingido pelo inadimplemento do devedor – *i.e.*, "deve considerar todos os elementos objetivos (*e.g.*, atinentes ao

---

[462] MARTINS-COSTA, Judith. **A boa-fé no Direito Privado.** 2ª ed. São Paulo: Saraiva, 2018, p. 749. Em sentido similar: TERRA, Aline de Miranda Valverde. **Cláusula resolutiva expressa.** Belo Horizonte: Fórum, 2017, p. 3335, edição Kindle (paginação irregular); LOUREIRO, Francisco Eduardo. Extinção dos contratos. *In*: LOTUFO, Renan; NANNI, Giovanni Ettore (Coord.). **Teoria geral dos contratos**. São Paulo: Atlas, 2011, p. 637; AGUIAR JÚNIOR, Ruy Rosado. **Comentários ao novo Código Civil**: da extinção do contrato. V. 6. Tomo II. Rio de Janeiro: Forense, 2011, p. 400). Em jurisprudência: TJSP. 8ª Câmara de Direito Privado. Apelação Cível 0002639-78.2015.8.26.0191. Rel. Des. Mônica de Carvalho. J. em 15.09.2020.

[463] MARTINS-COSTA, Judith. **A boa-fé no Direito Privado.** 2ª ed. São Paulo: Saraiva, 2018, p. 751.

[464] "Art. 1455. Importanza dell'inadempimento. Il contratto non si può risolvere se l'inadempimento di una delle parti ha scarsa importanza, avuto riguardo all'interesse dell'altra".

[465] ZANETTI, Cristiano de Souza. Art. 474. *In*: NANNI, Giovanni Ettore (Coord.). **Comentários ao Código Civil**. São Paulo: Saraiva, 2018, p. 23424, edição Kindle (paginação irregular); ASSIS, Araken de. **Resolução por contrato por inadimplemento.** 6ª ed. São Paulo: Revista dos Tribunais, 2019, p. 2997, edição Kindle (paginação irregular); AGUIAR JÚNIOR, Ruy Rosado. **Comentários ao novo Código Civil**: da extinção do contrato. V. 6. Tomo II. Rio de Janeiro: Forense, 2011, p. 540.
Adverte Giovanni Ettore Nanni que "se o inadimplemento revela ter diminuta relevância a ponto de inibir o experiente em estudo [direito formativo extintivo], não tem o dom de apartar outros efeitos da patologia, mormente a obrigação de reparar o prejuízo do padecido credor". (**Inadimplemento absoluto e resolução contratual:** requisitos e efeitos. Tese de livre-docência em Direito Civil. Pontifícia Universidade Católica de São Paulo, 2020, p. 656).

tipo contratual e às suas características, ou à espécie de negócio pactuado) e subjetivos, mas objetiváveis segundo critérios racionalmente aferíveis"[466]. Para tanto, interessante será notar se a função da cláusula de cumprimento de obrigações antecedentes consiste numa *cláusula de manutenção* – *i.e.*, visa a manter o vínculo contratual enquanto se sustentem as bases negociais estipuladas na assinatura.

Apontados os aspectos dogmáticos, bem como qualificadas segundo as categorias da Teoria Geral do Direito Privado as figuras jurídicas que se alocam na fase interimística, é hora de serem examinados os aspectos propriamente societários, por seus reflexos na sociedade-alvo, o que será objeto da Segunda Parte desta tese.

---

[466] MARTINS-COSTA, Judith. A obrigação de diligência: sua configuração na obrigação de prestar melhores esforços e efeitos do seu inadimplemento. *In:* TERRA, Aline de Miranda Valverde; GUEDES, Gisela Sampaio da Cruz (Coords.). **Inexecução das obrigações:** pressupostos, evolução e remédios. V. 1. Rio de Janeiro: Processo, 2020, p. 166.

CAPÍTULO 2
ASPECTOS PREPONDERAMEMENTE SOCIETÁRIOS

Premissas: **Fim social**

As linhas precedentes do presente trabalho evidenciam que o programa contratual projetado pelas partes nos contratos de *fusões & aquisições* pode produzir efeitos reflexos no âmbito da sociedade-alvo. Como visto, são comuns estipulações entre as partes acerca da gerência da sociedade-alvo, do exercício do voto do alienante perante a sociedade-alvo, do fornecimento de informações da sociedade-alvo.

Espraia-se, desse modo, a normativa convencional à sociedade-alvo, a qual é, contudo, titular de interesses autônomos, composta por um sistema jurídico próprio, *i.e.*, a sua organização normativa, ordenada por estipulações do contrato e por normas legais que regulam o tipo social[467]. Está-se perante uma intersecção entre regime civil e regime societário, sendo sobretudo pertinentes as lições de Catarina Monteiro Pires, ao afirmar que "o Direito, na sua aplicação prática, não tolera compartimentações e, em matéria de aquisição de empresas, é essencial que a 'dimensão contratual' (apesar de mais saliente) não anule, nem contrarie, a 'dimensão societária'"[468].

---

[467] PEDREIRA, José Luiz Bulhões; LAMY FILHO, Alfredo. Conceito e Natureza. In: LAMY FILHO, Alfredo; PEDREIRA, José Luiz Bulhões (Coords). **Direito das companhias.** 2ª ed. Rio de Janeiro: Forense, 2017, p. 29.

[468] PIRES, Catarina Monteiro. **Aquisição de empresas e de participações societárias.** Coimbra: Almedina, 2018, p. 16.

Com efeito, a relação societária difere-se das demais relações de direito contratual justamente pelo *fim social* ser a estrela do universo societário[469]. Como explicam Erasmo Valladão e Marcelo Vieira von Adamek, o fim social é dotado de duas eficácias: *constitutiva*, definindo a forma jurídica da organização societária (se associação ou sociedade) e, portanto, definindo as disposições normativas aplicáveis; e *funcional*, fixando as diretrizes da política social, determinando os direitos e deveres dos sócios, dirigindo os estágios da vida social[470]. Significa, assim, que "as relações entre os sócios e entre estes e a sociedade é marcada pela finalidade comum"[471].

O fim social, ao fixar as diretrizes da política social, atua perante os órgãos administrativos, os quais têm o dever de perseguir a finalidade social, e não podem deixar de fazê-lo, sob pena de responder por perdas e danos (Lei n. 6.404/76, artigos 154 e 158), bem como perante órgãos deliberativos, os quais estão obrigados a seguir os fins sociais (sendo inclusive presumido que tal ocorra). Se, assim não suceder, a lei permite a anulação de suas deliberações (Lei n. 6.404/76, artigos 115, 4º e 286)[472].

Além disso, o fim social determina o dever de lealdade entre os sócios[473], o qual tem especial implicação nas alienações de controle de

---

[469] FRANÇA, Erasmo Valladão Azevedo e Novaes; ADAMEK, Marcelo Vieira von. *Affectio societatis*: um conceito jurídico superado no moderno direito societário pelo conceito de fim social. *In*: FRANÇA, Erasmo Valladão Azevedo e Novaes (Coord.). **Direito societário contemporâneo**. V. 1. São Paulo: Quartier Latin, 2009, p. 145, nota de rodapé n. 33, referindo-se a lições de Herbert Wiedemann.

[470] FRANÇA, Erasmo Valladão Azevedo e Novaes; ADAMEK, Marcelo Vieira von. *Affectio societatis*: um conceito jurídico superado no moderno direito societário pelo conceito de fim social. *In*: FRANÇA, Erasmo Valladão Azevedo e Novaes (Coord.). **Direito societário contemporâneo**. V. 1. São Paulo: Quartier Latin, 2009, p. 147.

[471] FRANÇA, Erasmo Valladão Azevedo e Novaes; ADAMEK, Marcelo Vieira von. *Affectio societatis*: um conceito jurídico superado no moderno direito societário pelo conceito de fim social. *In*: FRANÇA, Erasmo Valladão Azevedo e Novaes (Coord.). **Direito societário contemporâneo**. V. 1. São Paulo: Quartier Latin, 2009, p. 147.

[472] FRANÇA, Erasmo Valladão Azevedo e Novaes; ADAMEK, Marcelo Vieira von. *Affectio societatis*: um conceito jurídico superado no moderno direito societário pelo conceito de fim social. *In*: FRANÇA, Erasmo Valladão Azevedo e Novaes (Coord.). **Direito societário contemporâneo**. V. 1. São Paulo: Quartier Latin, 2009, p. 147-149.

[473] FRANÇA, Erasmo Valladão Azevedo e Novaes; ADAMEK, Marcelo Vieira von. *Affectio societatis*: um conceito jurídico superado no moderno direito societário pelo conceito de fim

uma companhia. Como explica Erasmo Valladão, o fundamento do dever de lealdade do acionista controlador perante os demais fundamenta-se justamente no "acréscimo de poder que o controlador detém, e que lhe permite, tanto em assembleia geral, quando no âmbito da administração, dispor sobre o patrimônio próprio e alheio"[474]. Assim, especificamente nas alienações de controle, por não envolver apenas a venda do título, "mas verdadeiro controle sobre a organização empresarial e consequente controle de patrimônios e até destinos alheios, não pode ser considerado um negócio privado"[475] – isto é, um negócio que diga respeito exclusivamente às suas partes.

Essas características dos negócios jurídicos societários têm relevância para a própria compreensão do *direito expectativo* existente no período de pendência e, por consequência, da interpretação e integração dos contratos de *fusões & aquisições*. Isso porque, conquanto o *direito expectativo* seja substancialmente diferente do *direito expectado*, ambas as categorias dogmáticas guardam certa conformidade[476], não podendo na pendência se tutelar algo *a mais* que a própria substância do *direito expectado*. Se o direito expectado do adquirente nos contratos de *fusões & aquisições* diz respeito a titularidade de uma posição jurídica na sociedade – *i.e.*, um feixe de deveres e direitos – cuja característica primordial é o *fim social*, a tutela do *direito expectativo* não pode ir de encontro a ele.

A doutrina civilista, ao tratar das medidas de proteção ao credor expectante, refere justamente não poderem tais medidas ter caráter executório, não podendo interferir no exercício legítimo do objeto da prestação pela parte *expectada*[477]. Elementar que essa assertiva considere uma situação de determinação da medida *ex post*, estando livres as partes para estipularem no contrato certas medidas que tenham

---

social. *In*: FRANÇA, Erasmo Valladão Azevedo e Novaes (Coord.). **Direito societário contemporâneo.** V. 1. São Paulo: Quartier Latin, 2009, p. 148.

[474] FRANÇA, Erasmo Valladão Azevedo e Novaes. Dever de lealdade do acionista controlador por ocasião da alienação do controle – dever de maximização do valor das ações dos acionistas não controladores – interpretação de estatuto de companhia aberta – possibilidade de cumulação de OPAS. **Revista de Direito Mercantil**, v. 50, n. 158, abr./jun. 2011, p. 256.

[475] SALOMÃO FILHO, Calixto. **O novo direito societário:** eficácia e sustentabilidade. 5ª ed. São Paulo: Saraiva, 2019, reportando-se a lições de Hebert Wiedemann.

[476] MELLO, Marcos Bernardes de. **Teoria do fato jurídico:** plano da eficácia. 11ª ed. São Paulo: Saraiva, 2019, p. 1120, edição Kindle (paginação irregular).

[477] Ver item 1.2.1.3. do capítulo 1, parte II.

parcialmente caráter executório, como assim o fazem no contrato de *fusões & aquisições*, ao restringir, *e.g.*, o direito de voto do alienante. A finalidade destas estipulações, porém, não é dar início à execução da obrigação típica, permitindo que o adquirente imprima sua estratégia negocial perante a sociedade-alvo, mas tutelar o interesse do adquirente-expectante para que, no momento em que assumir a titularidade das participações, a situação patrimonial e financeira da sociedade-alvo não seja diferente daquela representada no curso das tratativas e da assinatura do contrato[478].

À medida que estas estipulações nos contratos de *fusões & aquisições* adentram nas diretrizes da política da sociedade-alvo, submetem-se à eficácia funcional do fim social. Constatar este fenômeno não se trata de uma imotivada expansão de princípios do direito societário ao regime do Direito Civil, mas da constatação de que o regime convencional, ao adentrar na seara societária, deve respeitar sua eficácia funcional primordial: o fim social.

Estipuladas, então, estas premissas, passa-se à análise de situações pontuais em que pode haver uma intersecção entre o regime de direito civil e o regime societário.

1. Direito de voto

Os contratos de *fusões & aquisições* costumam instituir que a votação em assembleia geral da sociedade-alvo pelo alienante acerca de determinadas matérias – como, *e.g.*, atos que extrapolem a administração ordinária da sociedade-alvo – seja previamente aprovada pelo adquirente. Poder-se-ia pensar em situação mais extrema, como na convenção no contrato de *fusões & aquisições* em que se delegue o exercício de voto ao alienante. Tratam-se ambas de situações complexas, emergindo diversos questionamentos acerca da viabilidade, alcance e consequências jurídicas dessas estipulações.

Considerações acerca do direito de voto devem ser previamente realizadas para a solução desses questionamentos, cabendo entender a sua inserção no quadro normativo do Direito Societário. Conquanto

---

[478] TINA, Andrea. **Il contrato di acquisizione di partecipazioni societarie.** Milão: Giuffrè, 2007, p. 426-427.

PARTE II. 2. ASPECTOS PREPONDERAMEMENTE SOCIETÁRIOS

não constitua direito intangível do acionista, como os direitos essenciais enumerados no artigo 109 da Lei n. 6.404/76[479], o direito de voto é de extrema relevância[480], pois configura a prerrogativa pela qual o acionista realiza uma declaração de vontade[481] na Assembleia Geral. Sua, natureza é dúplice: ao mesmo tempo que constitui direito subjetivo, porque o acionista tem poder de exercê-lo, ou não, é um direito-dever, devendo ser exercido no interesse da companhia (artigo 115, Lei n. 6.404/76)[482].

Prevalece o entendimento segundo o qual a propriedade da ação, em princípio, é requisito para o exercício do voto. Essa é a razão que justifica a exigência da identificação dos acionistas, votantes, ou não, ou de seus representantes para terem acesso à assembleia (incisos I e IV, artigo 126 da Lei n. 6.404/76)[483]. A decisão sobre o conteúdo do voto

---

[479] Como explicam Egberto Lacerda Teixeira e José Alexandre Tavares Guerreiro, os direitos dos acionistas são agrupados em duas principais categorias: os direitos individuais e direitos sociais, em que os primeiros têm sua origem na lei e não são suscetíveis de modificação nem pelo estatuto, nem pela assembleia; enquanto os segundos têm sua origem no estatuto e são suscetíveis de modificações, sendo submetidos ao princípio majoritário. O direito de voto consiste, pois, num exemplo típico de direito social. (**Das sociedades anônimas no direito brasileiro.** V.1. São Paulo: Bushatsky, 1979, p. 278-279).

[480] E poder-se-ia dizer, *essencial* às ações ordinárias, embora a lei permita limitações (cf. art. 110 e § 1º da Lei n. 6.404/76).

[481] FRANÇA, Erasmo Valladão Azevedo e Novaes. **Temas de direito societário, falimentar e teoria da empresa.** São Paulo: Malheiros, 2003, p. 20. Para Carvalhosa, o voto pode ser também uma manifestação de verdade: CARVALHOSA, Modesto. **Comentários à lei de sociedades anônimas.** V. 2. 6ª ed. São Paulo: Saraiva, 2014, p. 588, citando lições de Messineo. Sobre as teorias acerca da qualificação jurídica do voto: RIBEIRO, Renato Ventura. **Direito de voto nas sociedades anônimas.** São Paulo: Quartier Latin, 2009, p. 197 e ss.

[482] FRANÇA, Erasmo Valladão Azevedo e Novaes. **Conflito de interesses nas assembleias de S.A.** 2ª ed. São Paulo: Malheiros, 2014, p. 69; RÊGO, Marcelo Lamy. Direito de Voto. *In*: LAMY FILHO, Alfredo; PEDREIRA, José Luis Bulhões (Coords.). **Direito das companhias.** 2ª ed. Rio de Janeiro: Forense, 2017, p. 279.

[483] LEÃES, Luiz Gastão Paes de Barros. O direito de voto de ações gravadas com usufruto vidual. *In*: **Novos Pareceres.** São Paulo: Singular, 2018, p. 59, edição Kindle (paginação irregular); CAMPINHO, Sérgio. **Curso de direito comercial.** 5ª ed. São Paulo: Saraiva, 2020, p. 309, edição Kindle. Nessa última linha, como explica Marcelo Lamy Rego, baseado em lições de parecer não publicado de José Luiz Bulhões Pedreira, a única hipótese em que a lei admite que o voto seja exercido por quem não tem qualidade de acionista ou de seu representante é no usufruto de ações (RÊGO, Marcelo Lamy. Direito de Voto. LAMY FILHO, Alfredo; PEDREIRA, José Luis Bulhões (Coords). **Direito das companhias.** 2ª ed. Rio de Janeiro: Forense, 2017, p. 287-288).

é ainda privativa do acionista, não podendo ser transferida a terceiro[484]. Situações há em que a lei permite certas interferências no direito de voto do acionista por terceiros, como no caso de ações empenhadas e na alienação fiduciária (artigo 113[485]), e em uma única previsão a lei permite o exercício de voto por quem não tem qualidade de acionista e de seu representante (assim, no usufruto, artigo 114[486]). São situações, contudo, excepcionais, em que a lei, levando em conta o choque de interesses entre os figurantes, regula previamente, mas não admite transferência do exercício ou determinação do conteúdo do voto, exceto no caso do usufruto.

Conquanto a lei societária não tenha regulado a situação possível de colisão de interesses no período intercalar nos contratos de *fusões & aquisições*, certo é que a lei civil tutela o interesse do credor-expectante no período de pendência. Determina o Código Civil não só um dever de diligência do devedor de conservar a coisa (artigos 234 e 236 do Código Civil) como também a possibilidade de usos, pelo expectante, de medidas conservativas do seu direito (artigo 130 do Código Civil), prevendo, ainda, a retroeficácia dos atos de disposição incompatíveis com a condição (artigo 126 do Código Civil).

A disciplina do Código Civil revela a necessária tutela ao interesse do credor-expectante quanto à *conservação* da substância do objeto da prestação. Essa tutela civil é geral, não levando em consideração que o objeto da prestação possa ser tanto uma posição jurídica em determi-

---

[484] PEDREIRA, José Luiz Bulhões; LAMY FILHO, Alfredo. **A Lei das S.A.** V. 2. 2ª ed. Rio de Janeiro: Renovar, 1996, p. 292; RÊGO, Marcelo Lamy. Direito de Voto. LAMY FILHO, Alfredo; PEDREIRA, José Luis Bulhões (Coords.). **Direito das companhias.** 2ª ed. Rio de Janeiro: Forense, 2017, p. 297.

[485] O artigo 113 de Lei n. 6.404.76 não autoriza alienação ou cessão de direito de voto, nem sequer impõe um compromisso de o acionista votar conforme determinação de terceiro. Pelo contrário, permite somente que se estabeleça contratualmente o direito de o credor impedir que o acionista vote em certas deliberações (RÊGO, Marcelo Lamy. Direito de Voto. *In*: PEDREIRA, José Luiz Bulhões; LAMY FILHO, Alfredo. **Direito das companhias.** V. 1. Rio de Janeiro: Forense, 2009, p. 394) cujas matérias necessariamente tenham a ver com o interesse do credor e para a proteção de seu crédito (RÊGO, Marcelo Lamy. Direito de Voto. LAMY FILHO, Alfredo; PEDREIRA, José Luis Bulhões (Coords.). **Direito das companhias.** 2ª ed. Rio de Janeiro: Forense, 2017, p. 289-292).

[486] RÊGO, Marcelo Lamy. Direito de Voto. *In*: PEDREIRA, José Luiz Bulhões; LAMY FILHO, Alfredo. **Direito das companhias.** 2ª ed. Rio de Janeiro: Forense, 2017, p. 287-292, referindo-se a parecer não publicado de José Luiz Bulhões Pedreira.

PARTE II. 2. ASPECTOS PREPONDERAMEMENTE SOCIETÁRIOS

nada sociedade quanto um bem de segundo grau, pressupondo, igualmente, que o direito de voto do alienante consiste justamente em uma das principais vias que este tem de possibilitar, ou não, a prestação futura[487].

A lei societária, por sua vez, ao tutelar o interesse do credor pignoratício na *conservação* do valor econômico das ações empenhadas[488], determina a possibilidade de se estabelecer, no contrato, que o acionista não poderá, sem consentimento[489] do credor pignoratício, votar em certas deliberações, artigo 113 da Lei n. 6.404/76[490]. Haveria, então, uma identidade de valor jurídico entre as situações do credor pignoratício e do expectante-adquirente nos contratos de *fusões & aquisições*, permitindo sugerir a aplicação analógica do artigo 113 às cláusulas contratuais, para

---

[487] A incompatibilidade com o sistema organizacional da sociedade se revela, sobretudo, no tocante ao suporte fático e consequências do artigo 126 do Código Civil quando se considera que o interesse do credor pode não se resumir somente à idoneidade do título das participações societárias, mas também abarcar aspectos do patrimônio da sociedade-alvo. Assim, pense-se, *e.g.*, na votação favorável e decisiva do vendedor-expectado, durante o período intercalar, na deliberação que diga respeito à alienação ou oneração de bens constantes do ativo social imobilizado, sobre os quais haja declarações e garantias, e na posterior realização da condição. Afastar qualquer proteção jurídica pelo fato de o objeto da prestação somente corresponder ao título seria desconsiderar o interesse do expectante na conservação do objeto da prestação tal qual delimitado no contrato de aquisição. No entanto, reconhecer a ineficácia do ato praticado pela companhia transcenderia a relação expectante-expectado, uma vez que a deliberação assemblear é ato meramente *interna corporis*.

[488] PENTEADO, Mauro Bardwil. **O penhor de ações no direito brasileiro.** São Paulo: Malheiros, 2008, p. 172.

[489] Poder-se-ia questionar a utilização do termo *consentimento* no artigo 113 da Lei n. 6.404/76, uma vez que consentimento se trata de "declaração ou manifestação de um sujeito de direito para que se torne figurante inserto na parte de um negócio jurídico". (HAICAL, Gustavo. **A autorização no Direito Privado.** São Paulo: Revista dos Tribunais, 2020, edição Kindle (paginação irregular)). Em verdade, parece que o consentimento referido na lei enquadrar-se-ia melhor na figura da autorização integrativa, a qual foi analisada na doutrina brasileira, com profundidade, por Gustavo Haical. Este a caracteriza como um negócio jurídico unilateral com função "de controle prévio à proteção do interesse jurídico do autorizante ou do autorizado" (HAICAL, Gustavo. **A autorização no Direito Privado.** São Paulo: Revista dos Tribunais, 2020, edição Kindle (paginação irregular)).

[490] "Art. 113. O penhor da ação não impede o acionista de exercer o direito de voto; será lícito, todavia, estabelecer, no contrato, que o acionista não poderá, sem consentimento do credor pignoratício, votar em certas deliberações.
Parágrafo único. O credor garantido por alienação fiduciária da ação não poderá exercer o direito de voto; o devedor somente poderá exercê-lo nos termos do contrato".

exigir o consentimento do adquirente-expectante às deliberações que necessariamente tenham a ver com o interesse do credor, bem como para a proteção de seu crédito[491].

A cláusula deverá designar, de forma nítida, quais deliberações estão sujeitas ao consentimento do adquirente-expectante, não podendo abranger todo e qualquer assunto sujeito à deliberação da assembleia geral[492], mas apenas matérias acerca de "modificações do estado

---

[491] Na individuação da norma jurídica não é necessário que os fatos sejam totalmente iguais, mas que diante da inesgotável variedade dos casos concretos, a norma represente "para o intérprete um modelo a ser seguido, não um comando específico dado pela autoridade para um específico destinatário". (PERLINGIERI, Pietro. **O Direito Civil na legalidade constitucional.** Rio de Janeiro: Renovar, 2008, p. 623).
O ponto central da analogia diz respeito justamente à igualdade do valor jurídico dos fatos comparados, segundo Georges Kalinowki explica: *"se puede evidentemente razonar por analogía en la interpretación del derecho. Tomemos dos casos semejantes, de los cuales uno está regido expressis verbis por el legislador y el otro no. Basándose en el carácter supuestamente esencial de la semejanza de los dos casos en cuestión, se puede concluir de acuerdo a la regla del raciocinio por analogía, que, si el primer caso está regido por el legislador, el segundo probablemente también (no alteraría nada en la cuestión que éste este sólo implícitamente regido, mientras que aquél lo está expresamente). Esta conclusión, por lógicamente correcta que sea, no tendría sin embargo valor práctico para el jurista, quien no sabría qué hacer con una proposición probable, aunque su grado de probabilidad estuviera determinado con la mayor precisión posible. Porque tiene necesidad de saber con certeza que es esa regla la que se aplica al caso en cuestión, y no otra. Este raciocinio no carece sin embargo de valor para la interpretación de una misma norma, según el principio de Heller, enunciado en estos términos: 'Los hechos que tienen desde el punto de vista jurídico el mismo valor implican las mismas consecuencias jurídicas; el nervio del argumento por analogía se encuentra en el juicio de valor acerca de la igualdad del valor jurídico de los hechos comparados".* (KALINOWSKI, Georges **Introducción a la lógica jurídica:** elementos de semiótica jurídica, lógica e de las normas y lógica jurídica. Traduzido por Juan A. Casaubon. Buenos Aires: EUdeBA, 1973, p. 174). Em sentido similar, Karl Larenz: "entendemos por analogia a transposição de uma regra, dada na lei para a hipótese legal (A), ou para várias hipóteses semelhantes, numa outra hipótese B, não regulada na lei 'semelhante' àquela. A transposição funda-se em que, devido à sua semelhança, ambas as hipóteses legais hão-de--ser *identicamente valoradas* nos aspectos decisivos para valoração legal. (...) As duas situações de facto serem 'semelhantes' entre si significa que concordam em alguns aspectos, mas não noutros. Se concordassem em absolutamente em todos os aspectos que hão-de-ser tomados em consideração, então seriam 'iguais'. Por essa razão as previsões legais podem não ser absolutamente iguais nem desiguais entre si; mas têm de concordar precisamente nos aspectos decisivos *para a valoração jurídica".* (**Metodologia da ciência do direito.** 3ª ed. Lisboa: Fundação Calouste Gulbenkian, 1997, p. 540-541).

[492] Advertência lembrada sempre pela doutrina no que concerne penhor de ações: LGOW, Carla Wainer Chalréo. Penhor de ações. *In:* GUEDES, Gisela Sampaio da Cruz; MORAES, Maria Celina Bodin de; MEIRELES, Rose Melo Venceslau (Coords.). **Direito das garantias.**

PARTE II. 2. ASPECTOS PREPONDERAMEMENTE SOCIETÁRIOS

patrimonial ou institucional da companhia"[493] – *i.e.*, concernentes ao interesse do credor na manutenção do valor das participações societárias, como, *e.g.*, alienação ou oneração de bens do patrimônio social, mudança do objeto da companhia, operações de reorganização societária[494]. Os atos normais de gestão e administração da companhia não poderiam ser objeto de ajuste entre as partes, sobretudo os que dizem respeito a declarações de *verdade* – *i.e.*, que são meramente declaratórios da legitimidade dos atos dos administradores –, como, *e.g.*, tomar as contas dos administradores, votar as demonstrações financeiras, deliberar sobre a destinação de lucro líquido e a distribuição de dividendos[495].

São Paulo: Saraiva, 2017, p. 4166, edição Kindle (paginação irregular); ROBERT, Bruno. **As assembleias das S/A:** exercício do direito de voto, pedidos públicos de procuração e participação a distância. São Paulo: Singular, 2016, p. 197-198.

[493] Solução encontrada para penhor de ações: LEÃES, Luiz Gastão Paes de Barros. **Comentários à Lei das sociedades anônimas.** V. 2. São Paulo: Saraiva, 1980, p. 240-241; CARVALHOSA, Modesto. **Comentários à lei de sociedades anônimas.** V. 2. 6ª ed. São Paulo: Saraiva, 2013, p. 640, edição Kindle (paginação irregular).

[494] Sobre os limites à estipulação de matéria para anuência do credor no penhor de ações: CARVALHOSA, Modesto. **Comentários à Lei de Sociedades Anônimas.** V. 2. 6ª ed. São Paulo: Saraiva, 2013, p. 640-641, edição Kindle (paginação irregular); SALOMÃO FILHO, Calixto. **O poder de controle nas sociedades anônimas.** 6ª ed. Rio de Janeiro: Forense, 2014, p. 106; PENTEADO, Mauro Bardwil. **O penhor de ações no direito brasileiro.** São Paulo: Malheiros, 2008, p. 175; LUCENA, Waldecy. **Das sociedades anônimas.** V. 1. Rio de Janeiro: Renovar, 2009, p. 1046-1047.
A exigência de consentimento para aumento de capital é controvertida. Sustentam a posição contrária Modesto Carvalhosa e Waldecy Lucena (CARVALHOSA, Modesto. **Comentários à Lei de Sociedades Anônimas.** V. 2. 6ª ed. São Paulo: Saraiva, 2013, p. 640-641, edição Kindle (paginação irregular); LUCENA, Waldecy. **Das sociedades anônimas.** V. 1. Rio de Janeiro: Renovar, 2009, p. 1047). Defende opinião favorável Nelson Eizirik: "Trata-se de matéria de grande relevância prática, existindo entendimento doutrinário no sentido de que tal cláusula não teria cabimento, por ter como objeto atos relativos à expansão da companhia. O aumento de capital pode ocasionar diluição, ainda que justificada, da participação do acionista que não subscreve as novas ações emitidas, ocasionando uma redução da garantia. Assim, a princípio, é lícita a exigência de prévio consentimento do credor para deliberação relativa a essa matéria. Na hipótese de sua eventual recusa, esta deve ser fundamentada de modo a demonstrar que haverá diluição na participação do acionista devedor no patrimônio social com o consequente desfalque na garantia de seu crédito" (EIZIRIK, Nelson. **A Lei das S/A comentada.** V. 1. 2ª ed. São Paulo: Quartier Latin, 2015, p. 199-200).

[495] Declaração de atos verdade são inclusive proibidos em acordos de acionistas: BARRETO, Celso de Albuquerque. **Acordo de acionistas.** Rio de Janeiro: Forense, 1982, p. 65-66; LUCENA, Waldecy. **Das sociedades anônimas.** V. 1. Rio de Janeiro: Renovar, 2009, p. 1142; CARVALHOSA, Modesto. **Comentários à Lei de Sociedades Anônimas.** V. 2. 6ª ed. São

Além disso, o poder do expectante-adquirente não consentir com determinado ato do expectado-alienante deve ser realizado sob o exclusivo fundamento da conservação do valor das ações negociadas[496]. A atenção e o valor-chave do respeito e direcionamento ao fim social impõem não serem considerados os interesses meramente egoísticos do credor, como o de imprimir prematuramente sua estratégia na companhia. Há de ser sempre respeitado o interesse da sociedade[497]. Por outros termos, a obrigação do acionista-expectado perante o adquirente-expectante só é legítima enquanto for possível compatibilizar o interesse desta relação com o interesse social[498].

É possível, assim, que na prática a seguinte situação venha a ocorrer: a cláusula exige a anuência do expectante-comprador para realização de determinado ato extraordinário, mas este não aquiesce, e o alienante-expectado mesmo assim vota a favor da realização do ato, pela necessidade de observação de votar no interesse social. Neste caso, para os fins de determinar se há ou não inadimplemento da obrigação prevista no contrato de *fusões & aquisições*, será necessário averiguar o fator de imputação, que consiste na *culpa*, segundo regra expressa do artigo 234 do Código Civil. Ao expectado, durante o período de pendência, é imposto o dever de agir *diligentemente* para viabilizar a prestação futura, diligência consistente na atitude zelosa, cuidadosa, proba e atenta ao interesse social. Significa, assim, que um voto conferido *justificadamente* no sentido do interesse social não implica inadimplemento do dever de diligência, por não ser imputável *culposamente* ao acionista-expectante.

Paulo: Saraiva, 2014, p. 991, edição Kindle (paginação irregular); CARVALHOSA, Modesto. **Acordo de acionistas:** homenagem a Celso Barbi Filho. 2ª ed. São Paulo: Saraiva, 2015, p. 84-85; STJ. 3ª Turma. REsp 1.152.849/MG. Rel. Min João Otávio de Noronha. J. em 07.11.2013.

[496] Defendendo esse posicionamento no Brasil, mas tratando do penhor de ações: PENTEADO, Mauro Bardwil. **O penhor de ações no direito brasileiro.** São Paulo: Malheiros, 2008, p. 173.

[497] Solução encontrada para o penhor de ações: ROBERT, Bruno. **As assembleias das S/A:** exercício do direito de voto, pedidos públicos de procuração e participação a distância. São Paulo: Singular, 2016, p. 199.

[498] Solução encontrada para o penhor de ações: ROBERT, Bruno. **As assembleias das S/A:** exercício do direito de voto, pedidos públicos de procuração e participação a distância. São Paulo: Singular, 2016, p. 199.

PARTE II. 2. ASPECTOS PREPONDERAMEMENTE SOCIETÁRIOS

O contrato com cláusula de *consentimento* deve ser averbado na companhia[499], para que a mesa da assembleia saiba exatamente como proceder no cômputo da votação, exigindo que o acionista-expectado apresente autorização expressa do adquirente-expectante para o exercício do direito de voto sobre as matérias que estejam sujeitas ao prévio consentimento. Caso se verifique que o acionista-expectado emitiu voto sem a anuência necessária, o presidente da mesa não computará o voto, por infração ao acordo previsto no contrato averbado junto à companhia[500].

Naturalmente, com esse procedimento não se está a sugerir a criação, por analogia, de um direito real de garantia. E a razão é tríplice: de um lado, direitos reais devem ser criados por lei[501]; de outro, a própria Lei n. 6.404/76 determina a publicidade de "quaisquer cláusulas ou ônus que gravarem as ações" em seu artigo 40. Finalmente, a analogia não torna o que é X em Y: a analogia está situada no plano da interpretação do Direito, servindo para integrar lacunas pela transposição a uma situação não regulada expressamente na lei, da solução dada a uma situação legalmente regulada, sendo ambas fundamentadas na mesma *ratio (eadem ratio)*[502].

No entanto, como muitos contratos de *fusões & aquisições* são sigilosos, pode ser que não interesse às partes a sua averbação na companhia. Assim, a eficácia da cláusula de anuência será somente entre os figurantes, não podendo a mesa da assembleia examinar o contrato para resolução sobre legitimação do voto sem o consentimento do

---

[499] Entende-se que a cláusula de consentimento estaria abrangida pelo artigo 40 da Lei n. 6.404/76: "O usufruto, o fideicomisso, a alienação fiduciária em garantia e quaisquer cláusulas ou ônus que gravarem a ação deverão ser averbados: I – se nominativa, no livro de 'Registro de Ações Nominativas'; II – se escritural, nos livros da instituição financeira, que os anotará no extrato da conta de depósito fornecida ao acionista. Parágrafo único. Mediante averbação nos termos deste artigo, a promessa de venda da ação e o direito de preferência à sua aquisição são oponíveis a terceiros".
[500] Solução encontrada para penhor de ações: PENTEADO, Mauro Bardwil. **O penhor de ações no direito brasileiro.** São Paulo: Malheiros, 2008, p. 176.
[501] Artigo 1.225 do Código Civil.
[502] A analogia, como Pontes de Miranda explica, "só se justifica se a *ratio legis* é a mesma (Ubi eadem ratio, idem ius), só se admite se, com ela, se revela, sem se substituir o juiz ao legislador" (PONTES DE MIRANDA, Francisco Cavalcanti. **Tratado de Direito Privado.** Tomo I. Rio de Janeiro: Borsoi, 1954, p. 14).

expectante-adquirente, que acaso exista. Significa, assim, que a sanção pelo inadimplemento não será outra que a de indenização por perdas e danos, não havendo autotutela conforme reconhecido para os casos do artigo 113 do Código Civil.

1.1. Influência do adquirente-expectante na sociedade-alvo

Nas linhas precedentes, demonstrou-se que, correlato ao dever de diligência do expectado-acionista, está o direito do expectante-adquirente à conservação da substância do objeto da prestação, de modo que se justifica o ajuste de cláusulas de consentimento ao exercício de voto do acionista em relação às deliberações que concernem à conservação do valor das participações societárias. Esta situação, embora legítima do ponto de vista contratual, poderia implicar um poder do expectante-adquirente de influir nas decisões da sociedade-alvo, de modo a se questionarem os fundamentos e as consequências jurídicas de uma conduta abusiva sua perante a sociedade-alvo e seus acionistas.

A lei societária somente disciplina o controle interno[503] – *i.e.*, aquele em que o titular do controle atua no interior da sociedade, valendo-se

---

[503] A definição de controle é encontrada em nosso sistema jurídico no artigo 116, *caput*, da Lei 6.406/1976, em que se determina ser controlador a pessoa, natural ou jurídica, ou o grupo de pessoas vinculadas por acordo de voto, ou sob controle comum, que é titular de direitos de sócio que lhe assegurem, de modo permanente, a maioria dos votos nas deliberações da assembleia-geral e o poder de eleger a maioria dos administradores da companhia e usa efetivamente seu poder para dirigir as atividades sociais e orientar o funcionamento dos órgãos da companhia. No entanto, ao definir a sociedade controladora, no artigo 243, § 2º, a lei não exige o uso efetivo do poder, uma vez que este decorre do exercício do seu próprio objeto, como explica José Bulhões Pedreira: "na definição do art. 116 da Lei 6.404/76, a lei somente cria esses deveres e essa responsabilidade para o titular da maioria dos votos que efetivamente dirige a companhia porque o acionista pessoa natural pode não exercer o poder de controle, apesar de acionista majoritário. Exemplo típico dessa hipótese é a da viúva que sucede o empresário que criou a empresa mas, sem habilitação para dirigi-la, deixa que a empresa continue sob administração dos profissionais de confiança do empresário. Esse requisito não consta, todavia, da definição de sociedade controladora do art. 243, § 2º, da Lei 6.404/76 porque a sociedade existe para realizar seu objeto". (Acordo de acionistas sobre controle de grupo de sociedades. Validade da estipulação de que os membros do conselho de administração de controladas devem votar em bloco segundo orientação definida pelo grupo controlador. **Revista de Direito Bancário e do Mercado de capitais**, v. 15, jan.-mar./2002, p. 226-248).

O fato de os artigos 116 e 243, § 2º, da lei societária não incluírem o controle externo e o gerencial, como explicam Fábio Konder Comparato e Calixto Salomão Filho, não significa

de mecanismos de poder próprios da estrutura societária –, não contemplando disciplina sobre o controle externo – *i.e.*, aquele em que uma ou mais pessoas, físicas ou jurídicas, que não compõem quaisquer órgãos da sociedade, agem de fora (*ab extra*)[504], sendo exercido mais de fato do que de direito[505]. Com efeito, o artigo 115 da Lei n. 6.404/76 refere-se exclusivamente ao voto exercido por acionista. Diante disso, há quem entenda que as responsabilidades próprias dos controladores das companhias não seriam extensíveis ao agente externo que exerce influência dominante perante a sociedade-alvo[506], remanescendo os acionistas ou os acionistas controladores submetidos à influência do agente externo como responsáveis primários pelo exercício irregular do direito de voto perante a companhia e seus acionistas. Mesmo os autores que seguem essa linha afirmam que o controlador externo, ao exceder os limites contratuais e causar danos à sociedade, responde de acordo com o regime civil[507].

De qualquer forma, parece complexa a caracterização do adquirente-expectante como controlador externo. Isto porque, como visto, há certa limitação das matérias que podem ser objeto de consentimento daquele, devendo se limitar à proteção do direito expectativo. Além disso, tendo em vista que a análise concorrencial se dá *a posteriori* no Direito brasileiro, não seria viável a indicação pelo adquirente-expec-

que "a nova lei de companhias seja totalmente alheia ao fenômeno do controle não acionário. Ao contrário, cremos discernir uma clara previsão do fato em pelo menos um dos seus dispositivos. No art. 249, parágrafo único, ao conferir à Comissão de Valores Mobiliários o poder de designar as sociedades a serem abrangidas pela regra da consolidação das demonstrações financeiras, o legislador de 1976 determinou 'a inclusão de sociedades que, embora não controladas (entenda-se, 'não controladas acionariamente', segundo a norma do art. 243, § 2º), sejam financeira ou administrativamente dependentes da companhia. Essa 'dependência financeira' pode, obviamente, ser interpretada como controle externo". (COMPARATO, Fábio Konder; SALOMÃO FILHO, Calixto. **O poder de controle na sociedade anônima.** 6ª ed. Rio de Janeiro: Forense, 2014, p. 91).

[504] COMPARATO, Fábio Konder; SALOMÃO FILHO, Calixto. **O poder de controle na sociedade anônima.** 6ª ed. Rio de Janeiro: Forense, 2014, p. 41.
[505] COMPARATO, Fábio Konder; SALOMÃO FILHO, Calixto. **O poder de controle na sociedade anônima.** 6ª ed. Rio de Janeiro: Forense, 2014, p. 85.
[506] CAMPINHO, Sérgio. **Curso de direito comercial.** 5ª ed. São Paulo: Saraiva, 2020, p. 277, edição Kindle.
[507] COSTA, Carlos Celso Oresci da Costa. Controle externo nas companhias. **Revista de Direito Mercantil**, n. 44, out./dez. 1981, p. 75; PRADO, Viviane Muller. Noção de grupo de empresas para o direito societária e para o direito concorrencial. **Revista de Direito Bancário e Mercado de Capitais**, v. 2. n. 1, mai/ago. 1998, p. 153.

tante de administrador para atuar na sociedade-alvo, uma vez que haveria o risco de ser caracterizado, presentes os pressupostos, ilícito concorrencial, configurado pela consumação de uma operação antes de apreciação e aprovação do Conselho Administrativo de Defesa Econômica.

Assim, a noção cerne de caracterização do controle externo, *i.e.*, *influência dominante*[508] – de abrangência de toda a atividade desenvolvida pela empresa controlada, que implique um estado de subordinação permanente, ou ao menos, duradouro, e em que inexista possibilidade para a controlada de subtrair-se à influência, sem séria ameaça de sofrer grave prejuízo[509] – não parece se compatibilizar com uma situação relativamente temporária, que implique influência do adquirente-expectante somente sobre o acionista e acerca de matérias que não digam respeito à gestão ordinária da companhia.

Conquanto possa haver dificuldade em reconhecer uma influência dominante sobre toda a atividade da sociedade-alvo, é possível identificar uma certa influência (no mínimo – certamente – econômica) perante o acionista-alienante. Assim, poderia haver uma hipótese, nada improvável, de "abuso de influência sobre o acionista controlador", que se enquadraria nos "casos de abuso de direito, formalmente caracterizado como hipótese de ato ilícito (artigo 187)"[510]. Desse modo, o aproveitador seria obrigado a ressarcir à companhia os danos causados ao seu patrimônio, respondendo com ele o acionista que se submeteu a essa influência abusiva.

Situações podem haver em que o adquirente-expectante se torne credor da companhia durante a pendência de condição, mas essa situação de crédito por si só, como explica Erasmo Valladão, "não é suficiente para o exercício de eventual controle externo por endividamento, o qual

---

[508] PEREIRA, Guilherme Döring Cunha. **Alienação do poder de controle acionário.** São Paulo: Saraiva, 1995, p. 14; EIZIRIK, Nelson. **A Lei das S/A comentada.** V. 1. 2ª ed. São Paulo: Quartier Latin, 2015, p. 223-224.

[509] Há, na doutrina, quem critique a noção de influência dominante, dizendo ser mais preciso falar em *intervenção sobre a política financeira*: CARVALHO, Angelo Prata de. **Controle empresarial externo:** a intervenção sobre a política financeira como critério de responsabilização do controlador. Rio de Janeiro: Processo, 2020, p. 131 e ss.

[510] COMPARATO, Fábio Konder; SALOMÃO FILHO, Calixto. **O poder de controle na sociedade anônima.** 6ª ed. Rio de Janeiro: Forense, 2014, p. 116, nota de rodapé n. 202, edição Kindle.

pressupõe, obviamente a situação de insolvência"[511]. O caso concreto analisado pelo parecerista dizia respeito justamente à caracterização, ou não, do controle externo do adquirente de ações que, ao buscar satisfazer a condição de que todas as garantias prestadas pela sociedade-alienante em benefício da sociedade-alvo fossem liberadas até determinada data, requereu pedido liminar em arbitragem para transferir capital à sociedade-alvo, por determinação judicial, para pagamento de credores e liberação das garantias prestadas pela sociedade-alienante. Além disso, distinguiu a situação concreta daquela pressuposta no exemplo fornecido por Comparato sobre controle externo em virtude de caução de ações pois, para tal autor, só haverá a configuração do controle "quando os instrumentos de crédito conferem veto sobre matérias relevantes e, eventualmente, o direito de indicar administradores"[512].

1.2. Adquirente-expectante como autor da ação de anulação da deliberação assemblear

Outro aspecto a ser analisado, ainda em matéria de poder de veto do adquirente acerca do voto do vendedor na sociedade-alvo, diz respeito à legitimação do adquirente para propor ação de invalidade de deliberação quando esta tiver sido tomada em violação ao convencionado no contrato de aquisição de participação social. É o que ocorreria, *e.g.*, quando o alienante exerceu seu direito de voto com as ações a serem vendidas sem solicitar a anuência prévia do comprador, e a mesa da assembleia computou o voto do alienante.

---

[511] FRANÇA, Erasmo Valladão Azevedo e Novaes. Parecer. Limites do dever de cooperação e boa-fé objetiva. Dever de cooperação expressamente previsto em cláusula contratual. Possibilidade de o judiciário intervir para assegurar o cumprimento do contrato. Endividamento da companhia e controle externo. *In*: FORGIONI, Paula; A. NERO, Patrícia Aurélia del; MARQUES, Samantha Ribeiro Meyer-Pelug (Coords.). **Direito empresarial, direito do espaço virtual e outros desafios do direito:** homenagem ao professor Newton de Lucca. São Paulo: Quartier Latin, 2018, p. 849.

[512] FRANÇA, Erasmo Valladão Azevedo e Novaes. Parecer. Limites do dever de cooperação e boa-fé objetiva. Dever de cooperação expressamente previsto em cláusula contratual. Possibilidade de o judiciário intervir para assegurar o cumprimento do contrato. Endividamento da companhia e controle externo. *In*: FORGIONI, Paula; A. NERO, Patrícia Aurélia del; MARQUES, Samantha Ribeiro Meyer-Pelug (Coords.). **Direito empresarial, direito do espaço virtual e outros desafios do direito:** homenagem ao professor Newton de Lucca. São Paulo: Quartier Latin, 2018, p. 848-849.

Em matéria de anulação de deliberações, a regra geral, como explica Erasmo Valladão, é a de que "somente o acionista dissidente ou abstinente é legitimado a agir"[513], não tendo credores e terceiros legitimidade para requerer a anulação destas, uma vez que a assembleia ou deliberações são atos meramente *interna corporis*[514]. Adverte, contudo, que é possível reconhecer a legitimidade ativa de terceiros, em pontuais situações convencionais, "nas quais não se permita o direito do voto do acionista devedor, (...) como decorrência da invalidade do voto (se este tiver sido determinante para a formação da maioria)", exemplificando poder o credor pignoratício e o credor garantido por alienação fiduciária solicitar a anulação[515].

Já se viu que o adquirente-expectante é titular de um direito expectativo, podendo tomar medidas conservativas do seu direito, dentre elas, a prevista no artigo 130 do Código Civil. Assim, a ação de anulação seria igualmente um instrumento cabível a tutelar o direito do acionista-expectante, desde que o contrato seja averbado junto à sociedade-alvo.

2. Titularidade ao recebimento da distribuição de resultados da sociedade

Outra questão interessante diz respeito ao recebimento da distribuição de resultados da sociedade – *i.e.*, dividendos, juros sobre capital próprio ou qualquer outra forma eventualmente existente – durante o período intercalar.

---

[513] FRANÇA, Erasmo Valladão Azevedo e Novaes. Parecer. *In*: CANTIDIANO, Maria Lucia; MUNIZ, Igor; CATINIDIANO, Isabel (Coords.). **Sociedades anônimas, mercado de capitais e outros estudos:** homenagem a Luiz Leonardo Cantidiano. V. 1. São Paulo: Quartier Latin, 2019, p. 394. Por acionista entende-se "aquele tem o seu nome inscrito como tal nos livros sociais (LSA, arts. 31 e 35)". (ADAMEK, Marcelo von. **Responsabilidade civil dos administradores de S/A e as ações correlatas.** São Paulo: Saraiva, 2009, p. 443).
[514] FRANÇA, Erasmo Valladão Azevedo e Novaes. **Invalidade das deliberações de assembleias das S/A.** 2ª ed. São Paulo: Malheiros, 2017, p. 142.
[515] FRANÇA, Erasmo Vallão Azevedo e Novaes. **Invalidade das deliberações de assembleias das S/A.** 2ª ed. São Paulo: Malheiros, 2017, p. 142. Também reconhecendo a legitimidade do credor pignoratício: PENTEADO, Mauro Bardwil. **O penhor de ações no direito brasileiro.** São Paulo: Malheiros, 2008, p. 187; ADAMEK, Marcelo von. **Responsabilidade civil dos administradores de S/A e as ações correlatas.** São Paulo: Saraiva, 2009, p. 456.

A legislação societária, em seu artigo 205[516], determina que o dividendo de ações nominativas deve ser pago, na data do ato de declaração do dividendo, à pessoa que estiver inscrita como proprietária ou usufrutuária da ação. Em sentido similar, a legislação civil, em seu artigo 237, parágrafo único, impõe que, nas obrigações de dar, os frutos percebidos são do devedor, cabendo ao credor os pendentes. Novamente o critério adotado pela lei é do proprietário, de modo que os frutos percebidos antes da tradição são do sócio vendedor, então proprietário da coisa.

Conquanto, em princípio, as partes possam dispor em sentido diverso, os contratos de aquisição de participação societária sujeitos à aprovação prévia do Conselho Administrativo de Defesa Econômica[517] sofrem restrições no que concerne à consumação da operação e à adoção de medidas de integração antes da autorização final do órgão, sob pena de nulidade, multa ou abertura de processo administrativo (artigo 88, § 3º e 4º da Lei n. 12.529/2011). Nesse contexto, o recebimento de lucros relativos ao desempenho da contraparte é exemplificado, no *Guia para análise de consumação prévia de atos de concentração econômica* (2015), como potencial atividade de consumação da operação.

Por outro lado, embora nosso sistema não tenha adotado o princípio da retroeficácia da condição, nada impede que as partes convencionem que, realizadas as exigências do fechamento, os resultados percebidos pelo vendedor durante a pendência sejam revertidos para o comprador. Trata-se mais de uma questão de precificação da companhia, do que problema de retroeficácia da condição.

---

[516] Art. 205 da Lei 6.404/76. "A companhia pagará o dividendo de ações nominativas à pessoa que, na data do ato de declaração do dividendo, estiver inscrita como proprietária ou usufrutuária da ação".

[517] O sistema de aprovação prévia do Conselho Administrativo de Defesa Econômica (CADE) determina que os atos de concentração que preenchem os critérios objetivos de submissão dispostos no artigo 88, I e II da Lei 8.848/1994 (I – pelo menos um dos grupos envolvidos na operação tenha registrado, no último balanço, faturamento bruto anual ou volume de negócios total no País, no ano anterior à operação, equivalente ou superior a R$ 400.000.000,00 (quatrocentos milhões de reais); e II – pelo menos um outro grupo envolvido na operação tenha registrado, no último balanço, faturamento bruto anual ou volume de negócios total no País, no ano anterior à operação, equivalente ou superior a R$ 30.000.000,00 (trinta milhões de reais)".

3. Deveres dos administradores

Analise-se, agora, a posição e os deveres dos administradores durante o período intercalar, sobretudo, os da administração da sociedade-alvo. Foge ao escopo deste trabalho repetir estudos já elaborados sobre a responsabilização do administrador das companhias[518], bem como verificar parâmetros de conduta dos administradores antes da *assinatura* do contrato ou depois do *fechamento*. Não é nosso objetivo analisar o processo decisório que levou à celebração do contrato, e suas implicações, como a necessidade de se auto informar sobre a administração da adquirente, ou a necessidade de buscar propostas mais vantajosas.

O que importa, aqui, é entender qual o padrão de comportamento a ser adotado pelos administradores visando ao cumprimento de seus deveres, sobretudo de diligência, sigilo e lealdade, perante os desafios que o período intercalar pode originar.

3.1. Cláusulas de gestão ordinária

A cláusula do contrato de aquisição de participação societária que impõe ao alienante a manutenção da gestão ordinária poderá configurar, a depender de sua função, uma promessa de fato de terceiro[519], em que o alienante promete ato de competência do conselho de administração da sociedade-alvo. Conquanto o administrador deva sempre manter a plena independência (§ 1º, artigo 154 da Lei n. 6.406/76[520]), situações há em que, à primeira vista, o administrador se confronta com escolhas difíceis, *e.g.*, escolher entre cumprir um ato vantajoso para a sociedade, mas vedado pelo contrato, causando o seu incumprimento pelo acionista-expectado[521]. Por um lado, colocará em risco o acionista-alienante, que

---

[518] Sobre o assunto, na doutrina brasileira, v., por todos: ADAMEK, Marcelo Vieira von. **Responsabilidades dos administradores de S/A e as ações correlatas.** São Paulo: Saraiva, 2009.

[519] Sobre o assunto: REZENDE, Lucio Fonte. **Promessa de fato de terceiro.** Manaus: Imprensa Pública, 1939.

[520] "Art. 154. O administrador deve exercer as atribuições que a lei e o estatuto lhe conferem para lograr os fins e no interesse da companhia, satisfeitas as exigências do bem público e da função social da empresa. § 1º O administrador eleito por grupo ou classe de acionistas tem, para com a companhia, os mesmos deveres que os demais, não podendo, ainda que para defesa do interesse dos que o elegeram, faltar a esses deveres".

[521] Hipótese aventada por Valerio Di Gavio (Clausola di gestione interinale. *In*: CONFORTINI, Massimo. **Clausole negoziale:** profili teorici e applicativi di clausole tipiche e atipiche. Milão: UTET, 2017, p. 1030).

poderá sofrer as consequências previstas para o inadimplemento do contrato de aquisição, como o exercício de desvinculação do adquirente e/ou indenização; por outro, se não cumprido o ato vantajoso para a sociedade poderá configurar-se a violação do seu dever de diligência, podendo ser submetido a uma ação de responsabilidade.

A situação de conflito, contudo, ocorre apenas à primeira vista. A decisão sempre deverá ser tomada levando em consideração o interesse social, e não os interesses do acionista-expectado. Isso não significa que o administrador não deverá considerar as consequências do inadimplemento no âmbito do contrato de aquisição, sobretudo quando implicar possibilidade de desvinculação contratual pela parte expectante-adquirente. Isto porque o administrador deverá ponderar se os benefícios da aquisição da sociedade-alvo pelo adquirente excedem, ou não, as vantagens de praticar o ato de gestão polêmico durante o período intercalar. Trata-se, assim, na maioria dos casos, de uma questão da concretização da *business judgement rule*.

3.2. Auditoria, informações sigilosas e administração da sociedade--alvo

Como visto no item 1.2.1.2 do capítulo 1, da parte II, seja em decorrência da boa-fé objetiva, seja em razão dos termos do contrato, no período intercalar, há deveres informacionais do acionista-expectado perante o adquirente-expectante que transcendem esclarecimentos somente acerca da idoneidade do título, abarcando informações relativas às condições patrimoniais da sociedade[522] e à sua gestão. Pense-se, *e.g.*, na averiguação do cumprimento da obrigação do vendedor-expectado de conduzir a sociedade-alvo conforme o curso regular dos negócios durante o período intercalar: como é possível que o adquirente-expectante possa ter controle do cumprimento desta obrigação se não for possível ter acesso a informações específicas da sociedade-alvo? Ou na condição de satisfação do adquirente-expectante em relação ao relatório de diligência, se os administradores da sociedade-alvo não permitem acesso da empresa de auditoria às informações?

As questões pressupõem o delineamento de um cenário à primeira vista complexo: não sendo, contudo, a sociedade parte do negócio, mas

---

[522] BUSCHINELLI, Gabriel Saad Kik. **Compra e venda de participações societárias de controle.** São Paulo: Quartier Latin, 2018, p. 324.

tão-somente seu objeto indireto, não incide sobre ela, em princípio, qualquer dever de prestação ao adquirente-expectante[523]. A sociedade-alvo é titular de interesse autônomo de preservação de suas informações[524], informações estas muitas vezes de caráter sigiloso que, inclusive, se transmitidas ao comprador durante o período intercalar, podem configurar um ilícito concorrencial[525]. Ademais, os administradores estão pautados pela vinculação à manutenção de sigilo, em decorrência de seus deveres de lealdade e diligência perante à companhia, conforme o artigo 155, *caput*, e seu § 1º, da Lei n. 6.406/76[526]. Por outro lado, o

---

[523] CÂMARA, Paulo; BASTOS, Miguel Brito. Direito da aquisição de empresas: uma introdução. *In:* CÂMARA, Paulo (Coord.). **Aquisição de empresas.** Coimbra: Coimbra, 2011, p. 28.

[524] BUSCHINELLI, Gabriel Saad Kik. **Compra e venda de participações societárias de controle.** São Paulo: Quartier Latin, 2018, p. 332.

[525] O foco da vedação diz respeito a "informações particularmente sensíveis à dinâmica competitiva", as quais são, em termos gerais, "informações específicas (por exemplo, não agregadas) e que versam diretamente sobre o desempenho das atividades-fim dos agentes econômicos". **(Guia para análise de consumação prévia de atos de concentração econômica** (2015). Disponível em: <http://www.cade.gov.br/acesso-a-informacao/publicacoes-institucionais/guias_do_Cade/gun-jumping-versao-final.pdf>. Acesso em: 02.06.2020).

Quanto às limitações de ordem concorrencial é importante lembrar que a troca de informação, mesmo que concorrencialmente sensível, poderá não configurar o ilícito concorrencial desde que "seja estritamente necessária para a celebração do instrumento formal que vincule as partes". **(Guia para análise de consumação prévia de atos de concentração econômica** (2015). Disponível em: <http://www.cade.gov.br/acesso-a-informacao/publicacoes-institucionais/guias_do_Cade/gun-jumping-versao-final.pdf>. Acesso em: 02.06.2020). Este entendimento deve abranger também as informações trocadas no período intercalar, desde que estritamente necessárias para manter o escopo perseguido pelos contratantes. Com efeito, o objetivo do Conselho Administrativo de Defesa Econômica é impedir "o abuso na troca de informações". **(Guia para análise de consumação prévia de atos de concentração econômica** (2015). Disponível em: <http://www.cade.gov.br/acesso-a-informacao/publicacoes-institucionais/guias_do_Cade/gun-jumping-versao-final.pdf>. Acesso em: 02.06.2020), e não a troca de informações essencialmente pertinentes à contratação.

[526] Ainda que a obrigação de sigilo não se encontre expressa na lei acionária, certo é que os deveres de lealdade e diligência impõem aos administradores de companhias manter reserva ou discrição a respeito das atividades da companhia (ADAMEK, Marcelo Vieira von. **Responsabilidades dos administradores de S/A e as ações correlatas.** São Paulo: Saraiva, 2009, p. 167-170. Nesse sentido, também: CAMPOS, Luiz Antônio de Sampaio. Direitos e responsabilidades. LAMY FILHO, Alfredo; PEDREIRA, José Luis Bulhões (Coords). **Direito das companhias.** 2ª ed. Rio de Janeiro: Forense, 2017, p. 831).

O dever de lealdade encontra o seu fundamento justamente na posição de confiança que os administradores exercem na sociedade, conforme explica Luís Felipe Spinelli: "O funda-

PARTE II. 2. ASPECTOS PREPONDERAMEMENTE SOCIETÁRIOS

direito de informação é essencial para o exercício de diversas prerrogativas do acionista, inclusive, como explica Robert Clark, para que o acionista exerça seu direito de vender adequadamente as suas ações[527].

Ao tratar da discricionariedade da administração da sociedade-alvo para permitir a realização de auditoria, bem como para o acesso de informações sigilosas nas situações em que o acionista, sobretudo o controlador, visa a alienar suas participações societárias, atribui-se o interesse social como parâmetro orientador à decisão dos administradores[528]. Assim, privilegia-se um juízo casuístico, de modo que o administrador deverá ponderar "entre as imposições de sigilo e o dever de prossecução de outras manifestações do interesse social"[529].

Dando um passo além, a fim de estabelecer parâmetros mais específicos do que a mera remissão para uma decisão conforme o inte-

mento de tal dever reside na posição que os administradores ocupam nos órgãos da sociedade, i.e., pelo fato de terem poder discricionário (apesar de limitado), diante da confiança sobre eles depositada quando eleitos, sobre interesses alheios, estando a sociedade presentada pelos administradores e sujeita aos seus atos – e, por isso, são fiduciários por excelência. Assim, o dever de lealdade (ou, melhor dizendo, os deveres fiduciários) é a contrapartida por terem os administradores o poder de gerir e dispor, com autonomia, do patrimônio da sociedade; afinal, *responsability goes with power*. O dever de lealdade é característica fundamental das relações fiduciárias e incide de modo mais forte nas relações como a societária do que em outras relações (como as relações de troca), uma vez que o gestor não deve explorar a relação em seu próprio benefício, mas, sim, agir no interesse do ente coletivo. Dessa forma, o dever de lealdade é elemento central do próprio Direito Societário, sendo inexcluível, tendo, portanto, caráter imperativo, como prevê expressamente o art. 230 da *Ley de Sociedades de Capital* espanhola – o que não impede a adoção de mecanismos privados complementares de regulação e controle, podendo ser moldado pelas partes mas nunca relativizado: ou se é leal ou não se é leal, não havendo como ser mais ou menos leal. Por conta do dever de lealdade, os administradores devem julgar e agir sempre no interesse da companhia (LSA, art. 154, caput), fazendo com que este prevaleça (faceta positiva), abstendo-se de tomar qualquer medida que, em interesse próprio ou alheio, o prejudique (faceta negativa)". (SPINELLI, Luís Felipe. **Administração das sociedades anônimas:** lealdade e conflito de interesses. São Paulo: Almedina, 2020, p. 23-25, edição Kindle).

[527] "*Shareholders can hardly exercise their rights to sell their stock, to vote or to solicit other vote, and to bring derivative suits in an intelligent way unless they have adequate information about their corporation*". (CLARK, Robert Charles. **Corporate law.** Boston: Little, Brown and Company, 1986, p. 96).

[528] CÂMARA, Paulo; BASTOS, Miguel Brito. Direito da aquisição de empresas: uma introdução. *In:* CÂMARA, Paulo (Coord.). **Aquisição de empresas.** Coimbra: Coimbra, 2011, p. 32.

[529] CÂMARA, Paulo; BASTOS, Miguel Brito. Direito da aquisição de empresas: uma introdução. *In:* CÂMARA, Paulo (Coord.). **Aquisição de empresas.** Coimbra: Coimbra, 2011, p. 32.

resse social, Catarina Monteiro Pires adverte ser necessário examinar o conteúdo geral dos deveres de informação e dos deveres de sigilo e, após, concretizar os deveres, ou suas implicações, no âmbito específico da auditoria[530].

Diferentemente de Portugal e outros países, o direito à informação do acionista não está, ao menos expressamente, afirmado na lei acionária brasileira[531], uma vez que a lei institui somente o direito essencial do acionista de fiscalização e gestão dos negócios sociais, no artigo 109 da Lei n. 6.406/76, na forma prevista em lei. Além de criticar este lapso do legislador, a doutrina brasileira tende a reconhecer um "sistema de informação, de um lado, e o dever de informação, que recai sobre o administrador, do outro"[532].

Entende-se que o direito à informação tem caráter instrumental[533], no sentido de ser meio para efetivação de outros direitos (políticos ou econômicos). Além disso, frisa Modesto Carvalhosa que o caráter capitalista das companhias pressupõe "que o exercício desses direitos deve originar-se de um efetivo interesse patrimonial, na melhor condução dos negócios sociais, no interesse do próprio acionista e no comum a todos"[534]. Inexiste, assim, um direito amplo, irrestrito, às informações

---

[530] PIRES, Catarina Monteiro. **Aquisição de empresas e de participações acionistas.** Coimbra: Almedina, 2018, p. 47-48.

[531] PENTEADO, Mauro. **Aumentos de capital das sociedades anônimas.** 2ª ed. São Paulo: Quartier Latin, 2012, p. 321.

[532] ADAMEK, Marcelo Vieira von. **Responsabilidade civil dos administradores de S/A e as ações correlatas.** São Paulo: Saraiva, p. 171. Assim, "mesmo à falta dessa expressa consagração, reconhecesse-se que, sendo a informação verdadeiro instrumento do direito à fiscalização (LSA, art. 109, III), muitas das regras pertinentes ao fornecimento de informações (LSA, artigos 124, 3º, 132, I, 133, I a V, e 2º, 134, 1º 135, 30, 161, 2º, 163, 6º, 164, 186, 187, 188, 224 e 234), das quais podem se valer mesmo os acionistas das companhias fechadas, são de aplicação cogente e constituem aquilo que a boa doutrina designa 'sistema de informações'". (ADAMEK, Marcelo Vieira von. **Abuso de minoria em Direito Societário.** São Paulo: Malheiros, 2014, p. 297, nota de rodapé n. 272).

[533] PITTA, Andre Grunspun. O direito do acionista à informação. *In:* COELHO, Fábio Ulhoa. **Tratado de Direito Comercial.** V. 3. São Paulo: Saraiva, 2015, p. 2818, edição Kindle (paginação irregular); ADAMEK, Marcelo Vieira von. **Abuso de minoria em direito societário.** São Paulo: Malheiros, 2014, p. 297.

[534] CARVALHOSA, Modesto. **Comentários à lei de sociedades anônimas.** V. 2. 6ª ed. São Paulo: Saraiva, 2014, p. 543. Em sentido similar, explica Marcelo Barbosa, apoiado nas lições de Carvalho de Mendonça, que "se fosse concedida a todos os acionistas das com-

da sociedade, sendo o interesse social um dos principais "limites extrínsecos" ao direito à informação do acionista[535], devendo ser realizado na *forma prescrita em lei* (art. 109).

Além de constituir preocupação considerável na lei acionária, em face das determinações do artigo 157, a repressão ao abuso da utilização de informações sociais decorre do dever de lealdade[536] do acionista perante a sociedade e os demais acionistas, que lhe veda adotar comportamentos desleais, divulgando informações a concorrentes de modo a prejudicar a própria sociedade.

Quanto à reserva de informações pelos administradores, Modesto Carvalhosa explica que a lei societária dividiu nitidamente o regime de informações financeiras do regime das informações negociais, em que as primeiras não podem ser objeto de sigilo, devendo ser fornecidas aos acionistas, mediante publicidade ou pedidos especiais previstos em lei, enquanto as segundas podem ser objeto de reserva de sigilo, a critério dos próprios administradores, constituindo-se a Comissão de

---

panhias a faculdade de fiscalizar individualmente os atos de gestão, tendo acesso a toda e qualquer informação pleiteada, a vida social estaria seriamente perturbada, com prejuízo ao atingimento dos objetivos sociais. O grande número de acionistas e a livre transferibilidade das ações tornaram o atendimento a tal prerrogativa, se fosse conferida como direito individual, de forma ampla e sem restrições, um dever a que nenhuma companhia poderia se sujeitar de forma responsável". (BARBOSA, Marcelo. Direito de voto. *In*: LAMY FILHO, Alfredo; PEDREIRA, José Luis Bulhões (Coords.). **Direito das companhias.** 2ª ed. Rio de Janeiro: Forense, 2017, p. 135-136).

[535] Voto de Otavio Yazbek no Procedimento Administrativo Comissão de Valores Mobiliários RJ 2008/0713, 09.10.2010, citando lições de Jesus Antonio Romero Fernández.

[536] Como explica Marcelo Adamek, "o cerne do dever de lealdade na órbita societária reside, então, no dever de não adotar comportamentos que possam, de algum modo, lesionar legítimos interesses e expectativas de outros sócios ou da sociedade de que são membros. (...) Assim, no que concerne à sociedade, deve ser respeitado o *fim social* (fim comum), a *causa* do contrato de sociedade ou, na visão tradicional, o interesse social: o sócio deve se abster de quaisquer comportamentos que, de alguma forma, possam obstar a sua eficaz persecução". (ADAMEK, Marcelo Vieira von. **Abuso de minoria em Direito Societário.** São Paulo: Malheiros, 2014, p. 166). Maria da Glória Ferraz de Almeida Prado, apoiada nas lições de Herbert Wiedemann, explica que "a extensão do dever de lealdade irá variar a depender do tipo societário tratado", tratando-se de "dever inerente ao *status socii*, sendo indiferente a posição de sócio tenha sido adquirida na constituição da sociedade, por ingresso posterior ou transferência de participação". (**Exclusão do controlador na sociedade anônima:** uma análise de admissibilidade e conveniência. Rio de Janeiro: Lumen Juris, 2018, p. 40).

Valores Mobiliários instância competente para decidir a procedência ou não desse sigilo[537], conforme prevê o inciso 5º do artigo 157 da Lei n. 6.404/76.

Esse dispositivo legal determina que a reserva de sigilo dos administradores deverá levar em conta "riscos a interesse legítimo da companhia". Trata-se de uma *norma aberta*, de forma a permitir ao administrador atuar como intérprete e defensor do interesse companhia[538]. Como dotado de *vagueza semântica* que é, sua estrutura normativa não contém, na hipótese legal, uma prefiguração descritiva ou especificativa do que deve se entender por legítimo interesse da companhia.

Para tanto, são essenciais os apontamentos da doutrina, sobretudo no que concerne ao que se deve entender por "interesse da companhia" (interesse social *stricto sensu*), que consiste "no interesse comum dos sócios à realização do escopo social, abrangendo, portanto, qualquer interesse que diga respeito à causa do contrato de sociedade, seja o interesse à melhor eficiência da empresa, seja à maximização de lucros, seja à maximização dos dividendos"[539].

---

[537] CARVALHOSA, Modesto. **Comentários à lei de sociedades anônimas.** V. 2. 6ª ed. São Paulo: Saraiva, 2014, p. 1377-1378, edição Kindle (paginação irregular).
[538] CAMPOS, Luiz Antonio de Sampaio. Deveres e responsabilidades. LAMY FILHO, Alfredo; PEDREIRA, José Luis Bulhões (Coords). **Direito das companhias.** 2ª ed. Rio de Janeiro: Forense, 2017, p. 855-857.
[539] FRANÇA, Erasmo Valladão Azevedo e Novaes. **Conflito de interesses nas assembleias de S.A.** 2ª ed. São Paulo: Malheiros, 2014, p. 68.
Também definindo precisamente o interesse da companhia, Luiz Gastão Paes de Barros, "o que, porém, singulariza o contrato de sociedade é a sua categorização entre os contratos plurilaterais, na subespécie dos contratos de organização, nos quais as partes conciliam os seus interesses individuais – em princípio, contrastantes – mediante o estabelecimento de um escopo comum. Embora os interesses pessoais dos sócios permaneçam distintos e até contrapostos desde a constituição e durante toda a vida da sociedade, convergem eles na realização de uma finalidade comum, consubstanciada no objeto empresarial, razão determinante da associação. A esse interesse convergente dá-se o nome de "interesse social" ou de "interesse da companhia". O interesse social ou o interesse da companhia não se reduz, portanto, aos interesses particulares dos sócios, ainda que majoritários, nem mesmo ao somatório dos interesses individuais dos associados, ou sequer ao interesse do acionista controlador. É, na verdade, o interesse comum dos sócios (controladores ou não), encarados como tais, quer dizer, enquanto membros da sociedade. Por consequência, o interesse da companhia não é um interesse superior, estranho ou acima da vontade dos sócios, nem mesmo um interesse da 'pessoa jurídica em si' ou da 'empresa em si', encarada como enti-

Significa, assim, que a reserva de informação instituída no inciso 5º do art. 157 não serve para tutelar quaisquer interesses, mas tão somente aqueles que possam obstar a eficaz realização do escopo social, que tenham a *causa* no contrato de sociedade. Especificamente sobre o inciso 5º do artigo 157 da Lei n. 6.404/76, a doutrina brasileira tem apontado algumas causas legítimas para a recusa da informação: o fato de a informação ser valiosa para a concorrência[540]; a informação implicar prejuízo a terceiro, que pode resultar inclusive em responsabilidade da companhia, como seria o caso de revelar contratos confidenciais, negociações; segredos negociais, etc.[541].

Por coerência valorativa das soluções – impedindo-se que o adquirente tenha em regra acesso a mais informações que o próprio acionista[542] –, parece-nos que esse mesmo critério "risco ao interesse legítimo da companhia" deverá ser utilizado pelos administradores no que concerne ao fluxo de informações a serem disponibilizadas ao adquirente-expectante.

A colaboração da administração da sociedade-alvo dependerá de um juízo de ponderação entre os riscos do fornecimento da informação sigilosa ou da autorização da *due diligence,* visando a "determinar se os benefícios da aquisição excedem, ou não, as desvantagens e contingências da revelação da informação"[543]. O que está em causa, assim, é uma concretização da *business judgement rule*[544].

---

dade autônoma em relação aos sócios, posto que o escopo da associação – ou seja, o 'objeto social' – é o próprio exercício, pela sociedade, de "qualquer empresa, de fim lucrativo", destinada a satisfazer o interesse comum dos sócios (LSA, artigo 2º; CC, artigos 966 e 983)". (LEÃES, Luiz Gastão Paes de Barros. Reestruturação Societária: In: **Novos Pareceres.** São Paulo: Singular, 2018, p. 1593-1594).

[540] TEIXEIRA, Lacerda; GUERREIRO, José Tavares. **Das sociedades anônimas no direito brasileiro.** V. 2. Rio de Janeiro: Bushatsky, p. 476.

[541] CAMPOS, Luiz Antônio Sampaio. Deveres e responsabilidades. LAMY FILHO, Alfredo; PEDREIRA, José Luis Bulhões (Coords.). **Direito das companhias.** 2ª ed. Rio de Janeiro: Forense, 2017, p. 856.

[542] PIRES, Catarina Monteiro. **Aquisição de empresas e de participações acionistas.** Coimbra: Almedina, 2018, p. 47.

[543] PIRES, Catarina Monteiro. **Aquisição de empresas e de participações acionistas.** Coimbra: Almedina, 2018, p. 54, apoiada na doutrina alemã.

[544] PIRES, Catarina Monteiro. **Aquisição de empresas e de participações acionistas.** Coimbra: Almedina, 2018, p. 55, apoiada na doutrina alemã.

Este juízo de probabilidade deverá considerar diversos fatores[545]. A possibilidade de abuso da informação transmitida, sobretudo se o adquirente-expectante for concorrente, não é causa, por si só, para negar a realização de auditoria[546] ou negar informação sensível. Com efeito, no período intercalar, é consideravelmente importante ao adquirente-expectante haver um controle do cumprimento das obrigações do vendedor acerca da condução regular dos negócios da sociedade-alvo, o que, na prática, pode envolver acesso a informações estratégicas da companhia. Uma forma que se tem encontrado na *práxis* para resolver tal situação é a indicação de um *observador* – figura inconfundível com a do administrador –, com o objetivo de averiguar se as referidas regras do contrato de *fusões & aquisições* estão sendo cumpridas internamente na sociedade-alvo, estando este observador submetido a um robusto acordo de confidencialidade. Sob a imprescindível reserva de confidencialidade, o observador poderá atestar se a sociedade-alvo está sendo gerida dentro dos parâmetros de gestão ordinária.

A doutrina costuma ainda referir como critério para concessão de informação e auditoria o momento do processo negocial e a seriedade de intenção do expectante-adquirente, permitindo a transmissão de informação quando houver memorando de entendimentos ou carta de intenções, sobretudo se as mesmas estiverem associadas à multa por desistência motivada, isto é, *break-up fees*[547]. Conquanto no período intercalar exista vínculo contratual entre expectante-adquirente e expectado-acionista, restando evidente a seriedade de intenção, não é menos verdade que, a depender do desenrolar dos fatos, pode restar evidenciada a possibilidade de não satisfação de uma condição, como aprovação por parte de alguma autoridade[548], o que deverá ser levando em conta no juízo de probabilidade do administrador para a transmissão de informação.

---

[545] CÂMARA, Paulo; BASTOS, Miguel Brito. Direito da aquisição de empresas: uma introdução. *In:* CÂMARA, Paulo (Coord.). **Aquisição de empresas.** Coimbra: Coimbra, 2011, p. 33.
[546] PIRES, Catarina Monteiro. **Aquisição de empresas e de participações acionistas.** Coimbra: Almedina, 2018, p. 58.
[547] PIRES, Catarina Monteiro. **Aquisição de empresas e de participações acionistas.** Coimbra: Almedina, 2018, p. 57.
[548] PIRES, Catarina Monteiro. **Aquisição de empresas e de participações acionistas.** Coimbra: Almedina, 2018, p. 57.

Também a celebração de acordos de confidencialidade[549] é exigência para o fornecimento de informações sobretudo as sensíveis, devendo ser suficientemente dissuasores de abusos da informação obtida[550].

---

[549] Referindo tanto o interesse social quanto a realização de acordos de confidencialidade como requisito para transmissão de informação não divulgada a terceiro: CVM. PAS 2007/1079. Declaração de voto do Pres. Marcelo Fernandez Trindade. Rel. Dir. Eli Loria. J. em 10.07.2007; BUSCHINELLI, Gabriel Saad Kik. **Compra e venda de participações societárias de controle**. São Paulo: Quartier Latin, 2018, p. 340.

[550] CÂMARA, Paulo; BASTOS, Miguel Brito. Direito da aquisição de empresas: uma introdução. *In:* CÂMARA, Paulo (Coord.). **Aquisição de empresas.** Coimbra: Coimbra, 2011, p. 33.

CONCLUSÕES

> "*A palavra, por mais contraditória que seja, preserva o contato: o silêncio isola-o*".
> (Thomas Mann)

As considerações finais dedicar-se-ão às observações de maior relevância, não tendo como escopo apresentar proposições fechadas e conclusivas[551], mas constituir uma etapa de desenvolvimento dos estudos acerca do período de fechamento diferido nos contratos de *fusões & aquisições*.

O início do nosso percurso foi dedicado à contextualização prática das cláusulas "condition precedents" e "covenants prior to closing" que dizem respeito ao período intercalar em seu *habitat* original – *i.e.*, nos contratos de aquisição de participação societária estadunidense. Verificou-se que as cláusulas atuam de modo *multifuncional* no período intercalar, podendo ter eficácia variada, mesmo dentro da mesma categoria – *i.e.*, "condition" ou "covenant".

---

[551] Nesse sentido, as lições insuperáveis de Fábio Konder Comparato: "Uma dissertação científica não deve, pois, literalmente falando apresentar conclusões. Não deve tentar cercar, com paliçadas de argumentos sempre discutíveis, as suas proposições; mas considerá-las, ao contrário, na melhor das hipóteses, ou seja, no caso de apresentarem alguma valia, como etapas provisórias da evolução vital. A verdadeira obra científica não responde, interroga; ou, se se preferir, responde para melhor poder interrogar, em seguida". (COMPARATO, Fábio Konder. **O poder de controle na sociedade anônima**. São Paulo: Revista dos Tribunais, 1976, p. 414).

A função dessas cláusulas – e de suas interações – podem ser divididas, a *grosso modo*, em duas principais perspectivas: mecanismos que *promovem* o diferimento temporal e a normativa convencional que *regula* o período intercalar. Os primeiros consistem nas cláusulas que *causam* o divórcio entre a *assinatura* e o *fechamento* – *i.e.*, justificam a existência de uma execução diferida do contrato ("gating conditions"). Os segundos regulam as condutas dos figurantes e a alocação de riscos durante o período existente entre a *assinatura* e o *fechamento*, visando a assegurar e a promover a execução dos *termos negociados* ("bargained") conforme as premissas estipuladas na data da *assinatura* do contrato ("maintaining-the-bargain condition", "transactional condition"; "covenants prior to closing condition").

A regularização pormenorizada do período intercalar nos contratos de aquisição norte-americanos justifica-se, não só pela ausência de um corpo de regras legais supletivas, tal como aqueles existentes na experiência da *civil law*, que possam dar respaldo às incompletudes do contrato, mas também pelas peculiaridades próprias dos contratos de aquisição de participações societárias, que envolvem uma gama considerável de riscos exógenos e endógenos.

Diante dessas premissas extraídas da análise do período intercalar nos contratos de aquisição de participação societária do Direito norte-americano, passou-se a buscar a compreensão do uso da técnica de diferimento temporal sob a perspectiva da dogmática própria ao nosso sistema jurídico interno de Direito Privado.

No Direito brasileiro, a função de *promoção* do diferimento temporal em virtude de *incertezas* quanto a dados decisivos ao resultado prático do contrato visado pelos figurantes é realizada, sobretudo, pelos mecanismos da *condição suspensiva*, quando a incerteza for *objetiva*, ou da opção, quando a incerteza for *subjetiva*. Ambos atraem um conjunto de normas legais, dispositivas, imperativas e interpretativas, que incidem no momento em que há *incertezas* quanto à eficácia plena da obrigação típica.

A despeito da existência dessa normativa legal, adota-se, na prática, comumente, a normativa convencional dos contratos norte-americanos regulando pormenorizadamente a relação dos figurantes e os riscos incidentes sobre o objeto indireto do contrato no período intercalar. Conquanto o regime convencional tenha uma "vocação autossuficiente",

CONCLUSÕES

estes contratos não devem ser interpretados sem relação às normas legais que regulam o período de pendência. E o raciocínio oposto também é verdade: o regime do Código Civil não está imune ao acordado pelos figurantes.

A normativa legal e a normativa convencional não divergem em seus principais propósitos. Ambas visam à tutela da relação jurídica existente, bem como à viabilização do cumprimento de eventual prestação futura. Em razão da complexidade do contrato de aquisição de participações societárias e da natureza de bens de segundo grau do objeto indireto da prestação, há algumas incertezas na aplicação do regime legal, especialmente no que concerne a alocação de riscos do período intercalar, razão pela qual deve se entender que há uma inter-relação entre ambas as normativas.

A escolha da via convencional configura, de maneira geral, uma alocação *ex ante* dos riscos pelos figurantes e, em muitas vezes, visa a detalhar sobretudo as hipóteses constantes dos suportes fáticos de normas legais, conferindo mais certeza na aplicação do Direito. Esta função é importante uma vez que as perspectivas valorativas e estratégicas dos contraentes podem ser bastantes diversas daquelas adotadas pela autoridade judicial, sobretudo no que concerne à caracterização das circunstâncias de superveniência de riscos e da determinação das suas consequências no curso da prestação.

No âmbito da alocação de riscos, as três *cláusulas de manutenção* apresentam relações e diferenciações quanto ao regime legal. As cláusulas de evento e mudanças depreciativas funcionam como mecanismo de alocação dos riscos externos que possam afetar a sociedade-alvo ou o mercado no qual atua, o que, por consequência, afeta o valor das participações societárias. Conquanto se *aproximem*, em certa medida, das situações reguladas pela revisão e resolução por onerosidade excessiva nos contratos bilaterais, têm atuação diferenciada.

As cláusulas de ratificação de declarações e garantias atuam na regulação dos riscos acerca de perdas supervenientes das qualidades essenciais das participações societárias durante o período intercalar. Ao conformarem o conteúdo da prestação devida, evitam que o adquirente esteja vinculado aos efeitos plenos do contrato se as perdas da qualidade da prestação ocorrerem antes do *fechamento*. Esta cláusula atua não só como especificação do que deva se entender por impossibilidade parcial no artigo 235 do Código Civil, como também pode restringir as consequências legais somente à resolução da obrigação.

A cláusula de cumprimento de obrigações antecedentes ao *fechamento* exige que, para proceder à execução típica do contrato, as partes devam ter cumprido todas as suas obrigações do período interino. A maioria das obrigações antecedentes tem como função a diminuição do *risco moral* próprio do período intercalar, visando a garantir que o alienante gerirá a sociedade-alvo conforme o curso regular dos negócios no período. Essa cláusula tem relação com o *dever de diligência* conferido ao alienante de proceder de tal maneira que não dificulte nem impossibilite o surgimento do crédito (artigos 234 e 236 do Código Civil), respondendo por *culpa* se assim não proceder.

Em relação ao direcionamento de condutas, o artigo 129 do Código Civil aplica-se tão-somente à conduta *maliciosa* que visa a forçar ou obstar o advento de uma das condições suspensivas – *i.e.*, aquelas que efetivamente promovem o diferimento temporal em razão de uma incerteza objetiva. O cumprimento das obrigações antecedentes ao fechamento não consiste, logicamente, ato a forçar o advento condicional, uma vez que constitui regulamento inserido no curso normal dos acontecimentos. Tutelar o curso normal dos acontecimentos não consiste apenas na proteção do *direito expectativo*, mas igualmente abarca as exigências de condutas proativas dos figurantes para promoção do fechamento nos termos negociados na assinatura, seja em razão da normativa convencional, seja em razão da boa-fé *in executivis*, artigo 422 do Código Civil.

Quanto ao *fechamento*, demonstrou-se se tratar de um momento complexo no *iter* contratual, em que primordialmente se procede à *avaliação* da satisfação/cumprimento das *exigências* ao fechamento (condições, opções, obrigações antecedentes ao fechamento, cláusula de depreciação material; cláusula de ratificação das declarações e garantias).

O primeiro momento da averiguação diz respeito às *condições de entrada*, pois são os pressupostos primordiais para a plena eficácia do contrato. A maioria dessas espécies de cláusulas consiste em condições suspensivas, mas que apresenta, nos contratos de *fusões & aquisições*, certas peculiaridades na operatividade do momento do *fechamento*, em razão do exercício da autonomia privada. Em primeiro lugar, as partes flexibilizam a automaticidade do disparo eficacial do negócio condicional, de modo a atuar conjuntivamente com a realização das demais

CONCLUSÕES

exigências ao fechamento previstas no contrato. Em segundo lugar, conquanto a expressão "renúncia à condição ou aos seus efeitos" seja atécnica e muito utilizada nos contratos, é possível que haja, durante o período interino, declaração de vontade que transforme o negócio condicionado em negócio simples e puro. Em terceiro lugar, a vinculação de uma soma pecuniária à não realização de um evento condicional não desvirtua o regime condicional, tratando-se tão somente de uma cláusula de garantia.

O segundo momento refere-se à averiguação da incidência de normativa incidente no período intercalar, cujas consequências jurídicas podem ser variadas, podendo dar ensejo à resolução convencional ou resolução legal.

Em relação aos aspectos societários, demonstrou-se que os efeitos reflexos dos contratos de *fusões & aquisições* no âmbito da sociedade-alvo devem obedecer ao *fim social* em razão sobretudo da sua eficácia funcional. As cláusulas que exigem o consentimento do adquirente para votação do alienante em determinadas deliberações equiparam-se às hipóteses do artigo 113 da Lei n. 6.404/76, em razão da identidade de valor jurídico entre ambas. O escopo destas cláusulas deve, contudo, se restringir à conservação do valor do direito expectativo, não devendo a exigência do consentimento abarcar matérias de gestão ordinária da sociedade-alvo.

Conquanto haja certa dificuldade em reconhecer uma efetiva influência dominante do adquirente em relação à sociedade-alvo durante o período intercalar, para fins de caracterização do controle externo, pode ser possível identificar certa influência daquele (no mínimo econômica) perante o alienante. Assim, a depender das circunstâncias concretas, seria possível configurar "abuso de influência sobre o acionista controlador" o que se enquadraria nos casos de abuso de direito, caracterizado pelo artigo 187 do Código Civil.

O encerrar dessa trajetória comprova o lançado no preâmbulo: não obstante a origem exógena, as cláusulas que permitem aos figurantes de um contrato de compra e venda de participação societária com fechamento diferido enfrentar *tempo, incerteza e riscos* podem e devem receber, uma vez insertas em contratos regidos pelo Direito brasileiro, o regime jurídico atribuído, na Dogmática do Direito das Obrigações, a categorias funcionalmente similares. Para além de permitir o melhor manejo das questões eventualmente suscitadas pela interpretação do contrato, o olhar atento e refinado pela construção dogmática diminui a opacidade – ao menos do ponto de vista teórico – das operações de aquisições de participação societária no Direito brasileiro, permitindo também à jurisprudência maior homogeneidade em suas decisões.

REFERÊNCIAS

ADAMEK, Marcelo von. **Responsabilidade civil dos administradores de S/A e as ações correlatas.** São Paulo: Saraiva, 2009.

ADAMEK, Marcelo Vieira von. **Abuso de minoria em direito societário.** São Paulo: Malheiros, 2014.

ADAMS, Kenneth. **The structure of M&A contracts.** Nova Iorque: Legal Works, 2016.

ADAMS, Kenneth. Revisting materiality. **New York Law Journal,** ago. 2007. Disponível em: <https://adamsdrafting.com/downloads/nylj-revisiting-materiality-081607.pdf>.

AFONSO, Ana Isabel. **A condição:** reflexão crítica em torno de subtipos de compra e venda. Coimbra: Coimbra, 2015.

AFSHARIPOUR, Afra. **Paying to break-up:** the metamorphosis of reverse termination fees. Disponível em: <http://ssrn.com/abstract=1443613>.

AGUIAR JÚNIOR, Ruy Rosado de. **Comentários ao novo Código Civil.** V. 7. Tomo II. Rio de Janeiro: Forense, 2011.

AGUIAR JÚNIOR, Ruy Rosado de. **Extinção dos contratos por incumprimento do devedor.** Rio de Janeiro: AIDE, 2003.

AGUIAR JÚNIOR, Ruy Rosado de. **Contratos empresariais:** fundamentos e princípios dos contratos empresariais. 2ª ed. São Paulo: Saraiva, 2012, edição Kindle.

ALMEIDA, Carlos Ferreira. **Contratos.** V. 4. Coimbra: Almedina, 2014.

ALMEIDA, Fabricio A. Cardim de. Pagamento antecipado, sinal e break-up fees em operações de M&A uma análise do APAC 08700.005408/2016-68 e o tema do gun jumping. *In*: BAGNOLI, Vicente; CRISTOFARO, Pedro Paulo Salles. **Jurisprudência do CADE comentada.** São Paulo: Revista dos Tribunais, 2020.

ALMEIDA PRADO, Maria da Glória Ferraz de. **Exclusão do controlador na sociedade anônima**: uma análise de admissibilidade e conveniência. Rio de Janeiro: Lumen Juris, 2018.

ÁLVARES, Tomás José Acosta. Due diligence. *In*: QUETGLAS, Rafael; LUNA, Martín J. **Manual de fusiones y adquisiciones de empresas.** Kluwer: Madrid, 2016.

ALVIM, Agostinho. **Da inexecução das obrigações e suas consequências.** 5ª ed. São Paulo: Saraiva, 1980.

AMARAL, Francisco. **Enciclopédia Saraiva de Direito.** V. 17. São Paulo: Saraiva, 1978.

AMARAL, Francisco de. **Direito Civil.** 5ª ed. Rio de Janeiro: Renovar, 2003.

AMARAL, Francisco. **Direito Civil:** introdução. 10ª ed. São Paulo: Saraiva, 2018, edição Kindle.

AMARAL, Francisco. **Da irretroatividade da condição suspensiva no direito civil brasileiro.** Rio de Janeiro: Forense, 1984.

AMERICAN BAR ASSOCIATION. **Model stock purchase agreement with commentary.** V. 1. 2ª ed. Chicago: ABA, 2010.

ANDREWS, Neil. **Contract Law.** 2ª ed. Cambridge: Cambridge Press, 2015.

ANSUINI, Silvia. **Presupposizione e rinegoziazione del contratto.** Tese de Doutorado. Prof. Dr. Orientador Renato Clarizia. Roma: Scuola Dottorale Internazionale di Diritto ed Economia "Tulio Ascarelli", 2011.

ARJONA, José María Álvarez. La Estrategia del cierre. *In*: ARJONA, José María Álvarez; PEREIRA, Angel C. **Adquisiciones de empresas.** 5ª ed. Navarra: AZARDI, 2019.

ARROW, Kenneth. Uncertainty and the welfare economics of medical care. **The American Economic Review,** v. 53, dec. 1963, p. 961-962. Disponível em: <https://web.stanford.edu/~jay/health_class/Readings/Lecture01/arrow.pdf>. Acesso em: 13.09.2020.

ASCARELLI, Tullio. Riflessioni in tema di titoli azionari e società tra società. *In*: **Saggi di Diritto Commerciale.** Milão: Giuffrè, 1955.

ASCARELLI, Tullio. **Problemas das sociedades anônimas e direito comparado.** São Paulo: Saraiva, 1945.

ASQUINI, Alberto. Perfis da empresa. Traduzido por Fábio Konder Comparato. **Revista de Direito Mercantil,** v. 104, p. 109-126.

AZEVEDO, Antonio Junqueira de. Diferenças de natureza e efeitos entre negócio jurídico sob condição suspensiva e o negócio jurídico a termo inicial. A colaboração de terceiro para o inadimplemento de obrigação contratual. A doutrina do terceiro cúmplice. A eficácia externa das obrigações. *In:* **Estudos e pareceres de Direito Privado.** São Paulo: Saraiva, 2004.

AZEVEDO, Álvaro Villaça. **Teoria geral de contratos típicos e atípicos.** São Paulo: Atlas, 2002.

BAINBRIDGE, Stephen M. **Bainbridge's mergers and acquisitions.** 3ª ed. Nova Iorque: West Academic, 2012.

BALDINI, Gianni. La condizione unilaterale: implicazioni e problemi. *In:* ALCARO, Francesco (Coord.). **La condizione nel contrato:** tra 'atto' e 'attività'. Milão: CEDAM, 2008.

BARBOSA, Mafalda Miranda. Ainda o problema da fixação contratual dos direitos do credor: as cláusulas *sole remedy, basket amout* e *no consequential loss.* **Revista da Ordem dos Advogados**, v. 1, n. 2, p. 141 e ss. Disponível em: <https://portal.oa.pt/comunicacao/noticias/2020/07/roa-online-ano-80-vol-iii-janjun-2020/>. Acesso em: 25.07.2020.

BARBOSA, Marcelo. Obrigações dos acionistas. *In:* LAMY FILHO, Alfredo; PEDREIRA, José Luis Bulhões. **Direito das companhias.** 2ª ed. Rio de Janeiro: Forense, 2017.

BARRETO, Celso de Albuquerque. **Acordo de acionistas.** Rio de Janeiro: Forense, 1982.

BEATSON, Jack; BURROWS, Andrew; CARTWRIGHT, John. **Anson's Law of Contract.** 29ª ed. Londres: Oxford, 2010.

BENETTI, Giovana. **Dolo no Direito Civil:** uma análise da omissão de informações. São Paulo: Quartier Latin, 2019.

BETTI, Emílio. **Teoria geral do Negócio Jurídico.** Tomo II. Traduzido por Fernando de Miranda. Coimbra: Coimbra, 1969.

BETTI, Emílio. **Teoria Geral do Negócio Jurídico.** Tomo III. Traduzido por Fernando de Miranda. Coimbra: Coimbra, 1970.

BEVIÁ, Vicente Gimeno. **Las condiciones en el contrato de compraventa de empresa.** Navarra: Thomson Reuters, 2016.

BORBA, José Edwaldo. **Direito Societário.** 8ª ed. Rio de Janeiro: Renovar, 2003.

BOTREL, Sérgio. **Fusões & Aquisições.** 5ª ed. São Paulo: Saraiva, 2017.

BURTON, Steven. **Principles of Contract Law.** 4ª ed. St. Paul: West Academic Publishing, 2012.

BUSCHINELLI, Gabriel Saad Kik. **Compra e venda de participações societárias de controle.** São Paulo: Quartier Latin, 2018.

CALAMARI, John D.; PERILLO, Joseph M. **The law of Contracts**. 4ª ed. St. Paul: West Group, 1998.

CÂMARA, Paulo; BASTOS, Miguel Brito. "O direito da aquisição de empresas: uma introdução". *In:* CÂMARA, Paulo; BASTOS, Miguel Brito (Org.). **Aquisição de empresas**. Coimbra: Almedina, 2011.

CAMPOS, Luiz Antonio de Sampaio. Deveres e responsabilidades. *In:* LAMY FILHO, Alfredo; PEDREIRA, José Luis Bulhões. **Direito das companhias**. 2ª ed. Rio de Janeiro: Forense, 2017.

CAMPINHO, Sérgio. **Curso de Direito Comercial**. 5ª ed. São Paulo: Saraiva, 2020, edição Kindle.

CARDOSO, Luiz Philipe Tavares de Azevedo. **A onerosidade excessiva no Direito Civil brasileiro**. Dissertação de Mestrado. Faculdade de Direito da Universidade de São Paulo. Orientador Prof. Dr. Claudio Luiz Bueno de Godoy. São Paulo, 2010.

CARRESI, Franco. **Il Contrato**. Milão: Dott. A Giuffrè, 1987.

CARMO, Lie Uema do. **Contratos de Construção de Grandes Obras** (Coleção IBDIC – Direito da Construção). São Paulo: Almedina, 2019, edição Kindle.

CARMO, Lie Uema de. Responsabilidade civil e "terminations fee". *In:* GUERRA, Alexandre; MORATO, Antonio Carlos; MARTINS, Fernando Rodrigues; ROSENVALD, Nelson (Coords.). **Da estrutura à função da responsabilidade civil:** uma homenagem do Instituto Brasileiro de Estudos de Responsabilidade Civil (IBERC) ao Professor Renan Lotufo. Indaiatuba: Foco, 2021.

CARVALHO, Angelo Prata de. **Controle Empresarial Externo:** a intervenção sobre a política financeira como critério de responsabilização do controlador. Rio de Janeiro: Processo, 2020.

CARVALHOSA, Modesto. **Comentários à Lei de Sociedades Anônimas**. V. 2. 6ª ed. São Paulo: Saraiva, 2014, edição Kindle.

CARVALHOSA, Modesto. **Comentário à Lei das Sociedades Anônimas**. V. 4. Tomo I. 6ª ed. São Paulo: Saraiva, 2014, edição Kindle.

CARVALHOSA, Modesto. **Acordo de acionistas:** homenagem a Celso Barbi Filho. 2ª ed. São Paulo: Saraiva, 2015.

CARVALHOSA, Modesto; KUYVEN, Fernando (Coords.). **Tratado de direito empresarial**. V. 3. São Paulo: Revista dos Tribunais, 2016.

CARVALHO DE MENDONÇA, Manoel Ignacio. **Doutrina e prática das obrigações**. V. 1. 2ª ed. Rio de Janeiro: Francisco Alves, [s.d.].

CARVALHO SANTOS, J. M. **Código civil brasileiro interpretado.** V. 3. 14ª ed. Rio de Janeiro: Freitas Bastos, 1991.

CASTRO NEVES, José Roberto. **Direito das Obrigações.** 2ª ed. Rio de Janeiro: GZ, 2009.

CHESIRE; FIFOOT; FURMSTON. **Law of Contract.** 17ª ed. Oxford: Oxford University Press, 2017.

CHITTY, Joseph Junior. **Chitty on Contracts.** V. 1. 32ª ed. Londres: Thomson Reuters, 2012.

CLARK, Robert Charles. **Corporate Law.** Boston: Little, Brown and Company, 1986.

COATES IV, John. M&A contracts: purpose, types, regulation, and patterns of practice. *In:* HILL, Claire A; SOLOMON, Steven Davidoff. **Research handbook on mergers and acquisitions.** Northampton: Edward Elgar Publishing, 2016.

COASE, Ronald. The problem of social costs. **The Journal of Law & Economics**, v. 2, oct. 1960. Disponível em: <https://www.law.uchicago.edu/files/file/coase-problem.pdf>. Acesso em: 01.05.2020.

COGO, Rodrigo Barreto. **Frustração do fim do contrato.** São Paulo: Almedina, 2021.

COMIRAN, Giovana Cunha. **Os usos comerciais:** da formação dos tipos à interpretação e integração dos contratos empresariais. São Paulo: Quartier Latin, 2019.

CORDEIRO, Antonio Menezes. **Tratado de Direito Civil português.** V. 2. Tomo II. Coimbra: Almedina, 2010.

CORNU, Gérard. **Vocabulaire Juridique** : Association Henri Capitant. Paris: PUF, 1987, v. extraordinaire.

COMPARATO, Fábio Konder. **O poder de controle na sociedade anônima.** São Paulo: Revista dos Tribunais, 1976.

COMPARATO, Fábio Konder. Reflexões sobre as promessas de cessão de controle acionário. *In:* **Novos ensaios e pareceres de direito empresarial.** Rio de Janeiro: Forense, 1981.

COMPARATO, Fábio Konder. Obrigações de meios, de resultado e de garantia. **Doutrinas essenciais de direito empresarial**, v. 4, dez. 2010, p. 63-78.

COMPARATO, Fábio Konder; SALOMÃO FILHO, Calixto. **O poder de controle na sociedade anônima.** 6ª ed. Rio de Janeiro: Forense, 2014, edição Kindle.

Costa, Carlos Celso Oresci da Costa. Controle externo nas companhias. **Revista de Direito Mercantil**, n. 44, out./dez. 1981.

Costa, Márcio Henrique da. **Cláusula de melhores esforços best efforts**: da sua incidência e efetividade nos contratos. Curitiba: Juruá, 2016.

Costa, Mário Júlio de Almeida. **Direito das Obrigações**. 12ª ed. São Paulo: Almedina, 2009.

Costa, Mariana Fontes da. **Da alteração superveniente das circunstâncias:** em especial à luz dos contratos bilaterais comerciais. Coimbra: Almedina, 2019.

Couto e Silva, Clóvis. **A Obrigação como Processo**. Rio de Janeiro: FGV Editora, 2006.

Cruz, Pedro Santos. A Cláusula MAC (Material Adverse Change) em Contratos De M&A no Direito Comparado (EUA e Reino Unido). **Revista de Direito Bancário e do Mercado de Capitais**, v. 45, jul. 2009.

Cumyn, Michele; Gosselin, Frederic. Les Catégories juridiques et la qualification une approche cognitive. **McGill Law Journal**, v. 62, n. 2, 2016, p. 345. Disponível em: <https://lawjournal.mcgill.ca/article/les-catgories-juridiques-et-la-qualification-une-approche-cognitive/>. Acesso em: 19.10.2020.

Davis, Gardner; Wolfel, John. Court allows buyer to walk away from deal based on material adverse effect. **Thomson Reuteurs Expert Analysis**, 2018. Disponível em: <https://www.foley.com/-/media/files/insights/publications/2018/10/court-allows-buyer-to-walk-away-from-deal-based-on/files/full-article/fileattachment/wlj_cod3409_gardnerdavis.pdf>.

De Nova, Giorgio. **Il sale and purchase agreement:** un contrato commentato. 2ª ed. Torino: G. Giappichelli Editore, 2017.

Di Gravio, Valerio. Clausola di único rimedio. *In:* Confortini, Massimo (Coord.). **Clausole negoziali.** Vicenza: UTET, 2017.

Di Gravio, Valerio. Clausola di gestione interinale. *In:* Confortini, Massimo. **Clausole negoziale:** profili teorici e applicativi di clausole tipiche e atipiche. Vicenza: UTET, 2017.

Dias, Antônio Pedro Medeiros. **Revisão e resolução do contrato por excessiva onerosidade**. Belo Horizonte: Fórum, 2017.

Diez-Picazo, Luis. **Fundamentos del derecho civil patrimonial.** V. 1. 5ª ed. Madrid: Civitas, 1996.

Eisenberg, Melvin. **Foundational Principles of Contract Law.** Nova Iorque: Oxford University Press, 2018.

EIZIRIK, Nelson. **A lei das S/A comentada.** V. 1. 2ª ed. São Paulo: Quartier Latin, 2015.

EIZIRIK, Nelson. Notas sobre a revisão dos contratos. *In:* **Direito societário:** estudos e pareceres. São Paulo: Quartier Latin, 2015.

ELKEN, Andrew C. Rethinking the material adverse change clause in merger and acquisition agreements: should Unites States consider the british model? **Southern California Law Review**, v. 82, 2009.

ESPÍNOLA, Eduardo. **Manual do Código Civil brasileiro.** V. 3. 2ª parte. Rio de Janeiro: Jacintho Ribeiro dos Santos, 1926.

FABIAN, Christoph. **O dever de informar no Direito Civil.** São Paulo: Revista dos Tribunais, 2002.

FARIA, José Eduardo. **Direito e conjuntura.** 2ª ed. São Paulo: Saraiva, 2010.

FARNSWORTH, E. Allan. P. **Introdução ao sistema jurídico dos Estados Unidos.** Traduzido por Antonio Carlos Diniz de Andrada. Rio de Janeiro: Forense, 1963.

FARNSWORTH, E. Allan. Legal Remedies for Breach of Contract. **Columbia Law Review**, v. 70, 1970.

FERRI, Giuseppe. **Enciclopedia del diritto.** V. 12, Varese: Dott. A. Giuffrè, 1964.

FERRI, Luigi. **La autonomia privada.** Granada: Comares, 2001.

FLUME, Werner. **El negocio jurídico.** Tomo II. Traduzido por José Maria Miguel Gonzalez e Esther Gomez Calle. Madrid: Fundação Cultural del Notariado, 1998.

FORGIONI, Paula. **Contratos empresariais:** teoria geral e aplicação. 5ª ed. São Paulo: Revista dos Tribunais, 2020.

FRANCO, Vera Helena de Mello. **Teoria Geral do Contrato.** São Paulo: Revista dos Tribunais, 2011.

FRANÇA, Erasmo Valladão Azevedo e Novaes. **Temas de direito societário, falimentar e teoria da empresa.** São Paulo: Malheiros, 2003.

FRANÇA, Erasmo Valladão Azevedo e Noaves; ADAMEK, Marcelo Vieira von. *Affectio societatis:* um conceito jurídico superado no moderno direito societário pelo conceito de fim social. *In:* FRANÇA, Erasmo Valladão Azevedo e Novaes (Coord.). **Direito societário contemporâneo.** V. 1. São Paulo: Quartier Latin, 2009.

FRANÇA, Erasmo Valladão Azevedo e Novaes. Dever de lealdade do acionista controlador por ocasião da alienação do controle – dever de maximização do valor das ações dos acionistas não controladores –

interpretação de estatuto de companhia aberta – possibilidade de cumulação de OPAS. **Revista de Direito Mercantil,** v. 50, n. 158, abr./jun. 2011.

FRANÇA, Erasmo Valladão Azevedo e Novaes. **Conflito de interesses nas assembleias de S.A.** 2ª ed. São Paulo: Malheiros, 2014.

FRANÇA, Erasmo Valladão Azevedo e Novaes. **Invalidade das deliberações de assembleias das S/A.** 2ª ed. São Paulo: Malheiros, 2017.

FRANÇA, Erasmo Valladão Azevedo e Novaes. Parecer. Limites do dever de cooperação e boa-fé objetiva. Dever de cooperação expressamente previsto em cláusula contratual. Possibilidade de o judiciário intervir para assegurar o cumprimento do contrato. Endividamento da companhia e controle externo. *In:* FORGIONI, Paula A; NERO, Patrícia Aurélia del; MARQUES, Samantha Ribeiro Meyer-Pelug (Coords.). **Direito empresarial, direito do espaço virtual e outros desafios do direito:** homenagem ao professor Newton de Lucca. São Paulo: Quartier Latin, 2018.

FRANÇA, Erasmo Valladão Azevedo e Novaes. Parecer. *In:* CANTIDIANO, Maria Lucia; MUNIZ, Igor; CATINIDIANO, Isabel (Coords.). **Sociedades anônimas, mercado de capitais e outros estudos:** homenagem a Luiz Leonardo Cantidiano. V. 1. São Paulo: Quartier Latin, 2019.

FONTAINE, Marcel. La théorie de la formation du contrat et la pratique du "closing". **Mélanges en l'honneur de Camille Jauffret-Spinosi.** Paris: Dalloz, 2013.

FREUND, James. **Anatomy of a merger:** strategies and techniques for negotiating corporate acquisitions. Nova Iorque: Law Journal, 1975.

GAY, Bruno. Clause de *best efforts*. *In:* **Les principal clauses des contrats d'affaires.** 2ª ed. Paris: LGDJ, 2018.

GELSTON, Philip A. A Practitioner Perspective: Contentious Issues in M&A Agreements. *In:* ZARFES, David. **Contracts and Commercial Transactions.** Nova Iorque: Aspen Publishers (Wolters Kluwer Legal), edição Kindle.

GERALDES, João de Oliveira. **Tipicidade contratual e condicionalidade suspensiva.** Coimbra: Coimbra, 2010.

GRINOVER, Ada Pellegrini. Tutela jurisdicional nas obrigações de fazer e não fazer. **Revista de Processo,** vol. 79, p. 65-76, 1995.

GILSON, Ronald J. Value creation by business lawyers: legal skills and asset pricing. **The Yale Law Journal,** v. 94, n. 2, dec. 1984.

REFERÊNCIAS

GILSON, Ronald J.; SCHWARTZ, Alan. Understanding MAC'S: moral hazard in acquisitions. **Columbia Law and Economics Working Paper**, n. 245, p. 8. Disponível em: <https://papers.ssrn.com/sol3/papers.cfm?abstract_id=515105>. Acesso em: 05.05.2020.

GOMES, José Maria. Globalização da política. *In:* GENTILI. Pablo (Org). **Globalização excludente**. 2ª ed. Petrópolis: Vozes, 2000.

GOMES, Orlando. **Contratos**. 26ª ed. Rio de Janeiro: Forense, 2008.

GOMES, Orlando. **Introdução ao Direito Civil**. 22ª ed. Rio de Janeiro: Forense, 2019.

GOMES, José Ferreira. Contratos de M&A em tempos de pandemia: impossibilidade, alteração das circunstâncias e cláusulas MAC, *hardship* e força maior. **Revista da Faculdade de Direito da Universidade de Lisboa**, n. 1, 2020, p. 365-290.

GONÇALVES, José Luís Dias. A validade da(s) cláusula(s) de *sole remedy* nos contratos de distribuição comercial. **Revista do Direito de Responsabilidade**, ano 1, 2019, p. 1.232. Disponível em: <https://revistadireitoresponsabilidade.pt/2019/a-validade-das-clausulas-de-sole-remedy-nos-contratos-de-distribuicao-comercial-jose-luis-dias-goncalves/>. Acesso em: 25.07.2020.

GORESCU, Carla Pavesi. **Delimitação da indenização em operações de fusões e aquisições no Brasil**. São Paulo: Almedina, 2020.

GREZZANA, Giacomo Luiz Maria Oliveira. **A cláusula de declarações e garantias em alienação de participação societária**. São Paulo: Quartier Latin, 2019.

GROSSI, Paolo. **De la codificación a la globalización del derecho**. Navarra: Thomson Reuters, 2010.

GIORGI, Giorgio. **Teoria delle Obbligazioni**. V. 4. 7ª ed. Florença: Fratelli Cammelli, 1908.

GUEDES, Gisela da Cruz Guedes. **Lucros cessantes:** do bom-senso ao postulado normativo da razoabilidade. São Paulo: Revista dos Tribunais, 2011.

GUIDUGLI, João Henrique. **Controle externo contratual:** o desenvolvimento da empresa e os grupos de contratos sob o direito societário. São Paulo: Quartier Latin, 2006.

HAICAL, Gustavo. O inadimplemento pelo descumprimento exclusivo de dever lateral advindo da boa-fé objetiva. **Revista dos Tribunais**, v. 900, out. 2010.

HAICAL, Gustavo. **A autorização no Direito Privado.** São Paulo: Revista dos Tribunais, 2020.

HALEMBECK, Luiz Fernando Amaral. Compra e venda de sociedades fechadas. *In*: ROVAI, Armando Luiz; MURRAY NETO, Alberto. **As sociedades por ações:** na visão prática do advogado. Rio de Janeiro: Elsevier, 2010.

HENDERSON, M. Todd. "The use and effect of material adverse change clauses". *In*: ZARFES, David. **Contracts and commercial transactions.** Nova Iorque: Aspen Casebook Series (Wolters Kluwer Legal), 2011, edição Kindle.

HILMANN, Robert. **Principles of Contract Law.** 4ª ed. St. Paul: West Academic Publishing, 2018.

IBARBIA, Francisco de Elizalde. Una aproximación española y europea al contenido del contrato. Reflexiones a la luz de los principios latinoamericanos de derecho de los contratos. **ADC**, tomo LXX, fasc. III, 2017.

IGLESIAS, Felipe Capana Padin. **Opção de compra e venda de ações.** São Paulo: Almedina, 2018.

KALINOWSKI, Georges **Introducción a la lógica jurídica:** elementos de semiótica jurídica, lógica de las normas y lógica jurídica. traduzido por Juan A. Casaubon. Buenos Aires: EUdeBA, 1973.

KILING, Lou R; SIMON, Elien; GOLDMAN, Michael. Summary of acquisition agreements. **University of Miami Law Review**, v. 779, 1997. Disponível em: <http://repository.law.miami.edu/umlr/vol51/iss3/10>. Acesso em: 03.03.2020.

KIM, Nancy S. **The fundamentals of contract law and clauses.** Northampton: Edward Elgar, 2016.

KLING, Lou R; SIMON, Eilen Nugent; GOLDMAN, Michael. Summary of acquisition agreements. **University of Miami Law Review**, v. 779, 1997.

LAJOUX, Alexandra Reed. **The art of M&A:** a merger, acquisition, and buyout guide. 5ª ed. Nova Iorque: McGraw-Hill Education, 2019.

LARENZ, Karl. **Derecho Civil:** parte general. Traduzido por Miguel Izquierdo e Marcias-Pcavea. Madrid: Editoriales de Derecho Reunidas, 1978.

LARENZ, Karl. **Metodologia da ciência do direito.** 3ª ed. Lisboa: Fundação Calouste Gulbenkian, 1997.

LEÃES, Luiz Gastão Paes de. Acordo de acionistas e contrato de opção de venda ("put") em "joint ventures". *In*: **Novos pareceres.** São Paulo: Singular, 2018.

LEÃES, Luiz Gastão Paes de Barros. Reestruturação Societária: *In:* **Novos Pareceres.** São Paulo: Singular, 2018.

LEÃES, Luiz Gastão Paes de Barros. A onerosidade excessiva no Código Civil. **Revista de Direito Bancário e do Mercado de Capitais**, n. 31, 2006, p. 12-24.

LEÃES, Luiz Gastão Paes de Barros. O direito de voto de ações gravas com usufruto vidual. *In:* **Novos Pareceres.** São Paulo: Singular, 2018, edição Kindle.

LEÃES, Luiz Gastão Paes de Barros. **Comentários à Lei das sociedades anônimas.** V. 2. São Paulo: Saraiva, 1980.

LECLERCQ, Didier. **Les conventions de cession d'actions:** analyse juridique et conseils pratiques de rédaction. 2ª ed. Bruxelas: Larcier, 2017.

LEVI-MINZI, Maurizio; TORRES FILHO, Sergio Manoel Martins. Prefácio. In: GOUVÊA, Carlos Portugal; PARGENDLER, Mariana; LEVI-MINZI, Maurizio. **Fusões e aquisições:** pareceres. São Paulo: Almedina, 2022.

LGOW, Carla Wainer Chalréo. Penhor de ações. *In:* GUEDES, Gisela Sampaio da Cruz; MORAES, Maria Celina Bodin de; MEIRELES, Rose Melo Vencelau (Coords.). **Direito das garantias.** São Paulo: Saraiva, 2017, edição Kindle.

LIMA, Alvino. A interferência de terceiros na violação do contrato. **Revista de Direito Civil Contemporâneo**, v. 5, out./dez., 2015, p. 307-325.

LÔBO, Paulo. **Direito Civil:** contratos. V. 3. 7ª ed. São Paulo: Saraiva, 2021, edição Kindle.

LOPILATO, Vicenzo. La condizione unilateral. **Questioni attuali sul contratto.** Milão: Giuffrè, 2004.

LORENZO-VELÁZQUEZ, Jávier García de Enterría. Aspectos generales de las operaciones de adquisición de empresas. *In:* **Manual de fusiones y adquisiciones de empresas.** Madrid: Kluwer Espanha, 2016.

LOTUFO, Renan. **Código Civil Comentado.** V. 2. São Paulo: Saraiva, 2003.

LOUREIRO, Francisco Eduardo. Extinção dos contratos. *In:* LOTUFO, Renan; NANNI, Giovanni Ettore (Coord.). **Teoria geral dos contratos.** São Paulo: Atlas, 2011.

LUCENA, Waldecy. **Das sociedades anônimas.** V. 1. Rio de Janeiro: Renovar, 2009.

MACIAS, Antonio J.; MOELLER, Thomas. **Target signaling with material adverse change clause in merger agreements. 2016.** Disponível em: <https://ssrn.com/abstract=2795621> ou <http://dx.doi.org/10.2139/ssrn.2795621>.

MARINO, Francisco. **Interpretação do negócio jurídico.** São Paulo: Saraiva, 2011.

MARINO, Francisco Paulo De Crescenzo. **Revisão contratual:** onerosidade excessiva e modificação contratual equitativa. São Paulo: Almedina, 2020, edição Kindle.

MARINO, Francisco Paulo de Crescenzo. A interpretação dos negócios jurídicos celebrados no contexto de uma compra e venda de participação societária e a responsabilidade limitada de um dos alienantes pelas consequências pecuniárias do ajuste de preço pactuado. *In:* GOUVÊA, Carlos Portugal; PARGENDLER, Mariana; LEVI-MINZI, Maurizio (Org.). **Fusões e Aquisições:** pareceres. São Paulo: Almedina, 2022, p. 81-120.

MARTINS, Fábio Floriano Melo. **A interferência lesiva de terceiro na relação obrigacional.** São Paulo: Almedina, 2017.

MARTINS-COSTA, Fernanda. **Condição suspensiva:** função, estrutura e regime jurídico. São Paulo: Almedina, 2017.

MARTINS-COSTA, Fernanda. O princípio da boa-fé objetiva nos negócios sob condição suspensiva. *In:* BENETTI, Giovana; CÔRREA, André Rodrigues; FERNANDES, Márcia Santana; NITSCHKE, Guilherme Carneiro Monteiro; PARGENDLER, Mariana; VARELA, Laura Beck (Orgs.). **Direito, cultura, método**: leituras da obra de Judith Martins-Costa. Rio de Janeiro: GZ, 2019.

MARTINS-COSTA, Judith. **Comentários ao novo Código Civil.** V. 5. Tomo I. 2ª ed. Rio de Janeiro: Forense, 2005.

MARTINS-COSTA, Judith. **Comentários ao novo Código Civil.** V. 5. Tomo II. 2ª ed. Rio de Janeiro: Forense, 2009.

MARTINS-COSTA, Judith. A cláusula de *hardship* e a obrigação de renegociar nos contratos de longa duração. **Revista de Arbitragem e Mediação**, v. 25, abr./jun. 2010.

MARTINS-COSTA, Judith. Contratos. Conceito e evolução. *In:* LOTUFO, Renan; NANNI, Giovanni Ettore. **Teoria geral dos contratos.** São Paulo: Atlas, 2011.

MARTINS-COSTA, Judith. Contrato de cessão de transferência de quotas. Acordo de sócios. Pactuação de parcela variável do preço contratual denominada earn out. Características e função ('causa objetiva') do earn out. **Revista de Arbitragem e Mediação**, v. 42, jul./set. 2014.

MARTINS-COSTA, Judith. Critérios para aplicação do princípio da boa-fé objetiva (com ênfase nas relações empresariais). *In:* MARTINS-COSTA,

Judith; FRADERA, Véra Jacob de (Orgs.). **Estudos de direito privado e processual civil em homenagem a Clóvis do Couto e Silva.** São Paulo: Revista dos Tribunais, 2014.

MARTINS-COSTA, Judith. **A boa-fé no Direito Privado.** 2ª ed. São Paulo: Saraiva, 2018.

MARTINS-COSTA, Judith; SILVA, Paula Costa e. **Crise e perturbações no cumprimento da prestação:** estudo de direito comparado luso-brasileiro. São Paulo: Quartier Latin, 2020.

MARTINS-COSTA, Judith. A obrigação de diligência: sua configuração na obrigação de prestar melhores esforços e efeitos do seu inadimplemento. *In:* GUEDES, Gisela Sampaio da Cruz; TERRA, Aline Miranda Valverde (Coords.). **Inexecução das obrigações:** pressupostos, evolução e remédios. V. 1. Rio de Janeiro: Processo, 2020.

MARTINS-COSTA, Judith. Le contrat et les tiers au Brésil. **Journees Panameenses de l'Association Henri Capitant des amis de l aculture juridique française**, mai. 2015. Disponível em: <http://www.henricapitant.org/storage/app/media/pdfs/evenements/les_tiers_2015/bresil5.pdf>. Acesso em: 07.07.2020.

MARTINS-COSTA, Judith; GIANNOTTI, Luca. A Culpa no Direito das Obrigações: notas para uma história de conceitos jurídicos fundamentais. *In:* PIRES, Fernanda Ivo (Org.). **Da Estrutura à Função da Responsabilidade Civil**: uma homenagem do Instituto Brasileiro de Responsabilidade Civil (IBERC) ao Professor Renan Lotufo. São Paulo: Foco, 2021, p. 163-178.

MAYNARD, Therese H (Coord.). **Mergers and acquisitions cases, materials and problems.** 4ª ed. Nova Iorque: Wolters Kluwer (Aspen Casebook), 2017, edição Kindle.

MC MEEL, Gerard. **McMeel on the construction of contracts.** 3ª ed. Oxford: Oxford Press, 2017.

MELLO, Marcos Bernardes de. **Teoria do fato jurídico.** 8ª ed. São Paulo: Saraiva, 2013.

MELLO, Marcos Bernardes de. **Teoria do fato jurídico:** plano da eficácia. 11ª ed. São Paulo: Saraiva, 2019, edição Kindle.

MENEZES DIREITO, Carlos Alberto; CAVALIERI FILHO, Sergio. **Comentários ao Novo Código Civil.** V. 13. 3ª ed. Rio de Janeiro: Forense, 2011.

MENKE, Fabiano. Art. 129. *In:* NANNI, Giovanni Ettore (Coord.). **Comentários ao Código Civil.** São Paulo: Saraiva, 2018, edição Kindle.

MESSINEO, Francesco. **Enciclopedia del Diritto.** V. 10. Varese: Giuffrè, 1962.
MONTEIRO, António Pinto. **Cláusula penal e indemnização.** Coimbra: Almedina, 1999.
MONTEIRO, António Pinto. **Cláusulas limitativas e de exclusão de responsabilidade civil.** Coimbra: Almedina, 2003.
MONTEIRO, Washington de Barros. **Curso de Direito Civil:** parte geral. V. 1. 39ª ed. São Paulo: Saraiva, 2003.
MOREIRA ALVES, José Carlos. **A parte geral do projeto de Código Civil brasileiro.** São Paulo: Saraiva, 2003.
MILLER, Robert T., Material Adverse Effect Clauses and the COVID-19 Pandemic (May 18, 2020). **U Iowa Legal Studies Research Paper**, 2020. Disponível em: <https://ssrn.com/abstract=3603055> ou <http://dx.doi.org/10.2139/ssrn.3603055>.
NANNI, Giovanni Ettore. **Inadimplemento absoluto e resolução contratual:** requisitos e efeitos. Tese de livre-docência em Direito Civil. Pontifícia Universidade Católica de São Paulo. São Paulo, 2020.
NEGREIROS, Teresa. Dos vícios redibitórios e da sua articulação com as cláusulas de declarações & garantias em contratos de compra e venda de empresas. *In:* BENETTI, Giovana; CÔRREA, André Rodrigues; FERNANDES, Márcia Santana; NITSCHKE, Guilherme Carneiro Monteiro; PARGENDLER, Mariana; VARELA, Laura Beck (Orgs.). **Direito, cultura, método:** leituras da obra de Judith Martins-Costa. Rio de Janeiro: GZ, 2019.
NITSCHKE, Guilherme Carneiro Monteiro Nitschke. **Lacunas contratuais e interpretação:** história, conceito e método. Quartier Latin, 2019.
NONATO, Orozimbo. **Curso de obrigações:** generalidades – espécies. Vol. I. Rio de Janeiro: Forense, 1959.
NORONHA, Fernando. **Direito das Obrigações.** 3ª ed. São Paulo: Saraiva, 2010.
OLIVEIRA, Caio Raphael Marotti de. **A cláusula pro-sandbagging (conhecimento prévio) em contratos de alienação de participação acionária.** Dissertação de Mestrador. Orientadora Prof. Dra. Juliana Krueger Pela. Faculdade de Direito da Universidade de São Paulo. São Paulo, 2020.
OLIVEIRA, Eduardo Ribeiro. **Comentários ao novo Código Civil.** V. 2. Rio de Janeiro: Forense, 2008.

REFERÊNCIAS

ORTIZ, Javier Tortuero. El contrato de compraventa de acciones. *In:* QUETGLAS, Rafael Sebastián; LUNA, Martrín Jordano. **Manual de fusiones y adquisiciones de empresas.** Madrid: Kluwer Espanha, 2016.

PARGENDLER, Mariana; GOUVÊA, Carlos Portugal. As diferenças entre declarações e garantias e os efeitos do conhecimento. *In:* CASTRO, Rodrigo Rocha Monteiro; AZEVEDO, Luís Andrade; HENRIQUES, Marcus de Freitas (Coords.). **Direito societário, mercado de capitais, arbitragem e outros temas:** homenagem a Nelson Eizirik, São Paulo: Quartier Latin, 2020.

PARGENDLER, Mariana. The role of the State in Contract Law: the common-civil law divide. **The Yale Journal of International Law,** v. 43, 2018, p. 169. Disponível em: <https://digitalcommons.law.yale.edu/yjil/vol43/iss1/3>. Acesso em: 04.06.2020.

PARGENDLER, Mariana. O direito contratual comparado em nova perspectiva: revisitando as diferenças entre os sistemas romano-germânico e do *common law*. **Revista Direito GV,** v. 13, n. 3, set./dez. 2017. Disponível em: <http://bibliotecadigital.fgv.br/ojs/index.php/revdireitogv/article/view/73326/70468>. Acesso em: 02.07.2020.

PEDREIRA, José Luiz Bulhões; LAMY FILHO, Alfredo. **A Lei das S.A.** V. 2. 2ª ed. Rio de Janeiro: Renovar, 1996.

PEDREIRA, José Luiz Bulhões; LAMY FILHO, Alfredo. Conceito e natureza. *In:* LAMY FILHO, Alfredo; PEDREIRA, José Luiz Bulhões. **Direito das companhias.** 2ª ed. Rio de Janeiro: Forense, 2017.

PEDREIRA, José Luiz Bulhões. Acordo de acionistas sobre controle de grupo de sociedades. Validade da estipulação de que os membros do conselho de administração de controladas devem votar em bloco segundo orientação definida pelo grupo controlador. **Revista de Direito Bancário e do Mercado de capitais,** v. 15, jan./mar. 2002, p. 226-248.

PENTEADO, Mauro Bardwil. **O penhor de ações no direito brasileiro.** São Paulo: Malheiros, 2008.

PENTEADO, Mauro. **Aumentos de capital das sociedades anônimas.** 2ª ed. São Paulo: Quartier Latin, 2012.

PEREIRA, Caio Mário da Silva. **Instituições de Direito Civil.** V. 3. 24ª ed. Rio de Janeiro: Forense, 2020, edição Kindle.

PEREIRA, Guilherme Döring Cunha. **Alienação do poder de controle acionário.** São Paulo: Saraiva, 1995.

PERILO, Joseph. **Contracts.** 7ª ed. St. Paul: West Publishing, 2014.

PERLINGIERI, Pietro. **O Direito Civil na legalidade constitucional.** Rio de Janeiro: Renovar, 2008.
PINTO, Paulo Mota. **Declaração tácita e comportamento concludente no negócio jurídico.** Almedina: Coimbra, 1995.
PINTO COELHO, José Gabriel. **Das cláusulas accessorias dos negócios jurídicos:** condição. V. 1. Coimbra: Coimbra, 1909.
PIRES, Catarina Monteiro. **Impossibilidade de prestação.** Coimbra: Almedina, 2017.
PIRES, Catarina Monteiro. **Aquisição de empresas e de participações societárias.** Coimbra: Almedina, 2018.
PIRES, Catarina Monteiro. Cláusula de acordo integral e cláusulas de solução única ou de 'remédio' único. *In:* CASTRO; Rodrigo Rocha Monteiro de; AZEVEDO, Luis André; HENRIQUES, Marcus de Freitas (Coords.). **Direito societário, mercado de capitais e arbitragem e outros temas:** homenagem a Nelson Eizirik, São Paulo: Quartier Latin, 2020.
PIRES, Catarina Monteiro. Cláusulas de preço fixo, de ajustamento de preço e de alteração material adversa ("MAC") e cláusulas de força maior – Revisitando problemas de riscos de desequilíbrio e de maiores despesas em tempos virulentos. **Revista da Ordem dos Advogados**, v. 1, n. 2, jan./jun. 2020. Disponível em: <https://portal.oa.pt/media/131416/catarina-monteiro-pires.pdf>. Acesso em: 17.07.2020.
PITTA, Andre Grunspun. O direito do acionista à informação. *In:* COELHO, Fábio Ulhoa. **Tratado de direito comercial.** V. 3. São Paulo: Saraiva, 2015, edição Kindle.
PIVA, Luciano Zordan. **O earn-out na compra e venda de empresas.** São Paulo: Quartier Latin, 2019.
PONTES DE MIRANDA, Francisco Cavalcanti. **Tratado de Direito Privado.** Tomo I. Rio de Janeiro: Borsoi, 1954.
PONTES DE MIRANDA, Francisco Cavalcanti. **Tratado de Direito Privado.** Tomo III. São Paulo: Revista dos Tribunais, 2012.
PONTES DE MIRANDA, Francisco Cavalcanti. **Tratado de Direito Privado.** Tomo V. São Paulo: Revista dos Tribunais, 2013.
PONTES DE MIRANDA, Francisco Cavalcanti. **Tratado de Direito Privado.** Tomo VI. Rio de Janeiro: Borsoi, 1955.
PONTES DE MIRANDA, Francisco Cavalcanti. **Tratado de Direito Privado.** Tomo LVI, São Paulo: Revista dos Tribunais, 2012.
PONTES DE MIRANDA, Francisco Cavalcanti. **Tratado de Direito Privado.** Tomo XXV, São Paulo: Revista dos Tribunais, 2012.

PONTES DE MIRANDA, Francisco Cavalcanti. **Tratado de Direito Privado.** Tomo XLIV. Rio de Janeiro: Borsoi, 1958.

PONTES DE MIRANDA, Francisco Cavalcanti. **Tratado de Direito Privado.** Tomo XXII. Rio de Janeiro: Borsoi, 1955

PONTES DE MIRANDA, Francisco Cavalcanti. **Tratado de Direito Privado.** Tomo XXIV. Rio de Janeiro: Borsoi, 1955.

PONTES DE MIRANDA, Francisco Cavalcanti. **Tratado de Direito Privado.** Tomo XXXVIII. Rio de Janeiro: Borsoi, 1962.

PONTES DE MIRANDA, Francisco Cavalcanti. Parecer n. 173. *In:* **Dez anos de pareceres.** V. 7. Rio de Janeiro: Francisco Alves, 1975.

POSNER, Erik; EGGLESTON, Karen; ZECHHAUSER, Rischard. The Design and Interpretation of Contracts: Why Complexity Matters. **Northwestern University Law Review**, v. 95, n. 1, 2000. Disponível em: <https://chicagounbound.uchicago.edu/cgi/viewcontent.cgi?article=2763&context=journal_articles>.

PRADO, Viviane Muller. Noção de grupo de empresas para o direito societária e para o direito concorrencial. **Revista de Direito Bancário e Mercado de Capitais**, v. 2, n. 1, mai/ago. 1998.

RÁO, Vicente. **Ato jurídico.** 2ª ed. São Paulo: Saraiva, 1979.

REALE, Miguel. **Lições preliminares de direito.** São Paulo: Saraiva, 1998.

REBELO, Nikolai Sosa. **Os deveres fiduciários dos administradores de S.A. em operações de fusões e aquisições.** Porto Alegre: Livraria do Advogado, 2015.

RÊGO, Marcelo Lamy. Direito de voto. *In:* LAMY FILHO, Alfredo; PEDREIRA, José Luis Bulhões. **Direito das companhias.** 2ª ed. Rio de Janeiro: Forense, 2017.

REZENDE, Lucio Fonte. **Promessa de fato de terceiro.** Manaus: Imprensa Pública, 1939.

RIBEIRO, Renato Ventura. **Direito de voto nas sociedades anônimas.** São Paulo: Quartier Latin, 2009.

ROBERT, Bruno. **As assembleias das S/A:** exercício do direito de voto, pedidos públicos de procuração e participação a distância. São Paulo: Singular, 2016.

RODA, Jean-Christophe. Clause de *break-up fees*. *In:* BUY, Frédéric; LAMOUREUX, Marie; MESTRE, Jacques; RODA, Jean-Christophe. **Les principales clauses de contrats d'affaires.** 2ª ed. Paris: LGDJ, 2018.

RODRIGUES, Silvio. **Direito Civil.** V. 1. 32ª ed. São Paulo: Saraiva, 2002.

Roppo, Vicente. **O contrato.** Traduzido por Ana Coimbra e M. Januário C. Gomes. Coimbra: Almedina, 2009.

Rosenvald, Nelson. **Cláusula penal:** a pena privada nas relações negociais. Rio de Janeiro: Lumen Juris, 2007.

Rublin, Joel S.; Datz, Wayne H. Negotiating acquisitions of private companies. **A practitioner's guide to the acquisition of companies in the United Stated.** Woking: City & Financial Publishing, 2002.

Sacco, Rodolfo. **Introdução ao direito comparado.** Traduzido por **Véra Jacob de Fradera.** São Paulo: Revista dos Tribunais, 2001.

Salomão Filho, Calixto. **O poder de controle nas sociedades anônimas.** 6ª ed. Rio de Janeiro: Forense, 2014.

Salomão Filho. Calixto. **Direito concorrencial.** 2ª ed. Rio de Janeiro: Forense, 2021.

Sanseverino, Paulo de Tarso Vieira. **Princípio da reparação integral.** São Paulo: Saraiva, 2011.

Scardoa, Renato. **A obrigação de melhores esforços:** uma análise à luz do direito anglo-saxão e sua aplicação no Brasil. Belo Horizonte: Arraes, 2018.

Schreiber, Anderson. **Manual de Direito Civil contemporâneo.** 4ª ed. São Paulo: Saraiva, 2021, edição Kindle.

Schreiber, Anderson. **Equilíbrio contratual e dever de renegociar.** São Paulo: Saraiva, 2020, edição Kindle.

Schwartz, Andrew A. A "Standard clause analysis" of the frustration doctrine and the material adverse change clause". **UCLA Law Review,** n. 789, 2010.

Scognamiglio, Carlo. Introduzione. *In:* **Compravendite internazionali di partecipazioni societarie.** Milão: EGEA, 1990.

Scott, Robert E.; Kraus, Jody S. **Contract law and theory.** 4ª ed. Newark: Lexis Nexis, 2007.

Scott, Robert; Triants, George. Incomplete contracts and the theory of contract. **Case Western Reserve Law Review,** v. 56, 2005.

Serpa Lopes, Miguel Maria de. **O silêncio como manifestação de vontade.** 3ª ed. Rio de Janeiro: Freitas Bastos, 1961.

Silva, Jorge Cesa Ferreira da. **A boa-fé e a violação positiva do contrato.** Rio de Janeiro: Renovar, 2002.

Silva, Jorge Cesa Ferreira da. **Adimplemento e extinção das obrigações.** São Paulo: Revista dos Tribunais, 2006.

Soutullo, Carmen. **Los efectos de las obligaciones sometidas a condición suspensiva**. Granada: Comares, 2000.

Spinelli, Luís Felipe. **Administração das sociedades anônimas:** lealdade e conflito de interesses. São Paulo: Almedina, 2020, edição Kindle.

Stark, Tina L. **Drafting Contracts**. Nova Iorque: Aspen Coursebook Series, 2014, edição Kindle.

Steiner, Renata C. **Descumprimento contratual:** boa-fé objetiva e violação positiva do contrato. São Paulo: Quartier Latin, 2014.

Sztajn, Rachel. **A incompletude do contrato na sociedade**. Disponível em: <https://pdfs.semanticscholar.org/c590/d2bbe8feec3162bd4db21e069b4299372372.pdf>. Acesso em: 15.08.2020.

Sztajn, Rachel. Sobre a natureza jurídica das opções negociadas em bolsas. **Revista de Direito Mercantil, Industrial, Econômico e Financeiro**, n. 105, jan./mar. 1997.

Tannous, Thiago Saddi. **Proteção à liquidez no mercado de capitais brasileiro**. São Paulo: Quartier Latin, 2018.

Tatarano, Giovanni. **Incertezza, autonomia privata e modello condizionale**. Nápoles: Jovene, 1976.

Tatarano, Giovanni; Romano, Carmine. Condizione e modus. *In:* Perlingieri, Pietro. **Trattato di diritto civile del consiglio nazionale del notariato**. Nápoles: Edizioni Scientifiche Italiane, 2009.

Teixeira, Lacerda; Guerreiro, José Tavares. **Das sociedades anônimas no direito brasileiro**. V. 2. Rio de Janeiro: Bushatsky, 1979.

Teixeira Freitas, Augusto. **Esboço do Código Civil**. V. 1. Brasília: Fundação Universidade de Brasília, 1983.

Theodoro Jr., Humberto. Tutela específica das obrigações de fazer e não fazer. **Revista de Processo**, vol. 105, 2002.

Tepedino, Gustavo; Barboza, Heloisa Helena; Moraes, Maria Celina. **Código civil interpretado conforme a Constituição da República**. V. 1. 2ª ed. Rio de Janeiro: Renovar, 2007.

Tepedino, Gustavo. Crise Financeira mundial, teoria da imprevisão e onerosidade excessiva. **Soluções práticas de Direito Civil**. São Paulo: Revista dos Tribunais, 2011.

Tepedino, Gustavo; Barboza, Heloisa Helena; Moares, Maria Celina Bodin. **Código Civil interpretado**. V. 2. 2ª ed. Rio de Janeiro: Renovar, 2012.

Tepedino, Gustavo; Oliva, Milena Donato. **Teoria geral do Direito Civil**. V. 1. Rio de Janeiro: Forense, 2020, edição Kindle.

TEPEDINO, Gustavo; SCHREIBER, Anderson. **Fundamentos do Direito Civil**: obrigações. V. 2. Rio de Janeiro: Forense, 2020, edição Kindle.

TEPEDINO, Gustavo; KONDER, Carlos Nelson; BANDEIRA, Paula Greco. **Fundamentos do Direito Civil**: contratos. V. 3. Rio de Janeiro: Forense, 2020, edição Kindle.

TEPEDINO, Gustavo. A cláusula de melhores esforços e a lealdade contratual. *In*: **Soluções práticas**. V. 2. São Paulo: Revista dos Tribunais, 2011.

TERRA, Aline. **Inadimplemento anterior ao termo**. Rio de Janeiro: Renovar, 2009.

TERRA, Aline de Miranda Valverde. **Cláusula resolutiva expressa**. Belo Horizonte: Fórum, 2017, edição Kindle.

TERRA, Aline de Miranda Valverde; GUEDES, Gisela Sampaio da Cruz. Efeito indenizatório da resolução por inadimplemento. *In*: TERRA, Aline de Miranda Valverde; GUEDES, Gisela Sampaio da Cruz (Coords.). **Inexecução das obrigações:** pressupostos, evolução e remédios. V. 1. Rio de Janeiro: Processo, 2020.

TINA, Andrea. **Il contratto di acquisizione di partecipazioni societarie**. Milão: Giuffrè, 2007.

TOMASETTI JR., Alcides. **Execução do contrato preliminar**. Tese de Doutorado. Orientador Prof. Dr. Rubens Limongi França. Faculdade de Direito da Universidade de São Paulo. São paulo, 1982.

TUTIKIAN, Priscila David Sansone. Silêncio como declaração negocial na formação dos contratos (sob a perspectiva dos modelos hermenêuticos de Miguel Reale). *In*: MARTINS-COSTA, Judith (Coord.). **Modelos de Direito Privado**. São Paulo: Marcial Pons, 2014.

VASCONCELOS, Pedro Pais de. **Teoria geral do Direito Civil**. 4ª ed. Coimbra: Almedina, 2007.

VAZ, Marcella Campinho. **Renúncia de direitos:** limites e parâmetros do seu exercício no direito brasileiro. Dissertação de Mestrador. Orientadora Prof. Dra. Gisela Sampaio da Cruz Guedes. Faculdade de Direito da Universidade do Estado do Rio de Janeiro. Rio de Janeiro, 2009.

VELOSO, Zeno. **Condição termo e encargo**. São Paulo: Malheiros, 1997.

VENOSA, Silvio de Salvo. A cláusula de "melhores esforços" nos contratos. *In*: HIRONAKA, Gisela Maria Fernandes (Coord.). **Novo Código Civil:** interfaces no ordenamento jurídico brasileiro. Belo Horizonte: Del Rey, 2004, p. 219-222.

VICENTE, Dário Moura. **O direito comparado após a reforma de Bolonha**. Coimbra: Coimbra, 2009.

Von Tuhr, A. **Derecho Civil.** V. 3. Traduzido por Tito Ravá. Barcelona: Marcial Pons, 2005.

Yazbek, Otávio. **Regulação do mercado financeiro e de capitais.** 2ª ed. São Paulo: Elsevier, 2008.

Zarfes, David. **Contracts and commercial transactions.** Nova Iorque: Aspen Publishers (Wolters Kluwer Legal), 2011, edição Kindle.

Zanetti, Cristiano de Souza. A cláusula resolutiva expressa na lei e nos tribunais: o caso do termo e da ocupação. *In:* **Temas relevantes do Direito Civil contemporâneo.** São Paulo: Atlas, 2012.

Zanetti, Cristiano. Art. 474. *In:* Nanni, Giovanni Ettore (Coord.). **Comentários ao Código Civil.** São Paulo: Saraiva, 2018, edição Kindle.

Zweigert, Konrad; Kötz, Hein. **Introduzione al diritto comparatto.** V. 2. Milão: Giuffrè, 1995.

Wald, Arnoldo; Moreas, Luiza Rangel de; Waisberg, Ivo. Fusões, incorporações e aquisições – aspectos societários, contratuais e regulatórios. *In*: Warde Jr, Walfrido Jorge. **Fusão, cisão, incorporação e temas correlatos.** São Paulo: Quartier Latin, 2009.

Weinstein, Gail; Wied, Warren; Kagan, Steward; Frank, Fried; Harris, Shriver & Jacobson LLP. COVID-19 as a Material Adverse Effect (MAC) Under M&A and Financing Agreements. **Harvard Law School Forum on Corporate Governance.** Disponível em: <https://corpgov.law.harvard.edu/2020/04/04/covid-19-as-a-material-adverse-effect-mac-under-ma-and-financing-agreements/>. Acesso em: 05.08.2020.

JURISPRUDÊNCIA JUDICIAL

Brasil

Superior Tribunal de Justiça. Terceira Turma. REsp 856.826/DF. Rel. p/ acórdão Min. Ari Pargendler. J. em 19.02.2008.
Superior Tribunal de Justiça. Terceira Turma. REsp 482.094/RJ. Rel. p/ acórdão Min. Sidnei Beneti. J. em 20.05.2008.
Superior Tribunal de Justiça. Terceira Turma. RESp 1.152.849/MG. Rel. Min. João Otávio de Noronha. J. em 07.11.2013.
Superior Tribunal de Justiça. Terceira Turma. REsp 856.826/DF. Rel. p/ acórdão Min. Ari Pargendler. J. em 19.02.2008.
Superior Tribunal de Justiça. Terceira Turma. REsp 482.094/RJ. Rel. p/ acórdão Min. Sidnei Beneti. J. em 20.05.2008.
Tribunal de Justiça de São Paulo. Décima Primeira Câmara Cível. Agravo de Instrumento 2230954-55.2016.8.26.0000. Rel. Des. Gilberto dos Santos. J. em 02.02.2017.
Tribunal de Justiça de São Paulo. 8ª Câmara de Direito Privado. Apelação Cível 0002639-78.2015.8.26.0191. Rel. Mônica de Carvalho. J. em 15.09.2020.

Estados Unidos

Ab Stable VIII LLC v. Maps Hotels and Ressorts One LLC. (Disponível em: <https://law.justia.com/cases/delaware/court-of-chancery/2020/c-a-no-2020-0310-jtl.html>. Acesso em: 20 de junho de 2022.

Akorn Inc. *v.* Fresenius Kabi AG, 2018, No. 2018-0300-JTL, 2018 Del. Ch, (Del. Ch. 2018) (Disponível em: <https://courts.delaware.gov/Opinions/Download.aspx?id=279250>. Acesso em: 07.07.2020).

Bloor *v.* Falstaff Brewing Corp, 601 F.2d 609 (2d Cir. 1979) (Disponível em: <https://casetext.com/case/bloor-v-falstaff-brewing-corp>. Acesso em: 25.05.2020).

IBP S'Holders Litig. *v.* Tyson Foods, 789 A. 2d 14 (Cel. Ch. 2001) (Disponível em: <https://casetext.com/case/in-re-ibp-inc-v-tyson-foods-inc>. Acesso em: 03.05.2020).

Reimain *v.* International Hospitality Group, 558 A. 2d 1128 (D.C. App.1989) (Disponível em: <https://www.casemine.com/judgement/us/5914bee7add7b049347aafbf>. Acesso em: 03.02.2020).

Tiffany *v.* LVMH, n. 2020-07068 (Del. Ch.) (Disponível em: <https://www.courthousenews.com/wp-content/uploads/2020/09/Tiffany-LVMH-suit.pdf>. Acesso em: 01.10.2020).

US Airways Group, Inc. *v.* British Airways, PLC, 989 F. Supp. 482 (S.D.N.Y. 1997) (Disponível em: <https://law.justia.com/cases/federal/district-courts/FSupp/989/482/1528418/>. Acesso em: 25.05.2020).

Inglaterra

Walfod *v.* Miles, [1992] 2.A.C 128, HL (Disponível em: <https://www.ius.uzh.ch/dam/jcr:0ad63435-bcb7-490f-ab7b-154d9acc497f/Walford%20v.%20Miles.pdf>. Acesso em: 06.01.2020).

JURISPRUDÊNCIA ADMINISTRATIVA

CADE

CADE. **Guia para análise de consumação prévia de atos de concentração econômica** (2015). Disponível em: <http://www.cade.gov.br/acesso-a-informacao/publicacoes-institucionais/guias_do_Cade/gun-jumping-versao-final.pdf>. Acesso em: 02.06.2020.

CADE. Procedimento Administrativo para Apuração de Ato de Concorrência n. 08700.005408/2016-68. Relator Consultor Paulo Burnier da Silveira. J. em 17.08.2016.

CVM

CVM. Processo Administrativo Sancionador RJ 2008/0713. Rel. Dir. Otávio Yazbek. J. em 09.10.2010.

CVM. Processo Administrativo Sancionador RJ 2007/1079. Rel. Dir. Eli Loria. J. em 10.07.2007.